红海明珠

——厄立特里亚

Eritrea: The Pearl of the Red Sea

云 端 编著

世界知识出版社

图书在版编目（CIP）数据

红海明珠——厄立特里亚 / 云 端 编著. —北京：
世界知识出版社，2016.5
ISBN 978-7-5012-5214-5

Ⅰ.①红… Ⅱ.①云… Ⅲ.①厄立特里亚—概况
Ⅳ.①K942.1

中国版本图书馆CIP数据核字（2016）第093588号

责任编辑	袁路明　余　岚
责任出版	赵　玥
责任校对	张　琨
封面设计	田　林
版式设计	山　路

书　　名	**红海明珠——厄立特里亚** Honghai Mingzhu: Eliteliya
编　　著	云　端
出版发行	世界知识出版社
地址邮编	北京市东城区干面胡同51号（100010）
网　　址	www.ishizhi.cn
电　　话	010-65265923（发行）　010-85119023（邮购）
经　　销	新华书店
印　　刷	河北新华第一印刷有限责任公司
开本印张	787×1092毫米　1/16　19½印张
字　　数	338.52千字（含300幅图）
版次印次	2016年5月第一版　2016年5月第一次印刷
标准书号	ISBN 978-7-5012-5214-5
定　　价	62.50元

前　言

厄立特里亚国（在本书中多数地方简称“厄特”）位于非洲东部的红海之滨，这里风景秀美、民风淳朴、文明悠久，民族文化传统丰富多彩。厄特1991年获得事实上独立，1993年5月24日正式建国，是非洲最年轻的民族国家之一。因为厄特是一个年轻的国家，大多数中国读者对它的了解还较少；因为厄特又是一个拥有悠久历史和文明的国度，同时也是一个有着丰富资源和巨大发展潜力的新兴发展中国家，因而值得中国读者深入了解。作者编写本书的目的即是尽可能从多个角度向中国读者全面介绍厄特的情况，尽可能客观、真实、全面地提供厄特的地理、历史、人文、经济社会发展、旅游资源及各方面的实用信息，尽可能给读者呈现一个多元、立体和生动的厄特，从而增进中国民众对厄特国家和人民的了解，增进中厄两国人民的友谊。

中厄两国人民虽然远隔重洋，但自古就开始了友好交往。在《后汉书·和殇帝纪》中有这么一段文字：“永元十二年，冬十一月，西域蒙奇、兜勒二国遣使内附，赐其王金印紫绶。”东汉永元十二年就是公元100年，据认为兜勒就是厄特古王国阿杜利斯。公元751年（唐玄宗天宝十年），唐朝跟大食爆发怛逻斯之战，唐朝战败，杜环成为唐军俘虏的一员。杜环在中亚、西亚及地中海等大食占据的地区停留了十多年。杜环后来写有《经行记》，记载了13个国家。有专家分析认为，书中记载的一个叫作“摩邻国”的就是当今的厄立特里亚。杜环也因其神奇的经历而成为历史上有记载的最早到达非洲的中国人。另据厄特考古学家认为，明朝郑和的船队来到非洲东海岸地区时极有可能到过厄特沿海。专家学者对上述历史考证尚存争议并不奇怪，但如果读者有机会亲自来到位于马萨瓦市的厄特北红海省博物馆，就会看到馆中陈列着一个发掘自阿杜利斯古王国的中国酒器，上面赫然有“萬和禪山”四个汉字，这可是中厄两国友好交往源远流长的一个如山铁证。要知道，阿杜利斯是公元1世纪至7世纪兴盛于厄特沿海的一个古代城邦国家。现在至少可以确定，中国与厄特在汉唐时期就开展了交流。实际上，由于厄特是红海沿岸国家，且拥有靠近曼德海峡的优越地理位置，红海对岸即是阿拉伯半岛，西北连接东地中海地区国家，厄特成为基督教、伊斯兰教最早传入的非洲国家之一，也是非洲大陆与其他文明进行交流的一个重要门户。

再说说当代中厄交往的一件趣事。近半个世纪前的1967年，一位高个子、话不多、有些腼腆的21岁的厄特年轻人来到中国南京军事学院学习。他学习勤奋刻苦，善于思考，学习了解中国建设情况和中国革命史，学习并深得毛泽东思想精髓。这位年轻人后来将他在中国学到的理论、知识与厄特的实际相结合，和他的战友们一道领导厄特人民经过艰苦卓绝的武装斗争，最终赢得厄特的解放和独立。这位当时的年轻人就是当今的厄特开国总统伊萨亚斯。他的这一段经历为中厄两国人民的友好交往历史又增加了一段佳话。厄特独立当天，中厄两国即建立外交关系，之后中厄两国人民的交往更加频繁。特别是近年来，中厄友好交往的历史不断增添新的篇章：比如2013年厄特高等教育委员会孔子学院成立；2014年中国驻厄特大使馆新馆开工建设，中国成为首个在厄特首都阿斯马拉自建使馆的国家；2015年中厄两国签订互免持外交公务护照人员签证协定；中国“光明行”医疗队不远万里来到厄特为当地白内障患者进行义诊手术；厄特电视台开始播放一系列的中国电视剧；中厄两国在国际场合也相互理解、鼎力支持，两国堪称“铁哥们”。这样的佳话可谓不胜枚举。厄特人对中国革命历史也耳熟能详，与伊萨亚斯一同来中国学习、现担任厄特选举委员会主任的拉马丹先生还能唱起在中国学会的《东方红》。到中国参加培训、进行体育比赛、学习、经商和探亲访友的厄特普通民众也越来越多，不少人还能讲一口流利的中文，他们对当代中国的了解也越来越多。厄特的普通民众，无论是大人还是小孩，无论是否到过中国，对中国和中国人都怀有朴素、友好的感情，每当中国人走在厄特各个城市的大街上，总有厄特小孩友善地喊着“China”或“Nihao”打招呼，有的还主动走上前来击掌握手。

现在来厄特工作、旅游的中国人越来越多了，对厄特感兴趣的中国人也越来越多。中国读者十分需要一本全面介绍厄特的书籍。作者希望本书的出版能够填补这一空白。完成此书并非一日之功，也非一人之力。本书汲取了中国驻厄特使馆馆员多年来对厄特知识的积累，厄特高教委孔子学院教师、中国援厄医疗队队员、中国驻厄特使馆馆员的家属也为本书提供了大量资料和照片。值得一提的是，本书第四章辑录了曾在厄特工作生活过的中国人的文章。这些文章记述了作者自己在厄特的经历，充满真情实感，内容生动可信，可以让读者产生身临其境般的感受，与本书第一章至第三章的资料性介绍可谓相得益彰。如果有读者愿意来厄特工作或访问，本书可以提供有关厄特饮食住宿交通等的实用信息，使读者做到有备而来。如果读者仅对厄特国情感兴趣，通过阅读本书，相信对了解厄特、开拓视野有帮助。如果读者已经在厄特工作生活，当然更可以读读本书，印证一下书中的介绍和描写与自己亲眼所见是否相符，也可以按图索骥，进一步加深对厄特的了解，体会一下“读万卷书、行万里路”的奇妙。当然，如果真有哪位中国读者不经意间巧遇本书，读了其中的一些章节后，怦然心动，放下书本，打起行囊，决定来一次说走就走的旅行，亲眼来看看这个传说中的红海之国，那就证明这本书的确发挥了促进中厄人员往来的功效，也不枉费作者的一片苦心了！

来吧，厄里特里亚在遥远的东非红海之滨等着您揭开它神秘的面纱呐！

云 端[1]

于阿斯马拉

2016年2月17日

① “云端”是本书作者的集体笔名，取自厄立特里亚首都阿斯马拉的别称“云端的城市”部分含义。

PREFACE

The State of Eritrea is located in Eastern Africa facing the Red Sea to the north. Eritrea has honest and kind-hearted people with beautiful sceneries, colorful national cultures， traditions and long-lasting civilizations. Eritrea won national independence in 1991. The State of Eritrea was founded on May 24, 1993, and therefore is one of the youngest nation states on the African continent. As Eritrea is a young state, most Chinese readers still don't know much about her. As Eritrea is a new developing country with abundant resources and huge potential for development, and in the meanwhile a country with a long history and civilization dated back to ancient times, this is a country worth knowing and studying in a in-depth way by Chinese readers. The purpose of the author in compiling and writing this book is to present Eritrea from different perspectives to Chinese readers, and provide them with information about Eritrea's geography, history, culture, economic and social development, tourism resources, and practical guidance for Chinese readers in a objective, accurate and comprehensive way to the best of the author's capabilities. And the book tries to present a diversified, multi-dimensional and vivid Eritrea to the readers, thus promoting a deeper understanding of Eritrea and her people, and enhancing the friendship between the Chinese and Eritrean peoples.

Though the Chinese and Eritrean peoples are living far apart and divided by vast seas, the two peoples have had mutual contacts since ancient times. In *Chronicles of Emperor He and Emperor Shang, History of the Later Han Dynasty,* there are records read as follows, "In the winter month of November, the 12th year of Yongyuan Era, two states of Menqi and Doule of the West Regions sent their envoys to the imperial court to pledge alliance to the Emperor, and the kings of the two states were awarded with golden seals and purple ribbons". The 12th year of Yongyuan Era is 100 A.D.. Some experts thought of Doule as Adulis, the ancient city-state in Eritrea. In 751 A.D. , or the 10th year of Tianbao Era under the reign of Emperor Xuanzong of Tang Dynasty, the Battle of Talas broke out between the Tang Dynasty and Tazi (or Arab) troops. The army of Tang were defeated and a soldier called Du Huan was taken captive by the Tazi troops. Afterwards, Du Huan stayed in regions ruled by Tazi such as Central Asia, Western Asia and Mediterranean rim for more than 10 years. He wrote about 13 countries in the above regions later on in his book *Records of Western Trips*. Some experts thought a state called "Molin" mentioned in the book as Eritrea. Du Huan, because of the above legendary traveling experiences, has become the earliest recorded Chinese who set foot in Africa. According to studies by some Eritrean archaeologists, when the fleet led by Chinese explorer Zheng He of China's Ming Dynasty (1368—1644 A.D.) reached the coastal areas of Eastern Africa, it's highly likely that the fleet came to the shore of Eritrea. Of course, differences in opinions about the authenticity of these records and evidences are bound to occur, however, if readers of this book have the opportunity to visit in person the Northern Red Sea Region Museum in Massawa, one will see a displayed wine vase excavated in the ancient Kingdom of Adulis with the four Chinese characters of "萬和禪山" on it. And this is the hard evidence proving the long history of friendly and mutual exchanges between the Chinese and Eritrean peoples. As is known, Adulis is an ancient port city state thriving from the first to the seventh century A.D. in the coastal areas of Eritrea. By this evidence, we can at least be sure that China has started exchanges with Eritrea at least from the Han Dynasty (206 B.C. to 220 A.D.) and Tang Dynasty (618. to 907 A.D.). The facts are that, as Eritrea is a Red Sea country with an advantageous geographical location of guarding Bab al Mandab, facing the Arabian Peninsula across the Red Sea, linking to its north-west with Eastern Mediterranean countries, Eritrea has become one of the earliest countries in the African continent which introduced Christian and Islam religions and a important gateway for Africa's exchanges with other civilizations.

There is another interesting episode in the contemporary history of China-Eritrea relations. Almost half a century ago, in 1967, a tall, taciturn, and a bit shy 21 year old young man came to China to study in Nanjing Military Academy. He studied hard, ruminated all things about China's construction, its revolutionary history, studied and grasped the essence of Mao Tsetung Thought. This young man put to practice what he has learnt in China in light of the realities of Eritrea, led the Eritrean people side by side with his comrades in arms through decades of arduous armed struggle, and finally won national liberation and independence. This young man is no one else but the President of the State of Eritrea, Mr. Isaias Afwerki. His studying experiences in China added yet another legend in China-Eritrea friendly exchanges and relations.

Right on the date when the State of Eritrea was founded, China and Eritrea established diplomatic relations, and mutual exchanges between the two peoples have become more frequent. One after another new chapters are being constantly added to these exchanges, say, the Confucius Institute at the Eritrean National Board for Higher Education was established in 2013; the construction of the new compound for the Chinese Embassy in Eritrea started in 2014, China thus becomes the first country to construct its own Embassy premises in Asmara; the two Governments signed an agreement on mutual exemption of visas for holders of diplomatic and service passports in 2015; China's Medical Team called "Brightness Action" came to Eritrea to do free cataract surgeries for local patients; Eri-TV started to show Chinese TV drama series; the two countries understand and support each other in international arena, and can best be described as "iron-clad brothers". The list could go on and on. Many Eritreans are quiet familiar with China's revolutionary history, Mr. Ramadan Nur, who came to China together with Isaias, can still remember the song "East is Red" which he learnt in China. Now more and more Eritreans are going to China to attend training programs, sports competitions, study in China's universities, do businesses, visit family members or friends. Many of them have a good command of Chinese language, and their knowledge about the contemporary China is amazing. Eritreans, adults or children, been to China or not, all cherish friendly feelings towards China and her people. It is a common scene that when a Chinese is walking on streets in Eritrea, some kids will greet him or her with "China" or "Nihao", some may come closer to shake hands!

Now there are more and more Chinese who are coming to Eritrea to work or travel, and they are increasingly interested in learning more about Eritrea. Chinese readers are in urgent need of a comprehensive book about Eritrea. The author hopes to fill this vacuum by publishing this book. This book has neither been done overnight, nor by one writer. This book reflects the knowledge accumulated over the years by staff members of the Chinese Embassy in Eritrea, teachers of the Confucius Institute here, doctors of the Chinese Medical Team, and the spouses of the staff members of the Chinese Embassy have all contributed a large amount of materials and pictures. What is worth mentioning is that Part Four of this book collected articles of some Chinese who once lived and worked in Eritrea. These articles describe the experiences of the authors themselves in Eritrea， reflecting their feelings and emotions, what was written is vivid and reliable. These narrations of personal experiences will make the readers feel as if they were on the scene as well. These articles and those informative descriptions from Part One to Part Three of this book certainly complement each other. If readers of this book intend to work in or visit Eritrea, the book can provide them with practical information about the country's food, lodging and transportation etc., and will make them well prepared before making the travel. If the readers are simply interested in Eritrea, by reading this book, they will be able to get the general knowledge about this country and widen their horizons. If the readers once worked and lived, or are working and living in Eritrea, they can try to find out whether the introductions and descriptions about Eritrea in the book are compatible with what they themselves have seen right on the spot. And of course, they could also follow the guidance in the book, and make further studies and deepen their understanding of Eritrea, and enjoy the wonderful feelings of "reading ten thousand volumes of books, and walking ten thousand Li's walk". What's more, if some Chinese readers happen to get hold of this book, and set their eyes on a few chapters in it, moved, put down the book, packed their luggage, and decided to make a spontaneous trip to Eritrea and to see the legendary Red Sea country through their owe eyes, then, this will fully testify that the book does play some role in promoting people to people exchanges between China and Eritrea, and the author's efforts would not have been made in vain.

Do come for a visit. Eritrea, a country in Eastern Africa on the coast of the

Red Sea is right here, waiting for you to unveil her to find out all her mysteries and legends!

Yun Duan[1]

In Asmara

January 30, 2016

[1] Yun Duan (in Chinese"云端") is the collective pen name of the authors of this book. The Chinese expression "云端" means "above the clouds" and this pen name derives from the nickname for Asmara, that is, "a City above the clouds".

目　录

Contents

第4章 在厄特工作与生活随想 Chapter IV Recollections about Work and Life in Eritrea

第1章

厄立特里亚基本国情

Chapter I The Basic National Conditions of Eritrea

伊拉法伊雷的单峰驼（中国驻厄特使馆摄）。

第一节 自然地理

一、地理位置

厄立特里亚国（The State of Eritrea）位于非洲东北部（北纬12°—18°，东经36°—44°），包括达赫拉克群岛（Dahlak Archipelago）和红海沿岸其他岛屿，西部和北部与苏丹接壤，南接埃塞俄比亚，东南部与吉布提接壤，东部及东北部接红海，隔红海与沙特阿拉伯王国和也门共和国相望。

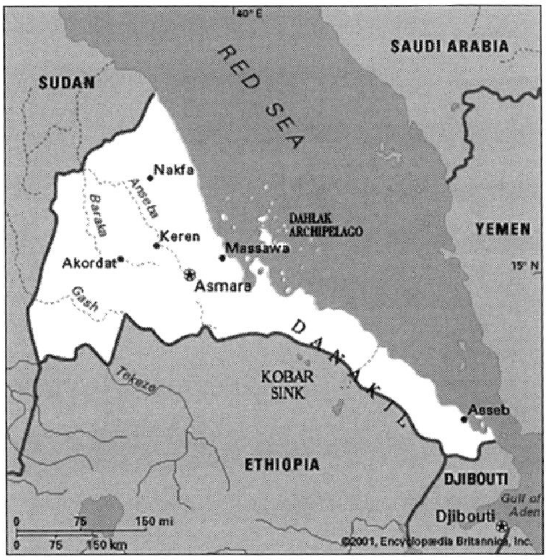

厄立特里亚地图（下载于《英国大百科全书》网络版）。

厄立特里亚国土面积约12.433万平方公里，相近于中国福建省（12.13万平方公里）的面积。陆地边界线总长1630公里，海岸线总长1216公里，共有350多个岛屿，其中210个岛屿组成达赫拉克群岛。

二、时区

厄立特里亚位于东3时区，早于格林尼治时间3个小时，晚于北京时间5个小时。

三、行政区划

厄特地方政府分为四级：省（Region）、县（Sub-Zone）、乡（Administrative Area）、村（Village）。1995年前，厄特曾一度保持了殖民时期划定的10个省。1995年5月19日，厄特国民议会第六次会议决定，取消独立时延用的殖民时代的十个行政区（省）建制，将全国划分为六个省（region），并保留至今。见下图和表：

厄立特里亚行政区划图（来自网络）。

厄立特里亚行政区划表

省份	首府	面积（平方公里）	人口（万人）
加什—巴尔卡省（Gash-Barka）	巴伦图	37000	71.69
北红海省（Semenawi Kayih Bahri）	马萨瓦	34236	35
南红海省（Debubawi Kayih Bahri）	阿萨布	23384	6.6626
安塞巴省（Anseba）	克伦	21500	40.08
南方省（Debub）	门德法拉	10000	80
中央（Maakel）	阿斯马拉	1041.5	120（估计）

四、地质地貌及气候

厄立特里亚位于非洲板块与阿拉伯半岛板块交接处，境内山脉多是受数百万年前非洲大陆板块挤压阿拉伯半岛所形成。从最新的地质演变趋势看，厄特处于阿尔法三角（Afar triangle）地区的北端，南部部分地区处于大陆裂变的地质阶段。

从版图看，厄立特里亚形似一个呈西北东南方向斜挂着的漏斗。从地形、地貌和气候看，大体可分为三个地理地貌区：一是东部红海沿岸狭长的海岸平原，平均海拔约499米，多为沙漠地带，占到国土面积的33%。这里土壤贫瘠，几乎没有农业。位于达纳基尔洼地的库鲁里（Colluli）低地是全国最低点，低于海平面128米；二是埃塞俄比亚高原向北的延伸部分，构成整个厄特北中部地区，平均海拔1980米，占国土总面积的三分之一。安姆巴—索依拉峰（Amba Soira）是厄特境内最高的山脉，海拔3013米。整个高原沟壑纵横，间有河流，多流向西部较低地区。埃塞俄比亚高原将厄立特里亚和埃塞俄比亚两国紧紧联系在一起，两国边境地区海拔多在3000米以上，气候温和，土地肥沃，雨量充沛，年降水量在900毫米以上，是双方40多年战争的主要战场；三是西部平原地区，向西延伸与苏丹接壤，平均海拔487米，占国土总面积的五分之二。虽然这一地区地势平坦，但气候干燥，年均降水量只有200毫米。

多样的地形地貌造就了厄特多样的气候。厄特首都阿斯马拉地处2350米高原，气候凉爽，年平均气温17℃，年平均降水量525毫米。4—5月为小雨季，6—9月为大雨季，余为旱季。东部和西部低地气候炎热干燥，年平均气温分别为30℃（东）和28℃（西），年均降水量不到400毫米，尤其是红海沿岸平原，多呈沙漠状态，3—10月间，白天气温可达40℃以上。东部沿海马萨瓦、阿萨布地区全年6月至9月最热，平均气温可达40℃—50℃。12月至次年2月（雨季），气温一般在20℃至35℃之间。在阿科达特（Agordat）和巴伦图（Barentu）等西部低地地区，雨季温度与东部沿海地区相似。

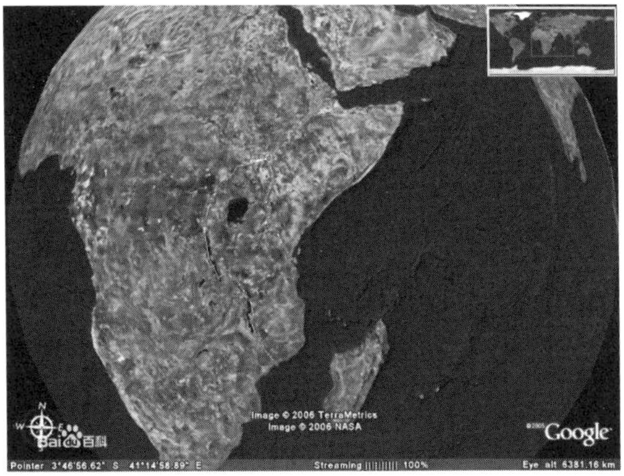

阿尔法三角区图示（下载于“百度百科”）。

五、自然资源

厄特独特的地理地质条件造就了丰富的矿产资源，主要有铜、铁、金、银、镍、锌、铬、锰、钾盐、煤、石膏、硅沙、石棉、大理石、高岭土、花岗岩等。厄特多金属矿，成带状分布，规模较大，较为适合工业化开采。1995年4月厄特颁布矿产资源开采法，规定矿产资源属国家所有，国家有权保护和实现所有自然资源的可持续发展。鼓励国内外投资勘探和开发矿产资源，任何地质勘探均要求持有政府颁发的许可证。1996年以来先后有加拿大、澳大利亚等外国公司与厄特矿业公司合作开采黄金等矿产。

厄特达纳基尔洼地钾盐储量丰富，该矿区具有品位高、储量大、埋藏浅、便于运输等优势，是世界上可实施露天开采的世界级钾盐大矿。

除矿产外，厄特还有丰富的地热、风能、太阳能资源。在马萨瓦以南120公里的阿里得（Alid）地区已发现11个地热资源区，地热气体温度在190℃至350℃间。沿海有石油和天然气资源显示。

厄特渔业资源非常丰富，发展潜力很大，盛产龙虾、虾、石斑鱼、巴鱼、金枪鱼、沙丁鱼等，据不完全统计，约有上千种鱼类和220余种珊瑚生活在厄特海域。

六、河流分布

厄立特里亚境内有多条河流，其中安塞巴河（Anseba）和巴尔卡河（Barka）流向北方，加什河（Gash）和塞迪特河（Setit）向西流入苏丹。加什河的上半段也称为马雷布河（Mareb），为最大的季节河，满水期长达440公里。塞迪特河为埃塞俄比亚、厄立特里亚两国界河，也是厄特境内唯一常流河，全长180公里。其余河流均为季节性河流，其水流量随降雨量的变化而变化。

历史上，厄立特里亚曾以马雷布·米拉什（Mareb Mellash，意指马雷布河“Mareb River”此岸）或巴赫米德（Bahrmeder）之称而为人所知。厄立特里亚（Eritrea）之名由希腊诗人及悲剧作家埃斯库罗斯（Aeschylus）笔下地名马雷·厄立特里亚恩（Mare Erythrean，意为“红海”）衍生而来。19世纪意大利殖民者正式使用厄立特里亚（Eritrea）之名。

七、植物动物

在意大利殖民时代，厄特森林覆盖面积曾达30％左右，然而由于长年战争中乱砍滥伐木材以获取燃料或构筑军事设施，大量使用凝固汽油和落叶剂，加之埃塞传统的土地措施不鼓励植树造林，森林覆盖率锐减到0.04%。植被有阿拉伯

厄特野生动物1（中国驻厄特使馆摄）。

厄特野生动物2（中国驻厄特使馆摄）。

橡胶树、猴面包树、松树、桉树、橄榄树、埃及姜果棕和剑麻以及骆驼刺等。其中埃及姜果棕、剑麻有较高经济价值。

红海鱼类与珊瑚礁（中国驻厄特使馆摄）。

陆上动物有鸵鸟、豹子、大象、羚羊、瞪羚、狒狒、鬣狗、野猪、野驴等。厄特海洋包括红海和亚丁湾的三个生物区，分别是中央红海区、南部红海区和西亚丁湾区。厄特海域有全球已知的1400种海洋生物种的17%，250种珊瑚物种的20%。这里同时是全球重要的珊瑚礁、红树林、大叶藻以及海龟、儒艮、海鸟、鲸鱼及海豚等濒危物种的产地。

八、自然景观

厄特地貌复杂多样，高低地落差大，自然景观丰富，有宽阔的高原、壮观的峡谷、波浪形的平原、干涸的河床、原生态的海岸和岛屿，能在数个小时内领略各种地形的风光，因此“两个小时，三个季节”（Three Seasons in Two Hours）已成为厄特旅游业的标语。

厄特的群山具有形态各异的岩石、缥缈的云雾和多样的气候，适合开展远足、摄影、山地运动和自行车运动。著名的达纳基尔洼地部分位于厄特境内，是一个具有独特地貌的景点。这里是地球上最低的地方，有大量奇特的石灰岩溶地貌、火山湖、湿地和沙漠。东部大裂谷是厄特著名景点之一，位于中央平原东部、东部高原和安塞巴高原北部。东部峡谷有两个雨季，被美丽的森林绿带所覆盖。这里的树木四季常青，使东部峡谷更加壮观，绿带也为研究生物多样性和观鸟者提供了绝佳的场所。

厄特拥有未受破坏和污染的1216公里的海岸线，有达赫拉克等360个岛屿，海底珊瑚林立、鱼类繁多，为蛙潜、浮潜、乘游艇、巡游、钓鱼等运动提供了适宜的环境，堪称世界上未受破坏的热带天堂。2008年，厄特以其“独特地貌和原始珊瑚礁群”被英国旅游网站评为世界七个最佳旅游目的地之一。

第二节　历史综述

在厄立特里亚境内的考古发掘证实，厄立特里亚最早的原始人类活动出现在距今200万年前。目前珍藏在厄特国家博物馆的一块保存完好的原始人类头盖骨化石距今约100万年，具有直立人和智人的综合特征。这块原始人类头盖骨化石发现于厄特达纳基尔洼地的布亚地区，其发现填补了早期非洲直立人（约220万年至140万年间）和后期的非洲海德尔堡人（约65万年前）间的空白，是人类起源研究的重大进展。

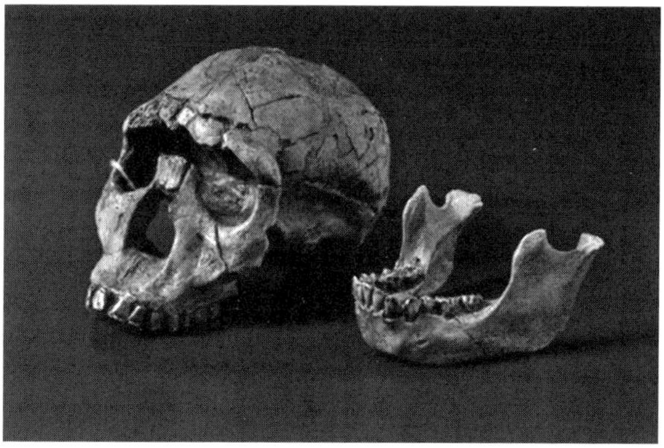

头骨图片（来自网络）。

厄立特里亚的沿海地区，如阿布杜尔（Abdur）、阿斯费特（Asfet）、米斯（Misse）等地发现了人类的直接祖先即智人从事技术制作的证据。这些智人大约在1万年至12.5万年前生活在厄特沿海地区的广泛区域，并且以海洋生物作为其食品的重要组成部分。在厄特红海沿岸的布里半岛地区发现了中石器和新石器时代的大量石器和贝壳。在厄特西部巴尔卡河谷地区考古发现的石器证明约1万年前有人类在此地进行狩猎等生产活动。

在厄特的高原和西部低地，如阿迪—阿刘蒂（Adi Alewti）、伊亚戈（Iyago）、卡利博萨（Karibosa）、萨罗（Saro）、麦—爱内（Mai-ainei）、夸鲁拉（Quarura）等地发现了2000至5000年前的符号语言、岩画和雕刻。此类符号行为的出现与农业种植、动物驯化、定居生活、贸易以及与其他文明的交往有关。这类岩画或雕刻一般呈动物、人形或几何形状。在厄特南部克海托地区的考古也发现此地有4000年前左右的岩画。

学者们根据考古发现对厄立特里亚早期历史持续进行研究。由于考古不断有新发现，这一研究仍在进行中。

一般而言，今天居住在厄特的各族人民是经过数千年因战争和迁徙而互相交往和杂居形成的。厄特人一般被分成三大民族群体，即尼罗特人、库希特人和闪米特人。当然这种分类并非无懈可击，原因在于厄特各民族间经历了大量的相互影响和渗透，对厄特各民族的社会文化构成产生了持久的影响。而且这种分类仅仅依据文化因素，主要是语言因素做出的，而非基于种族因素做出的。基于上述说明，当今的厄特人可以分为三个民族群体：一是尼罗特人，包括库纳马（Kunama）和纳拉（Nara）人；二是库希特人，包括比伦（Bilen）、希达赖伯（Hedareb）、萨霍（ Saho）和阿法尔（Afar）人；三是闪米特人，包括提格雷尼亚（Tigrinya）、提格雷（ Tigre）和拉沙伊达（Rashaida）人。

据学者们研究，厄立特里亚的早斯居民主要有来自南部尼罗河谷地的尼罗特人（Nilotics）、属于库希特人的贝贾人（Bejas）和来自阿拉伯半岛的闪米特人（Semites）。尼罗特人是人们所知的厄立特里亚最早期的居民，约在四五千年前来到此地。贝贾人约在公元前2700年时出现在埃及史书中，迁徙到厄特的西部和西北部地区。公元前2世纪，闪米特人在今天厄立特里亚的沿海地区建立了几个城邦国家。这些早期的社会和国家发展了农业、畜牧业，达到一定的技术水准，具有一定的社会组织水平。

公元前2500年左右，厄特的红海沿海地区存在一个被称为“彭特王国”（Kingdom of the Land of Punt）的国家，其统治中心位于阿杜利斯港口，统治范围及于厄特北部、苏丹一部和吉布提。埃及人其称为“彭特王国”，含义是富饶的神的国度。彭特王国与埃及、腓尼基及希腊有贸易和文化联系。

公元前1000年左右，大批沙巴人（Sabeans）从阿拉伯半岛南部地区渡过红海首先来到达赫拉克群岛定居，后分散到厄特沿海和高原的不同区域定居，如阿杜利斯（Adulis）、克海托（Qohaito）、迈特拉（Metera）、特孔达（Tokonda’e）和克斯克塞（Keskese）等地。这些定居区具备一定的城市性质。公元前8世纪时，这些定居区统一在达阿玛特王国（Kingdom of Da’amat）之下。该王国与古希腊、罗马等地有密切的贸易和文化联系。不少历史学家认为达阿玛特王国是阿克苏姆王国的前身。

公元前后，阿克苏姆王国（Axumite Kindom，公元1—9世纪）在非洲东北部兴起，中心在今属埃塞俄比亚提格雷省的阿克苏姆城。公元4世纪至6世纪阿克苏姆王国达到鼎盛时期，领土曾扩展到今天的厄立特里亚、埃塞俄比亚北部、也门西部、沙特阿拉伯南部和苏丹等地，成为当时非洲的政治、经济和文化中心之一。公元4世纪时阿克苏姆王国成为基督教国家。位于今天厄特红海沿岸阿杜利斯也被阿克苏姆王国控制，成为其最重要的贸易中心。来自希腊、埃及、拜占庭、波斯、印度和锡兰等地的铁器、棉布、服装、玻璃器皿、酒、油和装饰品源源不断运进阿杜利斯港口，运出的是黄金、象牙、没药、玳瑁、犀牛角、肉桂和香料等。据《后汉书》记载，公元100年时，阿杜利斯使者曾造访过中国东汉洛阳，这是中非交往最早的文字记载。阿克苏姆王国使用的文字吉兹（Ge'ez）逐渐演化为今天厄特的提格雷尼亚文和厄特、埃塞两国的提格雷语。公元6世纪中叶，波斯攻占也门，阿克苏姆被挤出阿拉伯地区。7世纪阿拉伯帝国兴起，阿克苏姆与外界联系中断，阿克苏姆王国逐渐走向衰落并最后灭亡。阿杜利斯港也遭到破坏，成为一片废墟。各国考古人员对阿杜利斯古港进行过多次考古发掘。当前，由厄特和意大利政府联合组织的考古挖掘在阿杜利斯古港口发现了大量建筑遗址和文物，证明了阿杜利斯历史上的商业繁华和重要的贸易中心地位。

阿杜利斯古港口的教堂遗址（中国驻厄特使馆摄）。

公元8世纪中叶起，属于库希特人的贝贾人在厄立特里亚和苏丹东北部地区先后建立了五个独立王国（The Five Beja Kingdoms），分别是：纳基斯（Naqis）、巴克林（Baqlin）、巴津（Bazin）、扎里（Jari）和卡塔（Qat'a）。这些王国涵盖的领土包括希尔吉戈（Hirghigo）沿海、萨赫勒、巴尔卡和安塞巴谷地等地区，其统治一直持续到14世纪末期。贝贾王国的统治给当今厄特的各种地方传统留下了明显的印迹。各地以故事和诗歌形式存在的口头文学中保留着赞美贝贾王国权势和财富的内容。

阿克苏姆王国灭亡后，扎格威王朝（Zagwe Dynasty，公元1135—1270年）兴起，统辖今厄立特里亚北部部分地区。公元1270年，所罗门王朝建立，替代了扎格威王朝并在15世纪时达到鼎盛。15世纪时，阿比西尼亚皇帝设立了巴赫尔王（意为海边之地国王）的称号。海边之地王国（Medri Bahri）的首都是德巴瓦（Debarwa），该地位于红海与阿比西尼亚贸易路线的重要位置。巴赫尔王向阿比西尼亚纳贡，但也并非总是处于屈从地位，经常是处于自治状态，可阿比西尼亚处于分裂状态时，海边之地王国便成为独立的诸侯国。

16世纪时，奥斯曼土耳其帝国兴起并不断扩张领土。到1557年，奥斯曼土

马萨瓦具有阿拉伯风格的邮局①（中国驻厄特使馆摄）。

① 1921年马萨瓦发生地震，原有建筑多被毁坏。意大利人震后按原有阿拉伯风格重建了马萨瓦城。

耳其帝国正式占领了马萨瓦及厄特的沿海地带，之后又占领了德巴瓦、克伦、萨赫勒等地。海边之地王国国王伊萨克（Bahri Negassi Isaak）进行了抵抗，奥斯曼土耳其军队战败，退回到了沿海一带，对厄特沿海地区占领一直持续到1840年代。19世纪后，奥斯曼土耳其开始衰落。

1869年苏伊士运河开通后，埃及势力进入非洲东北部。至1872年，埃及完成了对马萨瓦、克伦等地区的占领，其影响及于厄特的大部分地区。1875年，埃及军队入侵阿比尼西亚。约翰尼斯皇帝的军队于1875年11月和1876年3月在甘达特和古拉两次战胜埃及军队。埃及军队战败后，退回到马萨瓦和红海沿海一带。埃及对克伦周边一带的占领持续到1884年。

随着19世纪意大利王国完成统一，以及苏伊士运河开通后红海地区的战略价值不断提升，意大利开始向非洲之角地区拓殖移民。意大利殖民者于1869年

建于1872年的埃及总督府[①]（中国驻厄特使馆摄）。

① 位于马萨瓦市，厄特独立战争期间严重受损。

在阿萨布港建特权区，并不断向厄特内陆推进。1869年，意大利热那亚鲁巴蒂尼（Rubbatino）航运公司与阿萨布当地的阿法尔酋长签署协议，购买了阿萨布一块土地，其后至1882年，又签署了一系列协议，购买了数块土地，成为鲁巴蒂尼公司的财产。1882年3月，该公司将土地所有权移交给意大利政府。1882年7月，意大利宣布阿萨布为其殖民地。1885年1月，意大利殖民者占领了阿萨布以北的贝卢（Belul）。

1881年，苏丹宗教领袖穆罕默德·艾哈迈德领导群众开展反英斗争，于1885年建立马赫迪王国。英国和埃及请求约翰尼斯皇帝帮助被困在苏丹的英国和埃及军队。约翰尼斯皇帝要求英国帮助其占领马萨瓦和克伦。马赫迪起义被镇压后，英国为通过扶持意大利殖民势力抗衡其瓜分非洲时的主要对手法国，不仅未帮助约翰尼斯皇帝占领马萨瓦，反而鼓励意大利人扩张，以阻止法国殖民者从其占领的吉布提继续扩张。1885年2月，意大利殖民军队占领了马萨瓦。同一年，意大利殖民势力继续向内陆扩张。1889年6月，意大利殖民军队占领了克伦；8月占领了阿斯马拉。

1889年，意大利殖民者同绍阿国王孟尼利克二世签订《乌西阿利条约》（Treaty of Ucciali），确认意大利占有阿萨布、马萨瓦、克伦和阿斯马拉等地。1890年1月，意大利国王颁布敕令，将占领区合并为统一殖民地，命名为“厄立特里亚”（意为“红海”）。

意大利对厄特实行殖民统治的目的主要是向厄特殖民，特别是让贫穷的意大利农民定居到厄特，将厄特作为原料产地和产品销售市场，并将厄特作为意大利进一步向其他地区扩张殖民统治的跳板。意人利的殖民统治一廾始就遇到了厄特人民的顽强抵抗。19世纪初，意大利人开始大量移居厄特，到1941年意大利殖民统治结束，定居在厄特的意大利人约有7万人。意大利殖民当局实行没收当地人土地的政策。到1920年代，意大利人占有厄特一半以上的土地。为加强其殖民统治，意大利殖民势力对当地民众的抵抗进行了严厉镇压，如1889年至1890年间即残杀了数百名当地酋长及其支持者，还在纳库拉岛（Nakura）设立了一座臭名昭著的监狱。

意大利殖民者的镇压进一步激起了厄特人的反抗，出现了许多著名的抵抗意大利殖民统治的厄特民族英雄。著名的民族英雄巴赫塔·哈格斯（ Bahta Hagos）就是其中之一。1894年12月14日，巴赫塔公开宣布反抗意大利殖民统治，并领导当地农民起义。12月18日，巴赫塔领导起义军攻击位于哈莱（Halay）的一个意大利军营，战斗进行了数小时。意大利殖民当局从阿斯马拉和马萨瓦派出增援力量，巴赫塔在战斗中英勇牺牲。巴赫塔起义是这一地区反抗欧洲殖民统治最为重要的行动之一。

纳库拉岛是达赫拉克群岛中的一个小岛。因为该岛屿遥远且孤立，意大利殖民当局选择在此岛上设立监狱。意大利殖民统治时期，纳库拉岛监狱是其殖民统治残暴和压迫的象征。此地关押了许多反抗殖民统治的厄特爱国人士，由于遭受迫害及监狱条件艰苦，许多被关押者死在狱中。1899年11月17日，阿里·穆罕默德·奥斯曼·布里等人领导被关押的囚犯举行了狱中暴动并成功越狱，当时监狱中约关押着119名犯人，其中107人越狱成功并逃到布里半岛上。阿里是阿法尔族人，因反对意大利殖民统治入狱。他在成功地组织这次行动后，被称为“纳库拉的越狱者”（Nakura Yagali）。其他参与组织这次行动的主要人员还有马哈雷（Mahray）和毕拉塔（Bilata）等。

为加强在厄特的殖民统治，意大利在厄特采取了一系列政治、经济方面的措施。如建立文官体制，将厄特划分为9个行政区，设立司法、财政、教育、卫生、邮电等部门。对阿斯马拉等主要城市进行了规划和建设。修建了一些基础设施，如1997年至1932年间修建了从马萨瓦到阿斯马拉，阿斯马拉到克伦，克伦到阿科达特，阿科达特到碧沙的铁路，修建了连接厄特山区和低地的公路和两座机场。1936年，意大利殖民者还建造了连接马萨瓦和阿斯马拉两地的全长71公里的悬空索道缆车。到1935年时，修建了阿斯马拉、马萨瓦、阿萨布、特塞内、古雷（Gurae）的机场。到1941年意大利殖民统治结束前，修建了25个邮政局、67个电报局、17个电话局。建立了一些食品和服装类的轻工业企业和贸易公司，但这些企业的建立是服务于殖民目的的，厄特人是这些企业的残酷剥削对象。到1921年时，建立了4所学校，共有260名学生，但对厄特当地学生只允许上到小学四年级，学习数学、意大利地理和历史、卫生和手工艺。这种教育体系的目的是培养人数有限的厄特人，并使他们忠诚地为殖民制度服务。意大利人踏足厄特后，即征召厄特青年人在殖民军队中服役，1935年意大利军队侵略埃塞俄比亚时，在殖民军队中服役的厄特青年约有6万人。这些青年人接受军事训练、参加战斗，相互间逐步形成了一种归属感。意大利殖民当局对殖民地的建设客观上促进了厄特城市人口的增长。到1940年代时，厄特的城市人口占总人口的20%。意大利的殖民统治客观上对厄特产生了重要影响，厄特的民族特性在此期间开始形成，厄特民族意识开始觉醒。

沿马萨瓦港口大街（位于马萨瓦岛北岸）修建的两层建筑[1]（中国驻厄特使馆摄）。

二战期间，意大利于1940年6月向英国宣战。1941年1月19日，英军开始反攻意大利法西斯军队，先不战而占领苏丹城市卡萨拉和厄特城市特塞内，攻入厄特。2月1日，英军攻占阿科达特。2月2日攻占巴伦图。经过1个多月的准备后，英军于3月15日发动克伦战役。这是二战期间东非战场上进行的一场最残酷的战役。经过12天战斗，英军最终于3月27日击败意军并攻占克伦。4月1日，英军不战而进入阿斯马拉。意大利在厄特50年的殖民统治结束，厄特成为英国托管地，由英国军事当局将厄特作为“被占领的敌人领土”进行管治。

英国军事当局托管厄特期间，并未设立自己的行政当局，而是继续保留了意大利法西斯当局的机构。英军占领厄特时，厄特的经济开始恶化。数以千计的曾

① 1920年马萨瓦大地震后由意大利人按原有阿拉伯风格修建，每座建筑都带有小型拱顶走廊，各座建筑形成一个连续的走廊，有利于遮阳避暑。

在意大利军队中服役的厄特青年失业，通货膨胀失控。阿斯马拉人口过度集中，缺少食物、住房和基本服务。日渐严重的经济社会和安全问题激怒了许多厄特人。厄特人寄望于英国人带给他们和平繁荣和独立的期望破灭了。

二战后，联合国讨论包括厄特在内的意大利前殖民地问题，利比亚、意属索马里等地先后获准独立，对厄特地位却争斗不休。1946年，美国、苏联、英国和法国派组到厄特调查，未达成一致意见。1950年12月2日，联合国大会通过第390（5）号决议，建议厄立特里亚应作为一个自治体在埃塞俄比亚皇帝管治下与埃塞俄比亚结成联邦。1952年3月，厄特举行立法会议选举。7月，立法会议通过了宪法。宪法规定，厄立特里亚作为一个自治体与埃塞俄比亚结成联邦，埃皇派代表驻厄特。1952年9月，埃皇签署厄特宪法，厄立特里亚正式与埃塞俄比亚结成联邦。

1962年11月14日，厄特议会在埃塞俄比亚和亲埃力量的压力下，通过了取消联邦、与埃塞俄比亚完全统一的决议。埃塞皇帝塞拉西随后宣布废除联邦，设厄特为埃塞第14个省。

埃塞俄比亚强行吞并厄立特里亚引发厄特争取独立的武装斗争。1958年，“厄立特里亚解放运动”（Eritrean Liberation Movement）在苏丹港成立，宗旨是结束埃塞统治，取得厄特独立。1961年7月，“厄立特里亚解放阵线”（Eritrean Liberation Front,厄解阵）在开罗成立。1961年9月1日，厄立特里亚解放阵线在哈米德·伊德里斯·阿瓦特（Hamid Idris Awate）的领导下，在巴尔卡地区的阿达勒山（Mt. Adal）举行武装起义。阿瓦特于1962年5月因病去世，由于其打响武装起义第一枪的传奇色彩，其后领导厄特武装斗争的领导人在很长时期内仍以阿瓦特副手的身份出现，使阿瓦特的形象继续激励自由战士和民众的斗争。1970年，“厄立特里亚人民解放阵线”（厄人阵）成立，并主导独立战争。厄人阵和厄解阵因斗争战略和意识形态分歧，时斗时合。从1978年到1986年，埃塞门格斯图政权对厄人阵和厄解阵发动了八次大的军事进剿。1978年7月中旬至8月底，门格斯图政权在苏联的支持下，调集10万军队对厄人阵和厄解阵进行了第一次大进剿，厄人阵从厄特南部的边境地区及阿斯马拉周边地区进行战略退却，退守到纳克法山区，进行长期游击战。1981年，厄人阵和厄解阵爆发内战，厄解阵战败。1982年2月，埃塞门格斯图政权对厄特人阵党军队进行第六次进剿，这次行动进行了两年的准备，是规模最大、最残酷的一次军事进剿。这次行动中，门格斯图调集了12万兵力围剿厄人阵，其中5万士兵经过了山地战的训练，苏联派出四位军队将领和大量军事顾问参与指挥和协助。这次进剿进行了95天，厄人阵坚守纳克法根据地，挫败了这次进剿。1983年3月，门格斯图组织了第七次进剿，再次被挫败。1985年10月，门格斯图组织了第八次、也是最后一次进剿，经过两个月的战斗，厄人阵挫败了这次进剿。厄人阵在反对门格斯图政权的军事斗争中士气高涨，力量也不断发展壮大。仅1987年一年内，厄人阵就组织了168次军事行动。到1987年底，厄人阵到了开始军事上战略反攻的前夕。1988年3月17日至19日，厄人阵发动纳多战役，解放阿法贝特，厄人阵军队进入克伦周边地区。门格斯图政权设在纳克法和阿法贝特的纳多司令部（Nadew Command）指挥着2.2万名士兵，厄人阵在纳多战役中一举消灭门格斯图政权军队1.8万名，即其军事力量的五分之一，缴获大批武器。此战中，厄方还俘获了3名苏联军事顾问。此次战役胜利后，厄埃双方的力量对比开始向厄方倾斜，国际社会也开始认可厄特的独立地位。1988年，厄人阵同埃塞的提格雷人民解放阵线（提人阵）联手进攻门格斯图政权军队。1989年，厄人阵解放了厄立特里亚大部分地区。1990年2月8日，厄人阵发动“芬克尔战役”，经过三天激烈战斗，厄人阵军队占领马萨瓦港。芬克尔战役的胜利标志着埃塞对厄特统治的结束。1991年5月，厄人阵同埃塞俄比亚的提格雷人民解放阵线联手推翻门格斯图政权。1991年5月24日，厄人阵军队进入阿斯马拉。5月26日，厄人阵军队占领阿萨布港。随着阿萨布的解放，厄特全境解放。5月24日被定为厄特独立日。

厄立特里亚独立战争时期的女游击队员（厄特新闻部供图）。

30年的战争给厄特人民带来饥荒、流离失所、经济萧条和人员伤亡等严重后果。50万厄特难民流亡苏丹，数千厄特难民流亡到其他国家，约三分之一厄特人被迫离开国家。到独立前，75%厄特人靠粮食救济生存。人均国内生产总值仅70—150美元，人均预期寿命仅46岁，婴儿死亡率135‰，仅有少数人享有医疗服务，文盲率80%。据厄特政府公布的数字，6万战士在独立战争中阵亡，战争直接造成约4万平

在埃塞俄比亚的数以万计的厄里特里亚人排队参加独立公投（厄特新闻部供图）。

厄立特里亚独立后海外侨民回国（厄特新闻部供图）。

民死亡，5.6万人伤残，其中约1万人严重伤残。

1991年5月29日，厄特临时政府成立，伊萨亚斯·阿费沃基出任临时政府总书记兼武装部队总司令，国民议会同时成立。1991年8月，厄特临时政府与埃塞人民革命民主阵线领导的埃塞过渡政府达成协议，定于两年内就厄特地位问题举行全民公决。1993年4月23日至25日，厄特在联合国监督下举行全民公决，全厄特117.4万选民中110.241万人在厄特国内和国外的1010个投票站进行了投票，结果110.026万（99.81%）人支持独立。1993年4月27日，厄立特里亚正式宣布独立。埃塞过渡政府接受公决结果，承认厄特独立。5月22日，厄特国民议会选举伊萨亚斯担任总统。5月24日，厄特正式宣告独立并举行开国庆典，厄立特里亚国（THE STATE OF ERITREA）正式成立。厄特独立后随即获得埃塞俄比亚等邻国、埃及、以色列、叙利亚、中国、美国、俄罗斯、意大利及其他国家的承认。5月28日，厄特加入联合国，成为联合国第182个会员国。

第三节　人文概况

一、人口

厄立特里亚全国国内常驻人口为360万（厄特国家统计局数字，不含海外侨民），人口增长率3％,65%的人口生活在农村。2013年人均寿命63岁，相比1990年的48岁增加15岁。海外侨民至少有100万人，主要在苏丹、埃塞俄比亚、中东、北美洲和欧洲等。全国共有9个民族，分别为提格雷尼亚（占总人口的50%）、提格雷（31.4%）、阿法尔（5%）、萨霍（5%）、希达赖伯（2.5%）、比

厄立特里亚9个民族（来自网络）。

伦（2.1%）、库纳马（2%）、纳拉（1.5%）、拉沙伊达（0.5%）。每个民族都有自己的语言和独特的文化习俗。

提格雷尼亚族大多居住在中部高原地区、小城镇和乡村地区，主要从事农业，主要信奉东正教、天主教、新教，另有少部分人信奉伊斯兰教。提格雷尼亚语属闪米特语族，发源于吉兹语，采用吉兹语文字。

提格雷族主要居住在厄特北部高原、东北低地和西部低地地区，居住地围着中央高原绕了半圈，从事畜牧业。部分生活在东部红海沿岸和达赫拉克群岛上，从事渔业。大多信奉伊斯兰教，一部分人信奉基督教。提格雷语属闪米特语族，同样发源于吉兹语。1890年瑞典人达维特·阿曼努尔（Dawit Amanuel）创立提格雷语字典并将圣经翻译成提语，自此提格雷语才开始有文字。他们的口头文学包括民间故事、谜语等。

阿法尔族属游牧民族，信奉伊斯兰教，居住在厄特东南部红海沿岸和岛屿上，在吉布提—埃塞铁路以北，占据高原到红海的交通要道。在厄特独立以前，部分阿法尔人在奥萨（Aussa）苏丹王的统治下组成"自治体"，直到1975年苏丹王阿里·米拉·汉非勒（Ali Mira Hanfere）流亡国外而结束。大部分阿法尔人从事游牧业，常在厄特与邻国（埃塞、吉布提）间自由穿梭。某些特别干旱地区的阿法尔人在水源处居住相对稳定，如奥萨苏丹王统治下的阿法尔人在阿瓦什（Awash）河谷地带居住，从事农业。另外大约有1万阿法尔人住在达纳基尔熔岩洼地（Danakil Depression），在卡如密（Karumi）湖边从事制盐业。阿法尔语属库希特语族。

萨霍族主要集中在厄特高原东南部边缘地带以及马萨瓦南部沿海地区，大多从事畜牧业。虽然都使用萨霍语，但其组成比较复杂，有阿法尔、提格雷尼亚、提格雷等民族的成分，也有阿拉伯人的后裔。大部分人信奉伊斯兰教，也有部分部族受提格雷尼亚人影响较深，信奉埃塞俄比亚正教（属东正教）。萨霍语属库希特语族。

希达赖伯族是半游牧民族，以饲养骆驼、牛为生，居住在厄特西部低地，信奉伊斯兰教。希达赖伯语属库希特语族。

比伦族从事农业，居住在安塞巴省克伦及其周边地区、加什—巴尔卡省东部邻近高原地区，社会形态通过亲属团体组织起来。19世纪中期受占领苏丹的埃及人的控制，直至1884年根据阿杜瓦条约（Treaty of Adowa）才回到埃塞王朝，1889年乌西阿尔条约使比伦族正式成为埃塞王朝的一部分。比伦族原信奉基督教，由于埃及人强行推广伊斯兰教，目前信奉伊斯兰教和基督教的人数大致相等。比伦语属库希特语族。

库纳马族与纳拉族是厄特最早出现的民族。他们是尼罗特人的后代，文化相近，语言和厄特其他民族不同，属尼罗—撒哈拉语系。库纳马族生活在西部低地的加什河与巴伦图之间的村落，从事农业。在1920年瑞典传教团进入这一地区以前，库纳马族还实行母系社会制度。库纳马族以舞蹈著称，发展出了25种不同的舞蹈形式。主要信奉基督教和伊斯兰教，少部分信奉传统拜物教。语言属于尼罗语族。

纳拉族生活在加什河东部地区，从事农业，主要信奉伊斯兰教。纳拉语属于尼罗语。从19世纪起，纳拉族人开始信奉伊斯兰教。纳拉人以农业为生。

拉沙伊达族属游牧民族，主要生活在厄特东北部红海沿岸地区和达赫拉克岛。该民族人数较少，是19世纪从阿拉伯地区移民而来，是最晚移民到厄特的民族，信仰伊斯兰教。他们也是闪米特人，说闪米特语（如阿拉伯语），采用阿拉伯文字。

二、宗教

信仰基督教（东正教）与伊斯兰教的居民约各占一半，另外还有少数人信奉罗马天主教和其他基督教派以及传统拜物教。从地理分布上看，高原地区的居民大多信奉基督教，西部低地、北部高原和东部沿海平原一带的居民信奉伊斯兰教。

公元7世纪至19世纪，伊斯兰教通过商人传入厄特，并发展成为各处不同的教派，如东南地区的宰德教派、哈奈非派，北部地区的马立克派以及分布全国的沙裴派。

三、语言

每个民族使用自己的语言，有九种民族语言。全国四分之三的人口使用提格雷尼亚语和提格雷语。高原地区的居民大多使用提格雷尼亚语，大部分穆斯林则使用提格雷语。由于厄特历史上长期受阿拉伯世界、意大利和英国的影响，加上本国语言普及教育落后，作为外来语的阿拉伯语、英语反而同提格雷尼亚语一样成为普遍使用的语言。英语在外交和经济活动中被广泛使用，小学开设英语课，中学、大学课程全部用英语讲授。此外，由于受意大利殖民影响，意大利语在首都也比较流行，老年人多能使用意大利语，意大利政府现仍在阿斯马拉开办有小学和中学。

四、节日

节日是民族文化的重要组成部分，也展现了不同民族的生活风貌和民俗风情。在厄立特里亚，信仰伊斯兰教的机构每周五、周六为公休日，其他宗教信仰组织及政府机构则每周六、周日为公休日。厄立特里亚传统节日主要由三类组成：国际性节日、地域性国家节日及宗教性节日（东正教、天主教、伊斯兰教等）。

国际性节日是世界各国通行的公众假日，在厄立特里亚，主要国际性节日为公历新年（1月1日）、国际妇女节（3月8日）及国际劳动节（5月1日），节日当天为公休日，政府机关及商业机构等部门会在门前悬挂厄特国旗予以庆祝，多数商店会闭门歇业，民众多以家庭聚会形式邀请亲朋好友在家中聚餐及跳舞来庆

独立日期间流光溢彩的阿斯马拉解放大道（中国驻厄特使馆摄）。

独立日期间阿斯马拉解放大道上欢庆的人群（胡峤摄）。

祝此类节日。

地域性国家节日是某一区域内国家为纪念某个事件而设立的节日。厄立特里亚经过30年艰苦卓绝的独立战争，于1991年获得事实上独立，于1993年5月24日正式宣告独立并建国。厄特的国家性节日也是围绕其独立战争而设立的，主要有国家独立日（5月24日）、烈士纪念日（Martyrs' Day，6月20日）和独立战争开战纪念日（9月1日）。国家独立日是厄特每年最为隆重的国家性节日，很多民众或民间团体会在节前为独立日进行节目排练，政府机关及商业机构等部门会在门前悬挂厄特国旗予以庆祝。节日当天上午，在阿斯马拉体育场，届时总统会发表演讲，体育场内会举行阅兵及各类文艺表演；当天晚上，在阿斯马拉市中心人山人海，车水马龙，道路两旁的棕榈树装饰上彩灯，国内外各类乐队会搭台演唱，此外还有花车巡演、露天电影等文艺活动。父母会领着几个孩子出来，一些孩子脸上会画上太阳等五彩的图案。在一些地方可见孩子们用石子和花朵摆出厄特国家地图。厄特人在争取独立的过程中付出很大牺牲，许多家庭失去了亲人，对国家独立都很自豪。烈士纪念日是为了纪念在独立战争中牺牲的烈士而设立的节日。节日当天上午，当地民众会在清晨自发前往烈士公墓献花或悼念，国家乐队会在公墓前列队演出国乐，总统会在公墓前发表演讲纪念为国捐躯的烈士们，演讲完毕后，民众陆续进入烈士公墓献花、扫墓，以表悼念；当天晚上，阿斯马拉全城停电，市中心道路两旁的路灯上会挂上灯笼，灯笼中是点燃的粗大蜡烛。晚上7点半左右，民众会走上街头，手持蜡烛分散在市中心主干道路——解放大道两侧表示对烈士的悼念，一些民众也会聚集游行，并唱起当地歌曲纪念烈士。一些地方也会展出厄特人民在争取独立的武装斗争中的图片和实物。

宗教性节日是某些宗教派别为了纪念宗教中某个事件而设立的节日。厄特国民主要信仰东正教和伊斯兰教，少数人信奉天主教或传统拜物教，宗教性节日主要为东正教及伊斯兰教节日，也是全国性节假日，无论何种教派均在其他教派宗教节日当天享受公休日。基督教节日主要源自《圣经》记载。主要有圣诞节（12月25日）、东正教圣诞节（Geez Christmas，1月7日）、主显节（Epiphany，1月19日）、耶稣受难日（Good Friday，复活节前的星期五）、复活节（Easter,每年春分后第一个圆月后的第一个星期日，一般在公历3月至4月之间）、东正教新年（Geez New Year，9月11日）及圣十字节（Holy Cross, Meskel，9月27日），

主显日庆祝活动（梁吉平摄）。

其中圣诞节及主显节是当地最为隆重的节日。圣诞节是为庆祝耶稣诞生而设立的，定于每年的12月25日。圣诞节期间，很多家庭及商店会装饰圣诞树，在圣诞夜（12月24日），一般教堂都会举行庆祝耶稣诞生的夜礼拜。在市中心大教堂内，很多神父会发表演讲，诵念《圣经》经典片段，唱诗班还会专门演唱圣经中的经典片段并表演话剧，各类教堂都有祈祷活动进行。主显节是为纪念耶稣显灵的节日，也是厄特基督教最为隆重的宗教节日之一，节日当天早上5点左右，各区教民列队前往市中心广场进行庆祝，教民们会在游行过程中伴着鼓点边走边唱《圣经》片段，最后在市中心广场汇合。届时主教会在看台上发表演讲，演讲完毕后，举行弥散，最后在广场中心燃起3米左右高的节日焰火表示庆祝。伊斯兰教节日是根据伊斯兰历法设立，其公历时间不定，主要有开斋节（Eid Al Feter，伊斯兰教历10月1日）、宰牲节（Eid Al Adha，伊斯兰教历12月10日）及伊斯兰教先知穆罕默德诞辰日（Meulid Al-Nebi，伊斯兰历3月12日）。开斋节是世界

宰牲节期间的阿斯马拉羊市（中国驻厄特使馆摄）。

穆斯林最隆重的节日之一，节前穆斯林会进行为期一月的斋戒，每天日出到日落期间禁止一切饮食、吸烟等活动，平日主要诵读经文或到清真寺祈祷。开斋节是感恩真主并对圆满完成斋戒的庆祝，这一天无论男女都要沐浴并穿新衣到清真寺做礼拜，做完礼拜后，会串亲访友或在家中烹制佳肴以招待亲朋好友。宰牲节又名“古尔邦节”，在开斋节后第70天，意为宰牲献祭。这一天穆斯林民众会沐浴更衣到清真寺做礼拜，礼拜完毕后，宰杀牛羊等牲口庆祝节日。

为了便于携带，人们买了羊之后会将羊的四肢绑在后背，然后自己再骑自行车回家。因此在阿斯马拉的街道上经常会看到“人骑车、羊骑人”的有趣景象。

羊骑人（冯雨摄）。

厄立特里亚节日时间表

节日名称	节日时间
公历新年	1月1日
国际妇女节	3月8日
国际劳动节	5月1日
国家独立日	5月24日
烈士纪念日	6月20日
独立战争开战纪念日	9月1日
圣诞节	12月25日
东正教圣诞节	1月7日
主显节	1月19日
耶稣受难日	复活节前的星期五。
复活节	每年春分后第一个圆月后的第一个星期日，一般在公历3月至4月之间。
东正教新年	9月11日
圣十字节	9月27日，闰年是9月28日。

续表

节日名称	节日时间
开斋节	伊斯兰教历10月1日,一般在公历7月至8月之间,2015年是公历7月17日。
宰牲节	伊斯兰教历12月10日，一般在公历9月至10月之间，2015年是公历9月23日。
伊斯兰教先知穆罕默德诞辰日	伊斯兰教历3月12日，一般在公历12月至1月之间，2015年是公历1月3日。

五、饮食

厄立特里亚人喜欢在菜里放辣椒（伯瑞伯瑞，Berebre）。尽管厨师说放的辣椒少，但吃起来还是很辣的。无论喝茶，还是吃披萨，厄特人都喜欢在上面挤一些柠檬汁，可以起到一定的消毒作用。喝的东西一般喜欢加糖，饭店餐桌上一般会有油、盐、醋，吃的时候根据需要酌量添加。

厄特人尤其喜欢食肉。虽然大大小小的城镇村庄都有肉店，不过在节日和庆祝活动时，有条件的家庭还是会宰上一只羊。在城镇中，过一些较大的节日如开斋节、复活节、圣诞节时，都会看到街边有一堆堆的羊皮售卖。鸡肉非常贵，因而也较少上桌。然而家有贵客或有人旅行归来，那就会吃到鸡肉了。收入低的家庭各种各样的蔬菜就流行了。

在家里，厄特人喜欢一家人围着一个大盘子（马阿迪，Ma'adee）吃饭，其乐融融。吃饭用右手，左手放在大腿上。当然这不是强制的，右手取食时，左手也可以帮助拿一些小块食品。饭前要洗手。如果你到厄特人家里做客，主人会拿来一个壶和一个盆供你冲洗手。在东正教家庭，主人撕一块英吉拉，① 吃并说一句祝福的话，表明开饭了。这个信号也可由客人来发出，不过客人要比主人年长才可以。

厄特既有穆斯林，又有基督徒，加上意大利50年的殖民历史，便形成了3种不同的菜系：低地穆斯林菜、高地基督教菜和意大利菜。

低地菜　在低地地区，主食是阿克勒特（Akelet），一种用面团放在盘里，上面放牛奶粥的食物。用长柄勺在面团顶部开一个洞，放入辣椒黄油酱，周围

① 英吉拉（injera）是厄特一种最常见的食物，食材是只有厄特和埃塞高地才有的塔夫（taff），营养价值较高，易于消化。

放入酸奶或牛奶。这种食物通常是家有客人才做。取一小块面团蘸着酱和牛奶吃。萨霍族把这种菜叫作德格哈（Degeha）。这是一种在高地和低地地区妇女生完小孩都要吃的食物。

阿克勒特（中国驻厄特使馆摄）。

在低地，人们远行或到偏远地区都会带面团、水和伯拉库塔（Berekuta），在滚烫的石头上煮熟就可以吃了，很像印度的食品薄煎饼（Chapatti）。

被称作马尔达（Marda）的烤肉也很美味。炒肝肾也很好吃，广受欢迎。宽塔（Qanta）是一种干肉，和辣椒、洋葱、西红柿一起烹饪，也为低地人们所喜爱。此外，秋葵，(瑞吉拉Rejila，一种绿叶蔬菜)、米饭、羊奶、牛奶、骆驼奶都是低地人们喜爱的食物。

马萨瓦港也门风味烤鱼（周永胜摄）。

在马萨瓦港，有一家也门风味餐厅的烤鱼和像皮塔饼的面包吸引了无数人前往品尝：鱼放在烤炉的炭上烧烤、面包放在烤炉周围烘烤。另一道美食则是迈哈扎（Mehaza），一种用碎英吉拉和香蕉制作的食品。

高地菜　在高地地区，最普通的食物就是英吉拉，一种像煎饼、柔软的圆形面包。它主要的食材是塔夫（Taff），将塔夫打成浆，发酵几天，烘烤熟，味很酸，可综合碱性的肉制品。受高地地区的影响，低地的人们也吃英吉拉，不过有所变化，如勾勾（Gogo），一种厚的英吉拉，而汉扎（Hanza）则是由玉米制作的英吉拉。

英吉拉一般都要配菜肴一起食用。与英吉拉一起食用的第一道菜是杜勒特（Dulet），是动物的肝肠与洋葱、黄油、辣椒一起烩制的，不过不辣。第二道菜是日格尼（Zigini），很辣的牛肉或羊肉，当然也可是鸡肉。之后是阿利查（Alitcha），用胡萝卜、圆白菜和土豆一起炒，没有辣椒。最后是生菜沙拉。各种菜放在英吉拉的中央，用周围的英吉拉包裹肉或蔬菜吃。

英吉拉（周永胜摄）。

其他的高地菜肴如：考特莱特（Cotelett）——炸牛排或羊排；罗斯特（Rosto）——烤牛排；卡普瑞特（Capretto）——羊骨，用于烤制或做成齐格尼；克依特弗（Kitfo）——精牛肉，煎成金黄色，有辣味，但不是很辣；提伯西（Tibsi）是切成块状烹制的牛肉或羊肉，点菜时，服务员会问，凯查（Kaich）还是扎达（Tsa'ada），意思是要辣还是不辣的。

斋月的菜肴 虔诚的厄特穆斯林在开斋前要禁食30天。每年斋月的时间不同。斋月时，低地的穆斯林白天禁止进食，直到太阳落山，才可坐下来好好吃一餐，被称为弗图（Fatoor），即早餐。这个时期，特别的食物和饮品会提前准备：萨姆布萨（Samboosa）是一种包裹肉的油炸点心，迈沙巴（Meshabkh）是甜味或辣味的油炸面团，还有另一种小吃利格马特（Ligehmat）。高地的穆斯林会准备稍巴（Sharba），一种用燕麦和面粉做的食物。

虔诚的东正教徒的斋期长达半年，包括每周三和周五。这段时间，只能吃蔬菜，不能吃肉，包括蛋制品和奶制品。斋期人们会准备两种食品：希罗（Shirro），一种圆的干豆和辣椒烹调的；赫尔伯特（Helbet），食材是一种叫巴东咖（Baldonga）的豆子，菜肴无色柔软。吃的时候将希罗或赫尔伯特放到一个盘子里，其顶部挖一个洞，放入一小片英吉拉和一种叫作西尔西（Silsi）的辣酱。这些食品都是植物油做的，没有黄油。

饮品苏瓦（周永胜供图）。

面包 面包在厄特有几种不同的种类，城镇比农村多，因为它是由殖民者引入的食品。厄特有两种特有的面包：汉巴沙（Hambasha）和克依查（Kitcha），都是很厚、很重的面包。汉巴沙是在特殊场合才准备的面包。

饮品 厄特人非常喜欢喝茶（沙黑，Shahi）。无论走在任何地方都能买到小杯甜的红茶。它的甜味在热天让人清新，也能让人感觉凉爽。苏瓦（Siwa）是厄特特有的含少量酒精的饮品，主料是一种树叶，口感微酸，是厄特人婚、丧、嫁、娶、节日等活动必不可少的饮品。

梅日（Mies）是在厄特和埃塞特有的用蜂蜜酿制的饮品，很甜，略带酒味。由于成本高，只有条件好的家庭有大型活动或节日时才准备，不是随时能品尝到的。不过不能贪饮，它很像中国贵州苗族、布依族的米酒，喝起来口感非常好，却容易醉人。

传统咖啡是厄特人待客必上的饮品。几乎有条件的家庭在自己家的院子都种有咖啡树。将成熟的咖啡晒干备用。厄特人有每天喝咖啡的习惯。不管有没有客人来，厄特的家庭在下午都会制作传统咖啡，享受咖啡带来的美妙享受。

最后，还得说说厄特的仙人掌果。每年的7月至9月，当雨季来临时，仙人掌果也成熟了。这时，在阿斯马拉的大街小巷都有人兜售仙人掌果。价钱不贵，2纳克法一个。甚至还可以自己到野外采摘，不过仙人掌果上尖尖的小刺却让人望而生畏。街上卖的果子的刺是经过处理的，不小心还是会被刺着。刺很小，很难拔出，被刺后会很难受，不过仙人掌果甜甜的、滑滑的味道，让人回味无穷、流连忘返。

街上卖仙人掌果的厄特小孩（刘微摄）。

仙人掌果（周永胜摄）。

六、礼仪

见面礼

见面礼一般有五种形式：握手礼、握腕礼、撞肩礼、吻手礼和贴面礼（吻颊礼）。

握手礼，官方场合使用，形式与中国一样。

握腕礼，一般社交场合使用，用于

第一次见面或不熟悉的人见面时使用，同、异性之间通用，同龄人之间使用。形式是见面时主人先向客人伸出攥拳的右手，手背朝上，与身体呈30度左右夹角，客人随即伸出右手握住主人手腕，持续3秒钟左右。

撞肩礼，一般用于熟人或朋友，仅限于男性之间。也是最通用的一种见面礼节。形式是两人见面时，彼此握手同时两右肩紧贴，相撞三到五次。这个礼节相撞的力道和时机不好拿捏，需要很大的默契。但如果用好，会立刻拉近彼此间的距离，无疑给你厄特之行锦上添花。

吻手礼，一般用于晚辈对长辈。形式是见面时长辈将握拳的右手手背朝上伸到晚辈面前，晚辈双手捧住长辈握拳的手亲吻手背三到五次，然后将其手背贴到自己的额头上。

贴面礼，也叫吻颊礼，同、异性之间均可使用，紧限于熟人和朋友之间，初次见面一般不使用，形式同欧美国家吻颊礼一样。

待客之道

如果被邀请去厄特人家里做客，主人一般都会以英吉拉为主食，配以牛羊肉或鸡肉的调料酱，用右手抓食，饭后还会以厄特传统的咖啡仪式招待客人。传统的煮咖啡待客十分讲究，程序也异常复杂，边煮咖啡边聊天，正体现了厄特人热情好客、慢节奏的生活方式。

待客所使用的咖啡一般是取自自己家的咖啡树。在咖啡豆成熟的季节，将咖啡豆摘下，盛在用高原芦苇编制的圆簸箕中，在阳光下暴晒21天，然后放在苇编箩筐中于通风处贮存起来。在这里咖啡不单单是待客食用，很多家庭也作为早餐配以干面包食用。

咖啡仪式（中国驻厄特使馆摄）。

待客时，煮咖啡的每一道工序都十分讲究。当客人到来时，主人会将客人请进客厅，大家围坐在炭炉旁，小桌上摆好当地特产高山红枣、爆米花和一些小饼干。女主人从储罐中取出咖啡豆，盛在长柄铝锅中用水微微撣湿后，放在炭炉上翻炒。

待咖啡的糊香味溢出，女主人会把炒锅递到每个客人面前让大家“闻香”，之后将咖啡豆倒在苇编的垫子上铺开稍微晾凉，倒进木质的捣罐中捣成粉末，将粉末倒在苇编垫子上，再倒入陶制的小口细颈单柄瓶（当地人叫杰布拉，Jebbla）中，放入适量姜粉并加水后放在炭炉上煮开。待咖啡从瓶口溢出，迅速从炭炉上移开，摇晃约30秒钟左右，放到炭炉上再煮。此环节反复五到六次，咖啡已煮匀，此时满屋早已弥散着浓浓的咖啡的香气，同时又掺杂着姜粉的微微辣味。

咖啡熟时，女主人会拿出香炉摆在桌上，夹一块烧得红红的热炭放入香炉中，屡屡青烟泛着微黄从香炉中飘出，硫磺的香味立刻沁人心脾，咖啡还未到口，人已精神百倍。这是当地特有的硫磺熏香，这种熏香的燃起意味着你正享受着当地待客最高的礼遇，也意味着咖啡可以喝了。

咖啡煮开后，将一小团马鬃或细细的干草塞住瓶口，以过滤杂质，女主人会将咖啡倒入小瓷杯中，端到你的面前，你可以依自己的口味在咖啡中加砂糖或柠檬，但要想喝地道的味道，往咖啡中加入阿莱克依（Areki，当地产的一种用茴香酿制的白酒，38°左右）是必不可少的步骤。当浓浓的咖啡嘬入口时要慢慢咽下，嚼上一粒高山红枣，闭上眼睛感受硫磺的熏香。一壶咖啡往往要喝上四杯才算结束。

被邀请去厄特当地人家做客，别忘记了以下几点：一是买一件礼物。礼物的类型取决于场合。通常来说，一块蛋糕、一瓶酒、一本书都是可取的。把礼物包好。可以迟到几分钟，但迟到30分钟也是很常见的，一般不早到。二是握手。尽可能和房间里每个人握手。三是赞美主人吃第一口的食物，要赞美请客吃饭的主人，要说“杜姆”（T’Um），以示味道不错的意思。

婚礼

厄立特里亚的传统婚礼展现了厄立特里亚文化的内在之美，根植于这个国家的文化传统。虽然厄特有九个民族，但是在婚礼的传统风俗上并没有很大区别。

厄立特里亚传统的婚礼由三部分组成。第一是确定婚礼日期，第二是筹备婚礼，第三是举行婚礼。厄立特里亚各民族保持着自己的传统，这里民风淳朴，家庭成员之间交往特别密切，经常举办家庭聚会。两位新人结婚既是两人的大喜事，也是各自背后两个大家庭的结识与融合。

一对情侣想结为夫妻，首先要由新郎偕同其父亲、牧师和其他直系亲属到新娘家正式登门拜访，并要征得新娘父亲的同意。如果新娘父亲同意这门婚事，新娘家里就会用丰盛的传统食物英吉拉、泽布黑（Tsebhe）和饮品招待新郎及其家人。见面当天，新娘的家人可以请新郎家人选一个婚礼日期。这个日期最好近一些，因为新娘父母愿意将自己的女儿早点嫁出去。

一旦婚礼日期确定下来，两个家庭会共同筹备婚礼。两个家庭的女眷都会参与其中，他们会提前6个月准备苏瓦和梅日，并做些其他必要准备工作。在这段时间内，每天劳作过后女眷们会喝上几杯阿莱克依,载歌载舞，缓解一天的疲劳。

婚礼正式举办前的周四或者周五，有一个仪式叫作赫勒弗特（Helefot），是由新郎家庭举办。新郎及其家人会带着礼品（金首饰，衣服等）来到新娘家，并把礼物呈现给所有新娘家人看。所有家人随后会聚集到新郎家共进晚餐。这次聚会过后，两个家庭会分别继续做婚礼准备工作。

厄立特里亚传统婚礼仪式的最大特点是要分两天举办。第一天举行教堂婚礼，新郎家庭还会举办一个招待会。第二天由新娘家庭举行传统婚礼仪式和招待会。

在婚礼仪式第一天的早上，新郎和伴郎团要去新娘家里接美丽的新娘。新娘和伴娘们在家里等待新郎的到来。新郎和伴郎们到达时，新娘家人会在家门口唱迈西卡雷（Mesikaley）并跳起舞来迎接。新郎和伴郎们会以他们的歌曲和舞蹈赢得进门的资格。接到新娘后，一行人穿着传统服装共同去往教堂举行神圣的教堂婚礼，牧师在仪式上正式宣布两人结为夫妻。仪式结束后，新人们会到附近

婚礼招待会（中国驻厄特使馆摄）。

的公园或者著名景点照相留念，其他人可以直接去招待会现场。

婚礼上载歌载舞的人们（胡峤摄）。

招待会上的所有宾客会聚集在一起等待新人的到来。男士们以载歌载舞的方式（当地人称之为迈德巴雷，Medebale）迎接新人。新人到后也会以迈西卡雷方式进入招待会现场。吃过晚餐后，由歌者演唱两首歌曲。一首是阿沃娄（Awelo），用来歌颂两个家庭的亲人。另一首是关于传统食物和饮品的歌曲，用来感谢为晚宴制作食品的人。

婚礼上的妇女（胡峤摄）。

婚礼仪式第二天一早，新娘会用散沫花染剂浸染手脚并穿戴着美丽的首饰、华丽的服装出席家庭欢迎仪式。新郎和伴郎团在仪式上等待美丽新娘。这一天所有宾客会共同唱歌跳舞，以歌声和舞蹈表示对新人的祝福。

七、民间文学艺术

厄立特里亚文学的起源——提格雷尼亚口述诗歌

提格雷尼亚口述诗歌具体何时起源，至今没有确切考证。但据口述诗歌唱诵人和历史学家记载，口述诗歌在厄立特里亚的提格雷尼亚社区占据民间文学的中心位置至少已有几个世纪了。这种观点也被意大利殖民时期的20世纪初叶至40年代的三本口述诗歌集所证实。这三本口述诗歌集分别由卡洛·孔蒂·罗西尼（Carlo Conti Rossini，1903—1906年）、雅克·伊特洛维奇（Jacques Eaitlovitch，1911）和约翰尼斯·科尔莫丁（Johannes Kolmodin，1912）收集。诗集中均包含了由诗人或表演者编写或传唱的各种不同形式的口述诗歌。这是提格雷尼亚口述诗歌最早有文字记载的诗集，是意大利殖民时期记载提格雷尼亚口述诗歌内容和表演形式的重要文献。诗集中大多数诗作者是佚名的。

口述诗歌中既有浪漫诗，也有社会风俗诗和赞美诗。口述诗歌有其独有的结构。马塞（Masse）或阿乌娄（Aulo）是赞美诗，在特殊场合使用。莫尔克斯（Melkes）在葬礼上使用。达格阿（Dag'a）则在悼念逝者时使用。口述诗歌是一种娱乐和艺术表现形式，是社区文化、美学经验的体现。口述诗歌还承担着重要的文化和政治作用。过去口述诗人表演时偶尔会遇到一些危险，这种危险或来自于敌对阵营，或来自于暴君、官宦和殖民统治者。当然官宦们也会向口述诗人赠送礼物，或向他们提供安全保护。礼物或是奶牛、驴等家畜，或是蜂蜜、黄油等物品，或是一块土地。有时还将步枪、手枪等武器作为礼物赠送给诗人，让诗人自保，也体现对诗人的重视。作为回报，官宦们需要艺术家们通过诗歌创作赞美自己以维持和增强他们在民众中的声望。官宦们也需要诗人们在自己举办的就职典礼、授衔仪式、军事作战、葬礼及其他社会文化聚会节日中出现，增强其"家族头衔"或"统治权利"的合法色彩。

这类口述文学由于文字和电子媒介的兴起已逐渐消失。但提格雷尼亚口述诗歌的本质和功能都保留不变，无论是过去还是现在都扮演着重要角色。有一些口述诗歌作品由诗歌唱诵者代代相传，而大多数作品在无尽岁月中慢慢消失了。直到殖民时期欧洲的一些学者开始将部分诗歌作品收集成册，开始以文字形式记载保留口述诗歌作品。

提格雷尼亚口述诗歌风格主要分为三种：马塞/阿乌娄、莫尔克斯和达格阿。三种风格都由传统流派口述诗人唱诵。每一种风格都有严格而不同的功能。

在提格雷尼亚语中，口述诗人通常被称为马森尼克（Masseniko）。马塞诗通常用于特别场合。典型的马塞诗含有韵律、头韵、重复、对仗。马塞诗分为两种：一种在婚礼上唱诵；另一种在地方官员或国家英雄的庆典或纪念活动中唱诵。前者主要是取悦听众，但也可根据传唱人或听众的情绪传递其他重要的社会信息。庆典活动中唱诵的诗词严肃，唱词内容主要是赞颂庆典活动的主角。被赞扬的人则因其政绩或英雄事迹而受到人们的尊敬和敬仰。诗歌内容也可是亲戚和长辈们向主角表达祝福、期盼、敬畏和希望。诗歌发挥着塑造文化政治思潮的作用。

莫尔克斯具有马塞的许多特点，专门用于在葬礼中对逝者的哀悼。唱诵莫尔克斯时要求肃静，但实际上，唱诵时常常会伴随着逝者亲属和吊唁者的悲鸣和哭泣。

达格阿也是为逝者唱诵的。与莫尔克斯不同的是，它是在人去世后即兴唱诵的。达格阿唱诵空间更广大，可以在一首诗歌里唱诵多个逝者，使诗歌带有怀旧和浪漫色彩。这种诗歌可有评论过去社会政治事件及当代社会的自由。由于是即兴唱诵，它们常常由经验丰富、艺术造诣深厚的诗人唱诵。

20世纪40至60年代间，大量的提格雷尼亚口述诗歌出现在《厄立特里亚新闻周刊》等报纸上。大多数的马塞诗涉及那个时期的政治辩论。莫尔克斯诗也很普遍。

这个时期最重要的作品是由本土作家亚考伯·格布雷耶苏斯老人（Abba Yacob Ghebreyesus）编撰的《祖先的传说、故事及谚语》（1949年）。这部著作标志着意大利殖民结束后厄立特里亚本土文学、文化的复兴，提格雷尼亚小说家和散文作家在这部作品出现后开始发表自己的作品。

《祖先的传说、故事和谚语》是厄立特里亚传统文化不朽的宝库。书中记载了100个故事和传说，主要来自他人口述，也有部分是作者自创的作品。这部作品中记载的3300个谚语包含了大量的马塞和莫尔克斯诗。在这本著作的介绍中，作者希望这本书作为学校的孩子们的阅读材料，希望这本书抛砖引玉，为当代和未来的研究者留下文字资料以作研究、比较之用。

除了报纸和亚考伯老人的书外，还有几位作者将口述诗以手稿形式保存下来。口述诗还存在于其他科幻小说、叙事诗和小说作品中。作家们以不同的形式使用口述诗歌，既有简单的模仿，也有重新翻译创作。例如，第一部提格雷尼亚语小说的作者格布雷耶苏斯·海露老人（Abba Ghebreyesus Hailu）就用莫尔克斯诗歌作为他的小说《提夸伯》（Tiquabo）的结尾。小说的主人公提夸伯是一名在意大利军队中应征在利比亚作战的厄立特里亚战士。他的许多同伴在帝国扩张战争中死去。提夸伯幸存下来并回到家乡，却又听到母亲去世的噩耗。为准确表达他作为战士和儿子失去战友和母亲的双重打击，作者通过主人公的口，采用传统口述诗歌的形式来表达主人公的悲愤与谴责。这首诗歌是主人公对去世的母亲的敬意，同时也是小说谴责帝国战争的主题。这首诗歌的内容如下：

从今以后不再是掠夺财富的士兵，
从今以后不再为意大利而战，
从今以后不再受背井离乡、离别亲人之苦，
远离枪支弹药，

远离应征入伍，

远离意大利勋章。

口述诗歌今天依然保留着传统风格，影响着厄特当今的社会和文化。口述诗歌是厄特文学创作的起源，也是文学创作的源泉。它为厄立特里亚文学界提供了宝贵资源，滋养了许多文学创作者并派生出不同的文学创作形式。

厄立特里亚民间谚语辑录

1. The camel keeps on marching, while the dogs keep on barking!

哪管犬狂吠，骆驼自前行。

2. It is good to have a country getting together and be making honey.

国家能够团结就像蜜蜂酿了蜜一样是好事。

3. A country without peace is like food without salt.

国家没有和平就像食物没有盐。

4. Truth is better than gold.

真理胜金。

5. When brothers love each other, they could prevent their enemies.

兄弟友爱就能抵御敌人。

6. Instead of learning 7 years, they become illiterate for 70 years.

上学7年胜过做文盲70年。

7. To draw water, you must use a rope. To speak, you must listen.

打水要用井绳，说话前要先听。

8. Think twice before you speak once.

三思后言。

9. Don’t say one to go, but make him go.

口说留，心盼走。

10. A small case can create a long-lasting antagonism.

小过无意，留怨终身。

11. If the foolish keeps quiet, it seems that he is wise.

傻子不言三分智。

12. One who doesn’t own a donkey undermines a mule.

不知驴，焉知骡。

13. Different reasons come from the weak while water comes from the depth.
弱者也会拥有真理，就如地底会涌出泉水。
14. Your shoes should fit your feet.
鞋好鞋孬脚自知。
15. Don’t call grey-haired but consult the wise.
白发并非全因聪，问计先须辨慧根。
16. Instead of running away, you need to know the best way.
心有主见，临危不乱。
17. Don’t hide in front of a baby and or a dog.
孩童面前不怕丑。
18. Don’t show your wound to the fly.
伤口莫让苍蝇见（苍蝇不叮无缝的蛋）。
19. The foolish thinks that if his arms become fat he becomes strong.
傻蛋发胖，自认猛男。
20. The bird that has no chance becomes blind during the harvest time.
小鸟倒霉，遍地谷粒也难觅一枚。
21. Tell me with whom you go then I will tell you who you are.
知子之友，知子之人。
22. Don’t speak you think alone, sometimes a tree has ear.
独思莫言，树亦有耳。
23. Those who don’t have flour think it is ash.
此人面粉彼人灰。
24. If you don’t want to see him again, lend him a lot.
不想再见面，就多借他钱。
25. To hesitate is a wisdom.
疑心见智（小心驶得万年船）。
26.The brave never dies; the coward never dies; only the hesitant dies.
勇者不死，懦夫不死，只有犹豫者会死（强调决心的重要）。
27. The bite of a snake has no cure whatsoever.
一旦被白蛇咬了，便无药可救（讽喻意大利殖民者）。
28. I’m still patient until patience gets tired of me.

我仍有耐心，直至耐心对我感到厌倦（提格雷谚语）。

29. Patience is worth the price of mule.

耐心值得一头驴钱（驴在过去的厄特乡村非常昂贵）。

库纳马族童话一篇：致命的倒影

狮子、猴子、狐狸和狼平静地生活着，它们和谐相处、相互理解，尽管它们内心深处都知道狮子是它们的国王，它们仍然因能共同生活在一起而感到骄傲。

一天，猴子和狐狸怯生生地对狮子说："狼是鞋匠，但为什么从没给你做过一双鞋呢？"

狮子回答说："这我还真没想过。"过了一会儿，狮子突然提高嗓音问狼："你为什么从来没有想到给我做一双鞋？"很明显，狮子受了猴子和狐狸的挑拨。

狼平静地回答道："你说得很对，那我就告诉你吧，鞋需要用猴子和狐狸的皮做成。"

狮子一听，为了给自己做一双漂亮的鞋，马上冲到睡梦中的猴子和狐狸那里，咬死它们并剥下它们的皮。

狼拿着兽皮走到湖边，狮子问狼到湖边做什么。狼撒谎道："兽皮在水中浸泡一段时间后会变得更软，质地也会变好。"然而，没过多久，狼两手空空地回到狮子身边说："狮子大王，我刚刚在湖里看到了另一只和你一模一样的狮子，很抱歉它把兽皮抢走了。"狮子听了十分生气，怒吼着冲向湖边。

到湖边后，狮子在水中看到了自己的倒影，那倒影果真如狼所说，和自己一模一样。于是狮子跃入湖中，想要抢回兽皮。然而，不会游泳的狮子跳入湖中后，扑腾了几下，就淹死了。

八、民间手工艺品

厄立特里亚民间手工艺品根据原材料大致可以分为草编类、土陶类、皮革类、木制类和布画。

阿斯马拉工艺品市场（中国驻厄特使馆摄）。

草编类

厄立特里亚有很多草编工艺品，样式各异，用途也各不相同。比如以下的这些是用来盛放食物的。

盛放食物的草编工艺品。

上左图片里的容器一般用来盛放当地传统食物英吉拉。英吉拉的制作过程比较麻烦，所以厄立特里亚人一般都是制作一次，然后一家人吃上三五天。吃不完的英吉拉必须很好地储存。怎么储存？把它们放在草编容器里，放在阴凉通风处就是目前最好的办法。

上右图片里稍小一点的容器也是盛放英吉拉，但不是为了保存，而是为了吃的时候加上牛羊肉等，盛放在里面，用手抓着吃。

下左图片也是用来盛放食物的，一般用来盛放体积稍小的食物，比如面包、蛋糕，切成小块的大麦饼之类。

下右图片是一个没有盖子的容器，一般用来盛放需要干燥保存的食物，如饼干、糖果和爆米花等。

右边的图猜猜看，能猜出来是干什么的吗？

这个是装红酒的架子。把红酒瓶放到里面，再把它挂到墙上，既装饰了房间的墙面，又节省了空间，岂不两全其美。

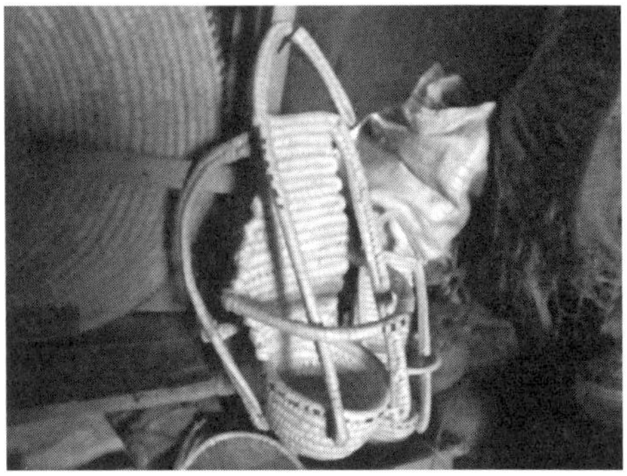
装红酒的架子。

下面这些虽然不是用来盛放食物，但也跟吃喝有很大的关系。

厄立特里亚人不喜欢速溶咖啡，而喜欢自己在家里用炭火炒咖啡豆，研磨，然后再用炭火煮，一般由家庭主妇完成。用炭火炒煮东西就会涉及一个问题，如何把火烧得很旺。厄立特里亚人选择了上面第一张图中像扇子的东西，用它来扇风使火烧得更旺。而后面的三张图，则是造型款式精美各异的杯垫。

烧火扇风的草垫。

草编杯垫。

下面图中的工艺品与吃喝就没多大关系了，而与女性的打扮有很大的关系。

过滤牛奶的草编容器。

形式各异、造型精美的草编首饰盒子。

厄立特里亚人把牛奶倒入悬挂在高处的草编容器里，使劲地搅拌摇晃，让牛奶里的水分充分渗出，剩下黄油等物质，用来涂抹、滋养头发，让头发看起来乌黑亮丽。厄立特里亚人，尤其是女性，喜欢佩戴许多的首饰，比如项链、手镯、戒指、耳环、耳钉等（有的民族还佩戴鼻环），很多家庭都有草编首饰盒。

大的土陶壶是妇女背水用的水壶，小的是咖啡壶。

土陶类

土陶类工艺品一般都是用来当作炊具家用。首先最值得推荐的是咖啡壶。

厄立特里亚人非常喜欢在家煮咖啡饮用或招待客人，咖啡壶是每个厄特家庭的必备品之一。咖啡壶用泥土烧制而成，因为烧制时间不一样，有土黄色和黑色两种，建议买黑色的，比土黄色的稍微结实一点。

土陶锅。

土陶锅是当地人用来煮牛羊肉的。土陶锅跟常见的金属炊具最大的区别在于，它几乎不跟烹饪食材发生任何化学反应，能最大程度地保留食材本身的天然味道。最好再搭配上当地草编的锅盖，烹调出来的食物还会有一种淡淡的草香味。

适于放置在房间角落的大花瓶。

适于摆放在桌子或柜子上的小花瓶。

里面放上香料点燃熏香的小杯子。

盛放香料或白砂糖的罐子。

皮革类

厄特人喜食牛羊肉，牛皮羊皮一般用来做成牛羊皮画。一种是利用牛羊皮上面本来就有的毛发作画，所画的一般是斑马、羚羊等非洲常见的动物；另一种是

牛羊皮画。

刻画人物和人类生活的皮画。

此外，牛羊皮还被制作成一些既是手工艺品，又是生活用品的东西，既美观大方，又经久耐用。

牛羊皮鼓。

牛羊皮凳子。

牛羊皮储物罐。

木制类

厄立特里亚大型木材不多，因此大型的木雕很少见，小型的木雕随处可见。木雕的题材一类是非洲常见的大象、鸵鸟、长颈鹿、骆驼等。骆驼是厄立特里亚的标志性动物，国徽就是一个骆驼图样。建议到厄立特里亚，可买骆驼木雕，最好是带厄立特里亚国旗的。

还有一类木雕题材是反映厄立特里亚人精神面貌和生活情趣的面具及人物浮雕，造型多样，栩栩如生。

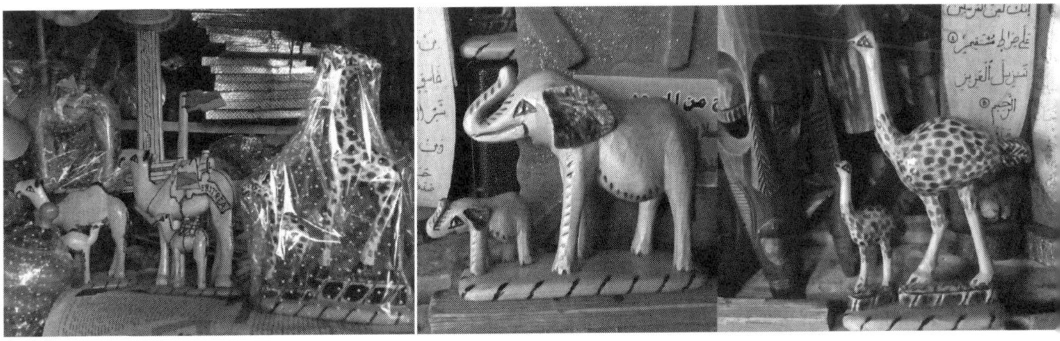

动物题材木雕。

人物题材木雕。

此外，厄立特里亚人还用木头制作传统乐器（或模型）。

类似中国马头琴的瓦它(Wata)。

类似吉他的克拉（Kerar）。

厄立特里亚人也用木头制作一些既是手工艺品，又是生活用具的东西。

绘有厄立特里亚九个民族图像的，用来搅拌沙拉的勺子。

木制的，舂咖啡豆的臼。

盛放白砂糖的小罐子。

布画

厄立特里亚还有一种工艺品是布画。布画形状有圆形和方形，尺寸各异，题材反映厄立特里亚人的生活。①

上方布画是一个厄立特里亚妇女背着小孩，撑着的雨伞带有国旗图案；下方布画是厄立特里亚人煮咖啡的情景。

这些画是当地乡村的传统民居。

此画是当地妇女背水的情景。

此画是制作传统蜂蜜酒的情景。

此画是农耕的情景。

① 厄立特里亚手工艺品图片均由陈小红提供。

第四节 经济社会发展

一、经济发展

独立后，厄特政府注重政权建设。1994年成立制宪委员会，1996年7月出台宪法草案。1996年12月，厄特成立制宪议会。1997年5月23日，制宪议会通过宪法并正式颁布实施。宪法规定，国民议会是国家最高权力机构和立法机关；实行总统制，总统由国民议会选举产生，任期5年；总统拥有任命政府高官、成立或解散有关政府部门和机构等权力；政教分离，宗教平等；民族语言一律平等，不确定国家官方语言；人民享有平等、自由、选举等基本权利。2001年上半年，厄特公布“选举法”和“政党组织法”草案，拟于当年底举行大选，逐步实行多党制，但后因人阵党内发生严重政治分歧，选举无限期推迟。2002年，厄特颁布《选举法》，明确提出多党制不符合厄特现状。

厄特政府着力经济重建，提倡自力更生，制定了以私有经济为主导的市场经济发展战略。国家保持对具有战略性重要意义部门的控制，加大对基础设施建设的投入；对国有工业企业大胆推行私有化，鼓励和支持私有经济部门全面参与国民经济建设；积极引进外资，争取国外贷款和其他援助，特别是鼓励侨汇。厄特政府先后出台了土地法、投资法和贸易、金融、税收等有关规定，积极参与双边和多边经济贸易机制，1997年发行本国货币纳克法。

（一）宏观经济政策

独立后，厄特着力从6个方面发展经济：积极培养人才；充分利用自然资源；大力投资以提高技术水平；鼓励具有竞争力的、高质量的商品生产以推动贸易出口；修复交通、通信等基础设施，改善供水、供电；促进私人产业的发展使其占经济的主导地位。积极的经济政策有效促进了经济发展。

（二）税收政策

1994年8月，厄特颁布新税法，大幅度降低税率，以促进出口贸易和国内生产；扩大税基，使税赋负担得以更广泛地分摊；明确税项，简便程序，加强征税管理，以达到增加财政收入又不增加纳税人负担的目的。新税法对纳税人的义务和权利、各种税率的计算、核定及支付的方法、申诉和处罚的具体程序等各方面做了详细的规定。

新税法不仅大幅度降低了关税，还规定：供国内生产使用的原材料和用于出口生产的进口物资所纳销售税将予以退税、转口商品免税，等等。厄政府还于1994年10月取消了出口税，使出口商品具有更强的竞争力。新税法对于促使经济良性发展起到积极作用。

（三）货币政策

独立之初，厄经济薄弱，对外经济交往的主要对象是埃塞俄比亚，为了维持与埃塞的特殊经贸关系，厄一直使用埃塞货币比尔作为其法定货币。但两国间没有共同执行货币政策的协调机制，比尔的利率、汇率等均由埃塞制定。

随着经济的发展，厄逐渐感到，没有自己的货币政策，无法对国民经济实行宏观调控，不利于经济的长期发展。经过一段时间的酝酿筹备之后，厄于1997年11月8日发行本国货币——纳克法，并于11月22日，停止了埃塞货币比尔在厄的流通。

1997年11月8日，厄正式发行本国货币纳克法（Nakfa，简写Nfa），取代埃

纳克法纸币1。

纳克法纸币2。

纳克法硬币。

纳克法硬币背面（以上照片均由中国驻厄特使馆摄）。

塞货币比尔。新币名称源自厄特独立斗争的发源地和根据地纳克法（位于北部山区）。主币部分包括1、5、10、20、50和100“纳克法”，辅币包括1、5、10、25、50和100分。1“纳克法”等于100分。主币在德国印刷，辅币则是在英国铸造。主币借鉴美元特色，六种票面的大小、颜色均为140×70毫米，呈浅绿褐色。正面为厄特不同民族人物的头像，背面为表现各行业建设发展的画面。纸币印制精细，采用了多种防伪、防复印及盲人识别标志。辅币由镀镍钢铸成，根据币值的不同而大小、厚薄、重量不等（1、5、10分三种硬币厚薄相同）。正面印有各种稀有动物和“厄立特里亚银行”（Bank of Eritrea）及铸造年度“1997”字样，背面则都是表现厄人民取得独立斗争胜利的同一画面及“自由·平等·公正”（Liberty · Equality · Justice）和厄特独立年“1991”字样。

厄立特里亚发行本国货币纳克法，有利于其实行独立的金融、货币、贸易、投资及海关方面的经济政策，促进经济的进一步发展。但厄特与埃塞两国政府间在债务偿还、贸易结算等问题上存在分歧。为防止厄境内的比尔冲击埃塞货币市场，厄立特里亚、埃塞俄比亚两国政府达成协议，埃塞于11月8日同时发行新票面的比尔，但名称比尔不变，硬币也维持原样。发行纳克法之后，厄制定了自己的货币政策，以期对国民经济进行宏观调控，促进经济恢复与发展。2005年12月，厄中央银行宣布将于2006年1月开始重印100和50纳克法纸币，新纸币在颜色和尺寸上与旧版有所不同，旧版纸币将继续流通。1纳克法=100分，有1、5、10、20、50、100纳克法不同币值纸币。2012年，厄国家银行发行新版50、100纳克法纸币。

2013年2月，厄特政府出台173/2013号公告，宣布即日起部分解除外汇管制，以鼓励外来投资，刺激经济增长。公告允许厄境内公民和海外侨民在厄开立外汇账户，取消现行厄出入境旅客携带外汇限额管制，出入境旅客携带10000美元（或其他等值外汇）以下时不需向海关申报。

2015年11月，厄立特里亚银行发布公告，宣布发行新版纳克法，按照1:1的比例将旧版纳克法兑换为新版纳克法。

（四）贸易政策及对外贸易

厄特实行开放的自由贸易政策，并努力开展地区经济合作。为鼓励对外贸易和资金流动，提高国内生产竞争性，厄采取实际措施，消除贸易壁垒，取消进口的数量限制，并降低了进口税，取消了出口税。

厄特产品主要出口国为中国、阿联酋、意大利、沙特、苏丹、肯尼亚、巴基斯坦等国，主要进口国为中国、阿联酋、沙特、德国、意大利、印度、比利时、荷兰等。主要进口商品依次为用于建工、农业、矿业、交通等行业的机械设备、医药用品、食品、电器和电子产品、建材、文具、家具等；出口产品主要是铜矿石、纺织品、皮革制品、油菜籽、树胶、烟草、盐、大理石、鱼、酒品，主要为原材料和初级产品等。

（五）投资政策

厄特鼓励私人投资，同时积极引进外资。1994年8月颁布新的投资法，建立投资中心，以不断发展和充分利用国家自然资源，扩大出口和增加外汇，引进先进的科学技术和方法，促进地区间均衡增长和发展，鼓励发展中、小型企业。

（六）主要金融机构

1. 厄立特里亚银行：正式成立于1993年，是厄中央银行。厄特银行作为中央银行，负责管理银行系统，在阿斯马拉设有总部，在马萨瓦设有分行。

2. 商业银行：成立于1991年6月1日，是厄全国唯一经营外汇账目的银行。目前在全国各个城市中心设有17个分行。2009年11月，商业银行总资本已从最初

厄立特里亚银行（中国驻厄特使馆摄）。

5000万纳克法增加到过10亿纳克法，纳克法存款利率为4%，外汇存款利率3%，与20家国外银行有业务往来。

3. 住房和商业银行：旨在为建设和维修住宅、基础设施等提供贷款。总部设在阿斯马拉，在主要城市设有分行。

4. 开发和投资银行：正式成立于1996年12月4日，主要为农业、工业发展提供贷款。至2012年5月，该行向农业、工业、建筑业和旅游业的投资者提供约7亿纳克法的贷款。

5. 厄立特里亚国家保险公司（The National Insurance Corporation of Eritrea-NICE）：成立于1992年4月1日，是一个股份公司，总部位于阿斯马拉，在阿萨布和马萨瓦设有分部。该公司提供的险种包括汽车险、火灾和事故险、海上保险、航空保险、生命险。该公司还与地区性和国际性再保险公司合作，向厄特国内外的本地和外国货币提供保护。

厄立特里亚国家保险公司（中国驻厄特使馆摄）。

独立后前几年，厄特经济发展顺利，保持了较高的经济增长速度，1991年到1997年厄特国民经济年均增长率为6%。1998年，厄立特里亚与埃塞俄比亚爆发边界战争，厄特大规模扩编军队，持续两年的边界战争使厄特经济遭受重大损失，经济发展进程受阻。2000年厄特、埃塞边界停火后，两国长期不战不和，厄特政府恢复“战时经济政策”。2005年以来，厄特政府采取关闭部分私营企业、限制私营企业进口、取消外汇自由兑换以及统购统销等措施，加强外汇管制。1998年至2010年厄特经济增长率平均为2%。近年来，厄特政府积极推动发展矿业、渔业、旅游业，增加农业基础设施投入，进一步加强对外经贸合作。2011年3月，厄特同加拿大合资开发的碧沙金矿投产。厄特政府采取积极措施扶助农村发展，妥善安置复转军人，改善教育和医疗条件，发展基础设施建设，厄特经济社会继续保持基本稳定。根据《经济季评》估计，厄特2014年国内生产总值是45.26亿美元。

二、农业发展

农业是厄特经济的主要支柱。根据厄特农业部数字，2014年全国从事农业人口约为200万，农业产值占GDP的20%至25%。2014年，降雨充沛，粮食总产量达到50.9万吨，厄特各地区粮食自给率为60%到100%。主要粮食作物有玉米、大麦、高粱、塔夫、小麦、豆类。主要经济作物有油菜籽、芝麻、花生、亚麻、剑麻、棉花、蔬菜和水果。厄特农业发展潜力巨大，全国可耕地面积210万公顷，560万公顷牧地，而实际耕种面积只有50万公顷，占可耕地面积的24%，水浇地面积10万公顷。2015年，厄特政府决定将粮食耕种面积增加到56.8万公顷。

2006年，厄政府提出“粮食安全战略”，兴修水利，推广先进农业技术，40%农田实现机械化耕种。厄政府通过“小型信贷项目”，共向农民放贷1.57亿纳克法，主要帮助农民脱贫和解决复员军人就业。

塔夫（中国驻厄特使馆摄）。

近年来，得益于长期以来对农业的重视和投入，厄在确保粮食安全方面取得一定成效。2011年在非洲之角国家出现大范围旱情与饥荒之际，厄粮食主产区雨水充沛，农业收成良好，市场上各类食品价格虽略有上升但供应充足。

2016年1月，厄特总统伊萨亚斯在接受记者采访谈及厄特的粮食安全时表示，过去几年的降水总体上是令人满意的，尽管如此，厄特一直在努力增加粮食贮备。2014年的收成令人满意，某些地区粮食产量有余。当然，我们也不能骄傲自满，不能放松增加粮食贮备。我们要逐步积极地增加粮食贮备，先达到够一至两年之用，再增加至够两到三年之用。危机发生时，这就起作用了。尽管我们存在预算赤字，但粮食安全仍然是重中之重。我们不仅要贮备本国生产的粮食，也要贮备从国外进口的产品，如食糖。当然不是说我们所有的需求都得到了满足，但过去几年中我们的基本需求不存在严重的短缺。我们积极购买了所需数量的基本粮食产品。这些积极措施减轻了2015年因雨水不足造成的不利影响。

100年前，厄特绿化覆盖面积曾占到国土面积的30%，独立战争期间森林遭到严重破坏。为改善生态环境、提高森林覆盖率，厄政府高度重视绿化工程，鼓励各地搞“社区森林”，农业部为其提供树苗和技术指导。1994年开始，厄每年还利用暑期在全国各地组织“夏季劳动计划”，从事绿化、水土保持工作。迄今厄特全国人工种植的树木多数长势良好。

三、社会事业发展

（一）文化

厄政府对其民族的文化采取积极培养和扶植的政策，并采取措施保护古迹，收集流传于民间的诗歌、传说和故事，鼓励文学、戏剧、音乐和绘画创作。目前，厄有一些戏剧团和乐团，但规模不大。厄特成立了音乐家协会。厄特政府重视电影事业，设有电影管理局，2000年拍摄了厄历史上第一部故事片。首都阿斯马拉有8家电影院。

厄特文化活动较为丰富，每年的独立纪念日（5月24日）期间均举行盛大的庆祝活动。自20世纪70年代初期开始，每年在意大利博洛尼亚市（Bologna）和世界其他地区举行文化节演唱厄民族歌曲和表演活报短剧，以此来筹集资金支持厄特独立战争。该活动现已成为法定的“厄立特里亚节”，每年8月举行。独立后，每年举行为期约10天的文化节。自2002年起，厄特每年举行一次图书展览会，截至2015年已经举办14届。

在阿斯马拉博览园举办2015年“厄立特里亚节”的场景（中国驻厄特使馆摄）。

（二）教育

厄特建国之初，教育基础十分薄弱：教师奇缺，大多数学生没有课本，学校房舍简陋，缺乏设备，小学适龄儿童入学率仅为22.4%。之后，政府优先拔款，大力发展教育事业，其政策旨在充分实现平等教育，强调基础教育的重要性，重视科学技术教育，并努力消除性别和地区差异。在办学措施上，鼓励私人企业和社会团体的参与，把办学的权力与责任下放到地方。虽然1998年发生的埃厄战争影响了厄教育的发展，但厄政府仍然很好地重建并恢复了教育体系。目前，政府正采取各种措施扩大小学入学率，提高中学和各职业教育学校的教学水平，鼓励成人教育发展。

厄立特里亚的学制为学前教育（Pre-school）2年，基础教育8年其中包括小学（Elementary School）5年和初中（Junior School）3年，之后进入高中（Secondary School）4年学习，升入大学后本科学习4年，高校还开设有硕士研究生、专科、进修班等课程。4到6岁的厄特儿童接受学前教育。厄特小学的教学语言为母语（厄特有9个民族9种语言），升入初中以后使用英语教学。初中毕业后，学生参加高中入学考试（“National General Examination”），成绩合格后进入高中学习。例如，2015年厄特参加高中入学考试的学生为4.6万人，其中约70%的学生成绩合格进入高中学习。完成高中三年学习后，厄特全国绝大多数学生前往厄特西部小城萨瓦的沃塞·伊基洛高中完成高中四年级的学习，毕业后参加"高考"，即"厄特高中教育证书考试"（"Eritrean Secondary Education Certificate Examination"简称"ESECE"），成绩合格者将进入厄特各高校学习。在完成高中四年级的学业后，学生们还要接受为期4个月的国民服务培训，包括军事和政治训练。2015年7月，萨瓦的沃塞·伊基洛高中的四年级学生暨第28期国民服务培训生高中毕业。这批学生来自厄特全国各地的86个中学，约1.1万人。2015年8月，厄特高等教育委员会宣布，2015年厄特全国参加高考的学生总数为12151人，其中约40%考试成绩合格，将进入厄特各高校学习。高校入学考试竞争十分激烈。未能进入高校学习的则可进入各类职业学校（Vocational School）或各类培训机构学习。厄实行从小学到大学的免费教育。厄所有学生必须接受8年的基础教育，8年之后如因故不能继续学业，则必须参加半年或1年的职业技能培训。

阿斯马拉大学主楼（中国驻厄特使馆摄）。

厄特科技学院理学院工程效果图。

目前，厄特全国有475家学前教育机构、932所小学、347所初中、102所高中、8所职业学校、7所高等院校。2013/2014年度，厄学前教育人数为4.73万人、毛入学率为22.15%，小学入学人数为37.19万、毛入学率为100.34%（含留级学生），初中15.2万、毛入学率为73.7%，高中11.5万、毛入学率为35.16%，高校1.2万（女生占27.7%，本科生占61.1%）。厄特政府正在扩大职业教育的规模，设立包含5个职业学校、19个专业的国家职业技术中心，为学生提供为期1年的培训。职业学校的数量由1993/1994年度的2所增加到2013/2014年度的8所，入学人数由大约969人增加到4717人。

直至2003年，厄特只有阿斯马拉大学1所高等学府。为了发展高等教育及实现地区平衡，厄特政府对阿斯马拉大学进行拆分，于2003年至2004年新建了7所学院，分布在全国的4个省：即位于中央省的厄特科技学院（Eritrea Institute of Technology）、阿斯马拉卫生科学学院（Asmara College of Health Science）、奥罗特医学与牙科学院（Orota School of Medicine and Dentistry），位于安塞巴省的哈默马罗农学院（Hamelmalo College of Agriculture），位于南方省的阿迪凯艺术与社会科学学院（Adi-Keih College of Arts and Social Sciences）与哈勒哈勒商业与经济学院（Halhale College of Business and Economics），位于北红海省的马萨瓦海洋科技学院（ Massawa College of Marine Science and Technology）。目前阿斯马拉卫生科学学院、奥罗特医学与牙科学院及属于阿迪凯艺术与社会科学学院的法学院使用阿斯马拉大学教学楼进行教学。2015年上述七所高校毕业生总数为3004名，其中厄特科技学院1283名，阿斯马拉卫生科学学院416名，奥罗特医学与牙科学院57名，哈默马罗农学院410名，阿迪凯艺术和社会科学学院350

名，哈勒哈勒商业与经济学院347名，马萨瓦海洋科技学院141名。

厄特政府于2006年建立了负责协调各高校工作的临时委员会，2010年临时委员会成为国家高等教育理事会，并最终成为厄特国家高等教育委员会。高教委有9名成员，来自政府各部和私营机构，负责协调涉及厄特高等教育的所有事项。

厄政府实行终生教育政策，成人教育的目标旨在扫除文盲、向成人提供教育和培训机会。为做好扫盲工作，厄在1000多所识字中心用各种民族语言开展识字教育，年均招收5000名学生。同时在农村地区建立了70所图书馆。2008年，厄全国识字率为67.4%，其中成年男性识字率76.7%，女性为58.9%。此后未进行识字率统计，据厄特教育部官员估计，目前识字率超过70%。

（三）体育

近年来，厄特体育事业发展成效明显。2000年成为国际奥委会成员，并首次派3名运动员参加了2000年悉尼奥运会男子、女子10000米及男子5000米比赛。2001年6月，卸任前的国际奥委会主席萨马兰奇访问了厄立特里亚。截至2001年，厄已加入的国际体育运动组织有国际网球联合会（ITF）、国际足联（FIFA）和国际奥委会（IOC）。2001年8月，厄特首次参加了在北京举行的第21届世界大学生运动会。2004年厄特运动员在布鲁塞尔国际田径赛上获得1枚铜牌。7月，厄特派出4名运动员参加雅典奥运会，厄运动员泽尔塞内·塔德瑟（Zersenay Tadesse）获得雅典奥运会男子10000米铜牌。2008年，厄特体委主任拉马丹少将率厄特奥运体育代表团参加北京奥运会，参加了男子1500米、10000米，男、女5000米及马拉松比赛。从2009年至2014年，厄特运动员分别在国际田联伯明翰站半程马拉松赛、里斯本国际半程马拉松赛、中国扬州鉴真国际半程马拉松赛、第19届非洲田径锦标赛等赛事中获得中长跑和马拉松银牌或冠

右为厄特运动员戈麦·格赫布雷斯拉塞（郑坤摄）。

军。2015年8月22日，厄特运动员戈麦·格赫布雷斯拉塞（Girmai Gebreslassie）获得北京田径世锦赛马拉松赛冠军。

自行车运动是厄特体育强项。在1956年、1964年、1968年、1972年、1980年及1992年等历届奥运会上，厄特运动员多次代表埃塞出战。2012年7月，厄特派出1名自行车手和11名长跑等项目的运动员参加伦敦奥运会比赛。

厄特街头张贴的自行车运动员丹尼尔及其队友海报（中国驻厄特使馆摄）。

厄特全国自行车比赛（2015年3月17—19岁组）（中国驻厄特使馆摄）。

2012年11月，厄特4名自行车选手参加在布基纳法索首都瓦加杜古举行的非洲自行车锦标赛，夺得团体组冠军，这是该国自行车队连续3年在此赛事中夺冠，厄特选手夺得个人项目金牌。厄特著名自行车手丹尼尔·泰克海马诺特（Daniel Teklehaimanot）被提名为“2012年非洲最佳体育人”候选人。同时，厄特自行车协会被列为“2012年非洲最佳体育协会”候选者。2013年12月，厄特国家自行车男队和女队在埃及举行的非洲自行车锦标赛中夺冠，厄特女队首次参加此赛事就取得佳绩。2014年1月，厄特自行车选手纳特内尔·贝尔哈内（Natnael Berhane）成为环加蓬自行车比赛史上的第一位非洲冠军。2015年7月，厄特自行车运动员丹尼尔获得环法自行车赛阶段赛冠军及“登山王”荣誉，成为历史上首位参加该项赛事并获得相关荣誉的非洲人。

（四）新闻出版

1. 通讯社

厄新闻通讯社系官方通讯社，成立于1991年9月，设有国内新闻、国际新闻和出稿三个编辑部，此外还有资料馆和翻译组。在全国各行政区都有地方记者站。

2. 出版物

有两种官方报纸，《新厄立特里亚报》提格雷尼亚语和阿拉伯语版，1991年5月创刊，每周三、周六出版。《厄立特里亚形象报》（*Eritrea Profile*）为唯一的英语报纸，1993年8月创刊，每期8版，每周三、周六出版。

厄执政党“人阵”还出版《忠诚》（Hedri——提格雷尼亚语）杂志，每两个月1期，有提格雷尼亚语、阿拉伯语两种版本；厄青学联每两周出版1期提格雷尼

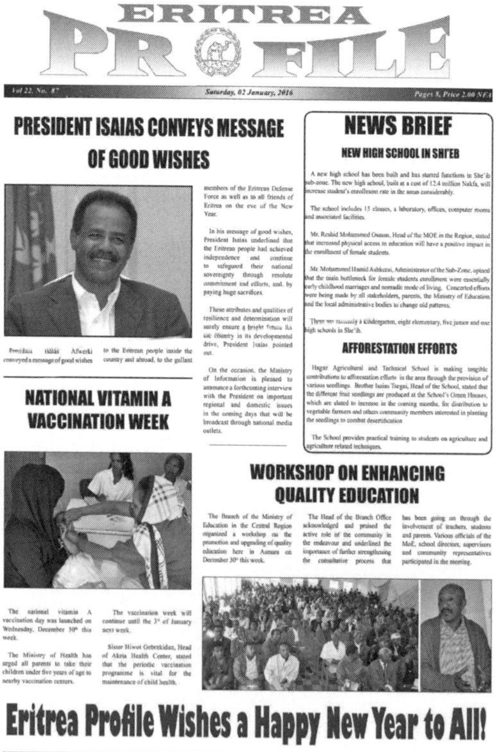

ERITREA PROFILE

Vol 22. No. 87 | Saturday, 02 January, 2016 | Pages 8, Price 2.00 NFA

PRESIDENT ISAIAS CONVEYS MESSAGE OF GOOD WISHES

President Isaias Afwerki conveyed a message of good wishes to the Eritrean people inside the country and abroad, to the gallant members of the Eritrean Defense Force as well as to all friends of Eritrea on the eve of the New Year.

In his message of good wishes, President Isaias underlined that the Eritrean people had achieved independence and continue to safeguard their national sovereignty through resolute commitment and efforts, and, by paying huge sacrifices.

These attributes and qualities of resilience and determination will surely ensure a bright future for the country in its developmental drive, President Isaias pointed out.

On the occasion, the Ministry of Information is pleased to announce a forthcoming interview with the President on important regional and domestic issues in the coming days that will be broadcast through national media outlets.

NEWS BRIEF

NEW HIGH SCHOOL IN SHI'EB

A new high school has been built and has started functions in She'ib sub-zone. The new high school, built at a cost of 12.4 million Nakfa, will increase student's enrollment rate in the areas considerably.

The school includes 15 classes, a laboratory, offices, computer rooms and associated facilities.

Mr. Reshid Mohammed Osman, Head of the MOE in the Region, stated that increased physical access to education will have a positive impact in the enrollment of female students.

Mr. Mohammed Hamid Ashkerai, Administrator of the Sub-Zone, opined that the main bottleneck for female students enrollment were essentially early childhood marriages and nomadic mode of living. Concerted efforts were being made by all stakeholders, parents, the Ministry of Education and the local administrative bodies to change old patterns.

There are currently a Kindergarten, eight elementary, five junior and one high schools in She'ib.

AFFORESTATION EFFORTS

Hagaz Agricultural and Technical School is making tangible contributions to afforestation efforts in the area through the provision of various seedlings. Brother Isaias Tsegai, Head of the School, stated that the different fruit seedlings are produced at the School's Green Houses, which are slated to increase in the coming months, for distribution to vegetable farmers and others community members interested in planting the seedlings to combat desertification

The School provides practical training to students on agriculture and agriculture related techniques.

NATIONAL VITAMIN A VACCINATION WEEK

The national vitamin A vaccination day was launched on Wednesday, December 30th this week.

The Ministry of Health has urged all parents to take their children under five years of age to nearby vaccination centers.

The vaccination week will continue until the 3rd of January next week.

Sister Hiwot Gebrekidan, Head of Akria Health Center, stated that the periodic vaccination programme is vital for the maintenance of child health.

WORKSHOP ON ENHANCING QUALITY EDUCATION

The Branch of the Ministry of Education in the Central Region organized a workshop on the promotion and upgrading of quality education here in Asmara on December 30th this week.

The Head of the Branch Office acknowledged and praised the active role of the community in the endeavour and underlined the importance of further strengthening the consultative process that has been going on through the involvement of teachers, students and parents. Various officials of the MoE, school directors, supervisors and community representatives participated in the meeting.

Eritrea Profile Wishes a Happy New Year to All!

《厄立特里亚形象报》2016年1月2日（来自厄特新闻部网站）。

亚语报纸*Tirigta*。

3. 广播电视

厄特“群众之声”广播电台系厄全国性广播电台，由厄特人阵党主办，建立于独立战争期间，1979年1月开始播音。电台设政治、经济、文化、新闻、历史地理、表演、青年体育、社会、科技、播音员等10个组。1998年以前，每天使用6种语言播音：提格雷尼亚语、阿法尔语、提格雷语、阿拉伯语、库纳马语和阿姆哈拉语，1999年开始增加到8种民族语言，并增加了奥莫罗语，共计11种语言。每种语言分早、中、晚三段时间广播，每次播音时间为1小时，有中、短两个波段。

厄特电视台（ERITV）于1993年1月正式开播，设节目部和新闻部。用提格雷尼亚语、阿拉伯语和英语报告节目和播放新闻。2000年以来，增加了播出时间，内容也逐渐丰富。2015年4月，中国国家新闻出版广电总局与厄立特里亚电视台签署授权厄特电视台播放中国影视节目的合作协议。根据协议，中方向厄特电视台提供了52部电影、4部纪录片、5部动画片和10部电视剧。

（五）卫生保健

厄特政府非常重视医疗卫生事业发展。厄特的人均预期寿命从1990年的48岁增加到2013年的63岁，新生儿死亡率从1991年的81‰降到2013年的37‰，5岁以下儿童夭折率同期从148‰降到50‰（致死原因多为呼吸道感染、腹泻及其他传染病），儿童接种疫苗从1991年的10%增加到2013年的98%，根除了脊髓灰质炎、破伤风等疾病，少见麻疹病例。2009年，厄特因在接种工作方面的突出表现而获得国际奖励，成为非洲国家根除小儿麻痹症的模范。产妇死亡率从1990年的每10万人的1700人降到2013年的380人，93%的孕妇有产前保健经历，产妇住院分娩率为55%。厄特在控制疟疾、性病等传染病方面卓有成效。2011年疟疾流行率较1999年下降90%，2012年疟疾发病率为每10万人中1282人。肺结核发病率从1990年每10万人的243例降到2011年的97例，同期流行率从每10万人的478例降到151例。2011年，89%的结核病患者被治愈。2013年，厄特是非洲国家唯一全部实现联合国千年发展目标有关卫生的3项指标的国家，即降低儿童死亡率，改善产妇保健，与艾滋病、疟疾和其他疾病作斗争。在厄特，致死率最高的疾病依次为贫血或营养不良、肺炎、腹泻等。厄基本无吸毒问题，百姓道德观念比较传统，因此艾滋病问题在厄感染率较低。据世界卫生组织2014年统计，厄特艾滋病发病率从2001年的每10万人45例下降到2012年的8例。同期，艾滋病流行率从2001年的每10万人738例下降到2012年的290例。疟疾常见于厄西部低地，登革热则主要流行于沿海地区。

厄独立之初，全国只有1500名医务人员，2011年达到了4500人。2011年有1200多名医学专业毕业生取得博士、本专科、进修班文凭。目前厄卫生机构分为3级，卫生中心和卫生站为初级水平，省级医院和社区医院为2级水平，位于首都的国家级医院为3级水平。从1991年到2010年，厄卫生机构的数量增加180%。全国平均每1.3万人拥有1名医生，每3400人有1名护士，预计不久将达到世界卫生组织要求的每1万人最少1名医生，每5000人有1名护士的目标。厄卫生部工作人员有60%毕业于医学专业，不久将达到世卫组织要求的70%的标准。

第2章

厄立特里亚分省旅游资源

Chapter II Tourism Resources of Regions

阿斯马拉远景（中国驻厄特使馆摄）。

第一节　中央省旅游资源

一、中央省概况

中央省（Maakel Zoba，Central Region）北邻安塞巴省，西邻加什—巴尔卡省，南邻南方省，海拔2300米至2400米，面积1041.5平方公里，是厄特面积最小的省份。

中央省包含阿斯马拉市区和市外两部分，其中阿斯马拉市下辖13个县，市外有咖拉纳菲（Gala Nefhi）、贝里克（Berik）和塞瑞杰卡（Serejeka）等县。各县下辖84个村庄和46个居民行政中心。中央省人口约120万人（估计），是厄特

中央省暨阿斯马拉市政府大楼[1]（中国驻厄特使馆摄）。

① 位于解放大道，1930年代开始设计，1950年代建设完成。大楼呈左右对称型，中间纪念碑式的塔式建筑特点突出。大楼原来只有2层，1971年增加至3层。

人口密度最大省份，居民包括各民族人员，无论信奉基督教或伊斯兰教，人们均和谐、团结地生活在一起，各个民族、宗教和身份的人们都平等地参与各种集会活动。在国家独立日、烈士日等国家重大节日期间，人们以丰富多彩的形式庆祝节日。

阿斯马拉市是厄特全国最大的城市和政治、经济、文化与交通中心，现有酿酒、粮食加工、制鞋、缝纫和纺织等中小工业。阿斯马拉市外乡村居民以雨育农业为生，另外还有小规模的畜牧业（出产牛奶和肉）、家禽业和少量养蜂业。由于距阿斯马拉不远，农民们也会到阿斯马拉打工赚钱。

为了维护生态环境，阿斯马拉市重视植树造林、防止水土流失工作，不断修建新水坝、维修旧水坝，迄今修建了76个水坝和水塘。平民与军人们积极参与植树造林工作，人们在烈士日这天进行植树活动已成为一种传统。得益于植树造林，濒临灭绝的野生动物已经频繁出现在这里。由于民众与军人的共同参与建设，阿斯马拉各地区的旧有供水管线可望都得到更新。中央省乡村地区也可望获得清洁卫生的饮用水供应。84个村庄中有90%能用上清洁饮用水。

中央省拥有从幼儿园到大学、学院的教育设施。厄特科技学院位于阿斯马拉

奥罗特医院（中国驻厄特使馆摄）。

西南方向20多公里处的迈纳菲镇，阿斯马拉市有阿斯马拉卫生科技学院、奥罗特医学与牙科学院两所高等院校，还有各种专业类型的私立学校，因此中央省教育资源较为丰富。中央省有专门负责公共卫生的部门，阿斯马拉是一个人口密集的城市，疾病较易传播，因此需十分重视卫生防疫工作。尽管财力有限，中央省还是安排卡车专门用于保持环境卫生，每天都有环卫工人负责打扫清洁城市街道，每天都有200吨垃圾倾倒于垃圾场。市民积极参与环境清洁活动，这也已成为该省居民的习惯。得益于重视环境卫生，阿斯马拉城市整洁，很少发生传染病，卫生设施在全省分布均衡，阿斯马拉市内外均有卫生中心。阿斯马拉市当地最好的医院是中国政府援建的奥罗特医院，有200个床位。中国援厄医疗队现有18名队员在厄特工作，其中多数在奥罗特医院工作。

尽管中央省面积狭小，但作为一个人口密集的地区，该省对交通有较高的需求。自厄特独立以来，该省不断改善交通设施，利用外汇从国外购买了公共汽车，并以最低的收费提供公交服务。该省还有小型巴士、出租车等交通工具。

阿斯马拉地处高原，市区占地面积约24平方公里，人口约50万，被称为“云端上的城市”。阿斯马拉年平均气温16.9℃，“冬无严寒、夏无酷暑”,年均降雨量525毫米，可谓高原春城。12月至2月为凉季，平均气温为15℃；5月至6月为热季，平均气温为25℃；4月至5月为小雨季，6月至9月为大雨季，余为旱季。雨季期间，通常在午后有小到大阵雨。阿斯马拉民房围墙上一年四季都盛开着四角梅等花卉，居民们喜爱花卉，以花饰墙，成为阿斯马拉民居的一道美丽景观。每到4月，阿斯马拉街道上的蓝花楹开始盛开，站在蓝花楹树下，向上望去，只见绚烂的蓝花楹如同淡紫色的云雾与天上的白云接在一起，以蓝天为背

四季常开不败的花（中国驻厄特使馆摄）。

景形成一幅色彩鲜明的画卷。

阿斯马拉气候宜人、街道整洁、市民友好热情，其意大利风格的建筑是非洲保存最好的欧式建筑遗产（下文将详细介绍），这都使阿斯马拉成为游客们向往的旅游胜地。阿斯马拉主干道解放大道是各种风格建筑最为集中的一条街道。道路两旁棕榈树挺拔耸立，酒吧、咖啡馆、小商店鳞次栉比，居民的生活和休闲方式也受意大利人影响，许多老人会讲意大利语。

蓝花楹（中国驻厄特使馆摄）。

阿斯马拉市内有阿斯马拉剧院、罗马影院、国家博物馆、图书馆等文化设

喝咖啡的厄特老人（中国驻厄特使馆摄）。

解放大道上著名的披萨饼店（中国驻厄特使馆摄）。

在草地上休闲的人们（郑坤摄）。

“咖啡湖”（郑坤摄）。

施，有圣玛丽天主教大教堂、圣玛丽东正教大教堂、阿库拉法·阿拉希乌丁清真寺、百年邮局等名胜。阿斯马拉周边地区有很多水库、野炊店、小树林等具有非洲高原特色的休闲场所，市民在此举行婚礼、家庭聚会等活动。

位于阿斯马拉西北郊的迈苏瓦（MAISIRWA）休闲中心最受人们青睐，旅居厄特的中国人也喜欢来这里钓鱼、休闲，这里有一个咖啡壶造型的建筑和一片水塘，因此中国习惯称此地为“咖啡湖”。

阿斯马拉东北方向郊外一公里处，人们可以经常看到白云在脚下漂浮，能生动地感受到阿斯马拉为什么被称

咖啡壶（郑坤摄）。

为“云端上的城市”。

中央省各地的战壕清楚展现了厄特人民的抗争精神，该省还有意大利、英

云海（中国驻厄特使馆摄）。

阿斯马拉西北郊的“观云台”（中国驻厄特使馆摄）。

国和印度等国军人的墓地。海拔2462米的埃塔比尔（Etabir）山位于埃姆巴德霍（Embaderho），是一座军事要塞。2008年6月20日，此地被选为烈士公园，厄特总统伊萨亚斯亲自为公园奠基，并种下梧桐树苗。自2008年8月28日起，这里75公顷土地中的22公顷被建成梯田，种植了苹果、桃子、橄榄等5种树。另一处值得提及的是位于贝特乔治斯（Bet Giorghis）的动物园，也是中央省的特色之一。

二、旅游资源介绍

（一）阿斯马拉的建筑

阿斯马拉历史悠久。相传公元13世纪，在此居住的四个部落在连年战乱后决定化干戈为玉帛，融合为一个新部落，取名阿斯马拉，提格雷尼亚语意为“和谐”。1998年以来，考古工作者在阿斯马拉发现了2400—2800年前的城镇遗址，规模甚至略大于现在。1885年，意大利人开始对厄立特里亚进行殖民。1890年，意大利将阿萨布、马萨瓦、阿斯马拉等占领区合并进行殖民统治，命名为“厄立特里亚”。由于阿斯马拉凉爽的高原气候、充足的水资源供应及其位于厄特中心的优越地理位置，意大利将殖民地首府设在阿斯马拉。20世纪初期，阿斯马拉还是一个很小的高原村庄，1920年代就发展成一个初具规模的城镇。意大利人殖民厄特期间，阿斯马拉整个城市规划和主要建筑、民居等风格完全以意大利都市为模板，因此阿斯马拉有“小罗马”之称。

1930年代，墨索里尼统治下的意大利政府计划利用厄立特里亚作为跳板侵略埃塞俄比亚。为做好战争准备，整个1930年代，意大利法西斯政府向厄特进行了前所未有的人力物力投入。当时的阿斯马拉成为一个大规模的建设工地，城市建设较快，超过7万名意大利人来到厄特拓殖定居。阿斯马拉成为意大利东非殖民地的新罗马，成为整个非洲大陆最现代的城市之一。在阿斯马拉从一个小城镇变成非洲当时最现代的城市过程中，城市设计和建筑在很大程度上受惠于19世纪与20世纪之交的欧洲现代主义建筑潮流，其中最重要的有未来主义、理性主义、诺威森托和装饰派等现代派艺术。阿斯马拉可能是当今世界上现代主义风格建筑最为集中、保存最为完整的城市。

阿斯马拉就像一张白纸，意大利设计师在这里实现他们的现代主义理想。1930年代意大利殖民时期，阿斯马拉城市内建成了数千座建筑，其中大多数反映了各种形式的现代主义风格，有些建筑风格当时世上绝无仅有，如飞机和轮船形状的加油站和其他用途建筑，火车或电影院形状的商业楼和居民楼，高度现代的饭店和办公楼，以及带有浓厚政治色彩的纪念碑式标志的政府办公大楼，有些建筑内还伴有精美的石膏雕塑和艺术装饰。

阿斯马拉的现代派风格建筑中，“理性主义”影响尤深。这里集中了大量理性主义风格的建筑，约有400座，可能也是世界上此类建筑最为集中的城市。理性主义是意大利20世纪20年代至30年代的现代主义建筑理念。与高度浪漫主义的“新艺术”和表现主义风格相反，理性主义建筑起源于人们对其功能和日常运用的分析，对建筑和城市设计采取“理性”的方法，实现建筑或城市在功能和审美方面的一致。理性主义建筑有几个原则，如使用工业设计作为促进社会进步的方法，合理使用城市用地，使用经济节省的建设方法等。理性主义加入了对空间概念的新的理解，其形式语言涉及基本几何元素，比如球体、立方体、圆柱体、角锥体。

建于1937年的塞拉姆饭店以其清晰的结构与色彩成为阿斯马拉理性主义风格建筑中最为闪亮的代表，位于阿斯马拉的马亚姆·格姆比大街。其各个组成部分，如第一层的窗户、阳台等简洁地组合在一起，具有很好的审美价值。这座饭

正在维修中的塞拉姆饭店（中国驻厄特使馆摄）。

店的重要意义还在于，厄立特里亚在这里正式宣布成为独立国家。

下图是位于阿斯马拉解放大道的一座商业和居民楼，建于1937至1938年间，是当时最大的此类建筑之一。建筑风格简约明快，具有明显的理性主义建筑特点。

商业和居民楼（中国驻厄特使馆摄）。

厄立特里亚卫生部所属大楼，位于阿斯马拉市中心西端的登登街上，建于1938年，设计具有简明的古典风格，也与这一时期在意大利流行的诺威森托运动相符合。

装饰艺术（Art Deco）诞生在华丽的“新艺术”（Art Nouveau）之后，在1925年的巴黎世界博览会上大放异彩，几何图案、新材料和明亮色彩的运用是其特色。帝国影院是阿斯马拉装饰艺术风格建筑中最为精巧的一个，是20世纪30年代影院建筑的杰出代表。内部有浮雕装饰，狮子头装饰的成排立柱将观众席与银幕分开。墙上粉刷有非洲景物、舞者、棕榈树和羚羊。

卫生部所属大楼（中国驻厄特使馆摄）。

帝国剧院（中国驻厄特使馆摄）。

帝国剧院内饰（中国驻厄特使馆摄）。

奥迪恩剧院（中国驻厄特使馆摄）。

奥迪恩剧院大堂酒吧的装饰派艺术风格（中国驻厄特使馆摄）。

奥迪恩剧院内部的精美装饰（中国驻厄特使馆摄）。

奥迪恩剧院，位于阿斯马拉比哈特街，建于1937年。该剧院大堂酒吧、内部设计具有装饰派艺术风格，其装饰保留了原貌。

未来派建筑因其大胆借鉴了现代工业和技术，在最为激进的艺术形式中占据一席之地。未来派设计关注工厂、多层公寓、大厦等建筑，其形式语言直接取材

菲亚特·泰格里奥加油站（中国驻厄特使馆摄）。

于充满机器的世界。

菲亚特·泰格里奥加油站位于阿斯马拉重要交通枢纽区——烈士大道和梅雷布街夹角处，是一座未来主义风格的建筑，也是阿斯马拉的标志之一。加油站由意大利建筑师朱塞佩·帕塔兹设计，1938年建成，深受未来派艺术影响。加油站形似一架飞机，由巨大的悬臂式水泥机翼、驾驶舱和环绕式的窗户组成。30米长的无支撑的水泥悬臂不仅反映了飞机的设计形状（这是未来派设计师最喜欢的机器），而且象征了意大利设计师的国际视野和在技术革新上的自信。

“船”形酒吧和办公楼，位于阿斯马拉市中心的塞格内蒂大街，建于1938年，就像一艘浮动在河上的船只，是一座未来主义风格的建筑。此地原有一条名为麦·伯拉的河流，1936年被填埋。

“船”形酒吧和办公楼（中国驻厄特使馆摄）。

“火车头”形的居民楼，位于阿斯马拉市中心塞格内蒂大街，建于1938年，就像一个火车头，是一座未来主义风格的建筑。此地原有一条名为麦·伯拉的河流，1936年被填埋。建筑师巧妙地利用了河流被填埋后形成的弯曲和带有坡度的

“火车头”形的居民楼（中国驻厄特使馆摄）。

地形，设计了火车头形建筑及对面的船形建筑。

二战期间，盟军于1941年打败意大利法西斯军队解放了厄立特里亚，意大利在厄特的殖民统治随之结束，阿斯马拉城市建设的快速发展也戛然而止。1941年4月，随着英国与埃塞俄比亚联军的进入，意大利工程师和建筑师撤走，他们所留下的是一个正如英国新闻部1941年的报告所说的“拥有宽阔林荫大道、不可思议的影院、壮观的法西斯党建筑、咖啡馆、商店、双向车道大街和一流旅馆的阿斯马拉”。

1940年代以后，厄特人民开始进入了争取民族独立的斗争，国家局势持续动荡，国家也未再进行过重大建设。1991年，厄特经过30年武装斗争实现国家独立。政局动荡中，阿斯马拉未经过大的战乱，独特的城市遗产得以保存下来。自1930年代阿斯马拉的原有城市设计开始实施并随后演化发展以来，阿斯马拉历史建筑区的城市设计一直保持了历史原貌，大约4平方公里的市中心集中了那段时期风格多样的建筑。

独立后的厄立特里亚政府十分重视历史文化遗产保护工作，1999年设立专门的“文化遗产修复项目”组织（Cultureal Assets Rehabilitation Project，简称CARP），负责调查、研究和保护本国的历史文化遗产。作为其保护文化遗产努力的一部分，厄特文化遗产修复项目组织对阿斯马拉独特的城市建筑环境进行了较为系统的整理和研究，研究和记录了阿斯马拉超过850座建筑的有关文字和图片信息，经过两年努力，其研究成果于2003年汇编成一本小册子《阿斯马拉——城市建筑环境导览》并出版。厄特政府还对阿斯马拉的部分建筑进行了修复，如中央邮局、罗马影院等，划定了阿斯马拉市历史遗产区，制订了一系列的规划和保护指导方针，帮助阿斯马拉市政府和市民认识和保护城市的独特建筑环境，与城市的保护与必要开发协调进行。2005年，厄特教育部向联合国教科文组织提交将“阿斯马拉历史遗产和现代主义建筑群”申请作为世界文化遗产。

自1900年起，外来与本土建筑技术就开始在阿斯马拉互相影响、融合，尤其是宗教性建筑，比如建于1938年至1939年的圣玛丽东正教大教堂。教堂位于中央省政府向北1公里较高之处，从阿斯马拉各处都可以看到这座建筑。教堂以红砖砌成，有主楼和两个钟楼，塔顶、大门、主体建筑的设计均吸收了当地非洲

三教合一（中国驻厄特使馆摄）。

传统建筑元素。主楼入口处绘有壁画，教堂内部绘有大量拜占庭风格的天使壁画和圣母玛利亚画像。入教堂前需要脱鞋。妇女在进入前要盖住头，置身右侧；男人要脱掉帽子，置身左侧。

阿库拉法·阿拉希乌丁清真寺位于阿斯马拉鱼市附近，建于1938年，是阿斯马拉最大的清真寺，建筑色调浅、装饰简约。清真寺前有个大广场，每周五和节日期间信众在此集会。每天有5个祷告时间，分别是5:00，11:00，16:00，19:00和20:00。禁止妇女进入清真寺内，有单独区域供她们祷告。

阿库拉法·阿拉希乌丁清真寺（中国驻厄特使馆摄）。

除上述建于1930年代的建筑外，阿斯马拉还有大量建于20世纪初的建筑，更多地体现了欧洲传统风格，如中央邮局、大剧院、天主教大教堂等。阿斯马拉圣玛丽天主教大教堂，是阿斯马拉地标性建筑之一。位于解放大道中部，最初是建于1895年的一座小教堂，1922至1923年进行了扩建。教堂塔楼高52米，楼上配有8个100公斤重的钟。教堂内部装饰大多为手工制作，装饰有大天使和14处苦路画像与壁画。工作日内，祷告时间为早上6:15、7:00和下午18:00至19:00，语言是提格雷尼亚语和意大利语。周六，祷告时间是18:00，语言是英语。周日，祷告时间是7:00，提格雷尼亚语；9:00是意大利语。

圣玛丽天主教大教堂(中国驻厄特使馆摄)。

中央邮局（中国驻厄特使馆摄）。

中央邮局为罗马式建筑，位于阿斯马拉市中心，曾是一个法庭。1915年，法庭的南部建造了邮局，1916年建成。在邮局天井前厅上标注着建成的年份1916年以及当时厄特各地方邮局的名称。

阿斯马拉大剧院位于解放大

阿斯马拉大剧院（中国驻厄特使馆摄）。

道，建于1920年。其设计风格兼收并蓄，剧院内有三个画廊，剧院内的穹顶绘有精美画作。

教育部大楼建于1928年，曾是意大利法西斯党总部。当时是一栋小的一层建筑，具有轻微的罗马风格，距大街有一定距离。1940年，该楼前面安装了一个异常巨大的前门，作为对其后面的大楼的补充。这种修正更多是出于政治宣示的动机，而非出于实用，反映了当年意大利政

教育部大楼（中国驻厄特使馆摄）。

府日益激进的政治立场。

普希金雕像及其广场是阿斯马拉城市一景，雕像基座下埋着采自普希金墓地的泥土。厄特人笃信普希金与厄特有血缘关系，并为此感到自豪。据说，普希金母亲的祖父汉尼拔即出生在厄立特里亚一带。2014年6月，厄特外长奥斯曼还专程赴克里米亚参加普希金诞辰215周年庆典。

普希金广场（中国驻厄特使馆摄）。

2016年2月1日，厄立特里亚政府根据执行《保护世界文化和自然遗产公约》的相关规定向联合国教科文组织世界遗产中心递交名为“阿斯马拉：非洲的现代派城市”的申请书及有关申请文件，申请将阿斯马拉市列入世界文化遗产名录。联合国教科文组织有望于2017年7月通过这一申请。

（二）阿斯马拉街道名称的变迁

意大利殖民时代（1889年至1941年）：阿斯马拉街道命名历经变迁，反映了厄特历史发展进程的波澜起伏。这些街道历来命名方式有：以领导人和英雄命名，以军事将领、探险家、传教士、著名作家命名，以意大利本地地名、山脉、河流等命名，比如阿利盖利·但丁大街（意大利诗人、现代意大利语奠基者）、贝尼

阿斯马拉解放大道1（中国驻厄特使馆摄）。

阿斯马拉解放大道2（中国驻厄特使馆摄）。

托·墨索里尼大道、达尼埃莱·孔伯尼大街（意大利籍非洲传教士，曾于1857年频繁到访埃及和苏丹，为废除奴隶制度努力工作）、雷蒙多·弗兰凯蒂大街（意大利探险家，他对达纳基尔洼地兴趣浓厚，曾与其他探险家一起到那里找寻石油，1935年在埃及死于空难）、奥兰多·洛伦津大街（意大利将领，曾在二战时期指挥在阿科达特和克伦的战斗，特别是在克伦战役中面对英军的强大攻势，顽强抵抗了52天，并于1941年3月17日战死，他的死标志着克伦战役的结束）。

英国时代（1941年至1952年）：在克伦战役打败意大利军队后，英国军队于1941年4月1日开进阿斯马拉，英国军政当局将与法西斯主义有关的街道名称悉数改掉。贝尼托·墨索里尼大道改成意大利大道（Corso Italia），德·波诺将军（Generale De Bono）大道及其延伸齐亚诺伯爵（Conte Galeazzo Ciano）大道改为罗马和米兰大道，马乔（Maggio）24路改为威廉·普拉特中将大街。在更换意大利时代留下的街道名称时，英国人谨慎小心地避免冒犯到在厄特定居的意大利人。在牢牢控制厄特之前，英国尽量安抚意大利定居者。

埃塞俄比亚时代（1952年至1991年）：1952年厄特与埃塞结成联邦，同年10月埃塞皇帝海尔塞拉西首访厄特。为纪念皇帝访问，厄特行政长官将意大利大道改为海尔塞拉西一世大道，罗马和米兰大道改为亚的斯亚贝巴大道，国王大街改为孟仑皇后大街，还有一条大街以玻利维亚外交官爱德华多·安斯·马提恩索（Matienso）命名，他被联合国指定起草厄特宪法、组织厄特政府。1953年2月28日，厄特自治政府成立街道更名委员会，任务是将旧意大利名称街道更换为新名，并以那些曾在历史上为埃塞作出贡献的厄特人命名街道。这项工作持续到1982年，街牌以雪白色的矩形大理石板制成，上面以阿姆哈拉、阿拉伯和英语等三种语言标明街名。阿斯马拉95%的街道名称都从不同方面反映了埃塞的历史，有的以埃塞皇帝、国王、皇室成员、贵族、军队高级将领、爱国者的姓名命名，比如阿斯卡里斯大街（Askaris，他是厄特人，在埃塞被意大利占领时期，从意大利殖民军队逃出，并与埃塞军队并肩与意大利法西斯作战）。有的以埃塞省份、地区、城镇、河流、山脉命名，有的以历史事件、曾同情埃塞或与埃塞有某种联系的外国人命名，比如圣雄甘地大街、富兰克林·德拉诺·罗斯福大街、西尔维娅·潘克赫斯特大街（英国女权主义者、海尔塞拉西皇帝的坚定支持者，支持埃塞与厄特合并）。

烈士大道（中国驻厄特使馆摄）。

纳克法大街（中国驻厄特使馆摄）。

厄特1991年解放后：厄特的解放标志着厄特人民400年来对拥有自己国家的热切盼望终于梦想成真，将埃塞或其他国家特色的街道名称改成厄特风格的街名也成为必须。除此之外，厄特实行了新的邮政编码。厄特独立后，随着厄特城镇的扩张与发展，街道数量较独立前增多，有必要实行以数字命名街道的方法。厄特大多

阿法贝特大街（中国驻厄特使馆摄）。

数街道反映了厄特的历史。比如解放大道（提格雷尼亚语为“哈内特”大道）长约1公里，位于阿斯马拉市中心，路两旁集中了风格各异的意大利式建筑。在门格斯图军政权时代，它被称为国家大道，此前还先后被称为海尔塞拉西一世大道、意大利大道、贝尼托·墨索里尼大道。烈士大道（提格雷尼亚语“塞马塔特”大道）曾被称为伊丽莎白二世大道（1965年为纪念伊丽莎白女王访问阿斯马拉），此前还被称为德·波诺将军大道（意大利将领、曾任厄特总督）。该街道的命名是为了纪念为厄特独立战死的厄特人。萨义德·哈比伯大街更名为纳克法大街。纳克法是厄特北部的革命圣地。在厄特争取独立的武装斗争时期，纳克法被厄特人民解放阵线牢牢防守，从未被埃塞军队攻破。孟尼里克一世大街改为阿法贝特大街。阿法贝特是纳克法以南一个小镇，曾被埃军精锐第二前线守备部队纳多（字面意思为摧毁）部队严防死守，1988年3月厄人阵军队击败纳多，此次胜利被英国历史学家戴维森誉为非洲的“奠边府大捷”。博洛尼亚大街的命名是为了铭记旅居意大利的厄特侨民的功勋。博洛尼亚是一个意大利北部城市，20世纪70年代初期，很多旅居意大利的厄特侨民每年夏季都举行为厄特独立斗争筹资的博洛尼亚节。这种传统延续至今，自1992年起，“厄立特里亚节”每年都在阿斯马拉博览园以及世界其他不少厄特侨民聚居的城市举行。

（三）厄特国家博物馆

位于阿斯马拉马里亚姆·吉姆比（Mariam Gimbi）大街，曾是女修道院，建于20世纪50年代，1992年1月1日改为博物馆，主要目的是培育厄特国民对于国家遗产的热爱。厄特国家博物馆参与遗产保存、保护、研究及展览，让来自不同宗教、民族、语言和社会背景的人们能够了解彼此的文化，进而加强民族团结和爱国情怀。博物馆通过一

厄特国家博物馆（中国驻厄特使馆摄）。

系列手工制品，向厄特国民和外国游客展示了厄特过去的历史。博物馆分为以下六个部分：

博物馆正门（中国驻厄特使馆摄）。

古生物学部分：概述了数百万年以前生物进化、生态环境的演变和气候变化。在厄特达纳基尔洼地发现的原始人类头骨和已灭绝哺乳动物的化石证明厄特在世界上是拥有丰富古生物资源的国家之一。在布亚地区100万年前发现和在东格里地区2600万年前发现的大象物种都是该部分的内容。

考古学部分：随着时间的演进和文明的发展，厄特出现了复杂的人类社会形态。各历史时期的实物证据以及在大阿斯马拉地区的研究发现（可以追溯到公元前8000年至公元前2000年）都展现了人类历史的各个方面。

自然历史部分：展现了厄特已灭绝和现存动物的标本与模型以及爬行动物和大型哺乳动物的进化史。此外，博物馆还教育民众了解滥捕野生动物造成的恶果。

艺术作品部分：厄特人民争取独立的斗争为传承厄特文化传统和社会历史作出巨大贡献，巩固了厄特人民的国民认同。在斗争期间产生了一批反映厄特各个方面的艺术作品，比如油画、雕塑等。

中世纪部分：以实物展现了厄特在中世纪时期的历史发展。基督教和伊斯兰教传统对于厄特国家形成至关重要，特别是在公元4世纪引入基督教和公元7世纪引入伊斯兰教都促进了文化的大交流。

民族志部分：向公众展现了厄特当代9个民族的生活方式，同时表达了在全球化和现代化潮流中为后代子孙保存文化资料的重要意义。

博物馆联系电话为122389/114666，周一至周日（除周三）早上9点至11点、下午3点至5点开放。

第二节　北红海省旅游资源

一、北红海省概况

北红海省（Semenawi Kayih Bahri Zoba, Northern Red Sea Region）北邻苏丹，西邻安塞巴省和苏丹，西南邻中央省和南方省，南邻南红海省和埃塞俄比亚。范围从南部的法特马码头（Fatuma）经整个沿海地区北上至北端的卡萨尔角（Ras Kasar），从南至北长450公里，面积3.4万平方公里，濒临红海，海岸线795.5公里，是厄特最狭长省份。首府马萨瓦，人口3万多。

北红海省下辖马萨瓦、法罗（Foro）、达赫拉克（Dahlak）、格拉娄（Gelalo）、津达（Ghindae）、舍埃布（She'ib）、阿法贝特（Afabet）、纳克法（Nakfa）、阿多伯哈（Adobha）和卡罗拉（Karora）等10县，101个乡镇和289个村庄。据2010年统计，北红海省人口为35万，人口密度为每平方公里10人。居民有提格

沿红海公路风光（中国驻厄特使馆摄）。

雷尼亚、萨霍、提格雷、阿法尔、拉沙伊达和希达赖伯6个民族，主要依靠农业、贸易、捕鱼、畜牧业生活。大部分居民临海而居，主要以渔业为生，或根据居住地的地理环境选择生活方式。

正在剥羊的拉沙伊达人（胡峤摄）。

北红海省有3000多公里公路，包含240公里柏油路、318公里土路、2758公里不平整路，如阿斯马拉—津达—马萨瓦线、阿斯马拉—菲尔菲尔—马萨瓦、马萨瓦—阿萨布—马萨瓦、马萨瓦—德克马哈瑞。该省目前有4个公共交通枢纽，运营22条线路，如从阿斯马拉和马萨瓦通向法罗、格拉娄、舍埃布和津达，从克伦通向阿法贝特、纳克法和卡罗拉的公交，该省超过80%的地区都有公交服务。

北红海省海洋生物资源丰富，有220种珊瑚、900种贝类、1000种鱼类（其中约130种鱼是红海独有的，200种鱼具有经济价值）。贝壳可以用于装饰、制作纽扣、食用，而龙虾、小虾和其他珍贵的鱼类可以赚取外汇。此外，红海还有儒艮、海牛、鲸鱼、海龟、海鸟和海藻等海洋生物。野生动物种类众多，有长颈鹿、斑马、豹子、羚羊、鬣狗、鸵鸟、野驴以及各种鸟类，其中有的鸟在世界上已濒临灭绝。此外，该省有银、珊瑚礁、花岗岩、重晶石、硫磺、钾盐、黄金、盐和锌等矿产资源。该省共有可耕地129884公顷，已开垦土地为92621公顷。每年雨季时都有十几条河流、小溪从高原流入该省，并带来冲积土，像法罗、格拉娄和舍埃布的大规模农田都因此受惠。

境内地形多样，有沙漠、沙地平原、高原、火山岩、绿色峡谷、沿海地区、10个海湾和港口、254个岛屿，涵盖东非大裂谷和达赫拉克群岛。海拔悬殊，比如马萨瓦和岛屿的海拔是负一米，毕仁（Bizen）山的海拔则是海拔2000米。巴达（Bada）和伊拉法伊雷（Erafaile）有火山口，迈乌埃（Mai-Wu'ei）、咖赫特莱（Ghahtelai）、伊拉法伊勒和阿法贝特的温泉对于神经和皮肤疾病有疗效。该省的海水原始、无污染，适合开展水上体育运动和深海潜水，在沿海岸旅行可以饱览旖旎风光。多样的地形与高低不一的海拔造成该省极端干旱气候与全年湿润气候兼有。雨季在该省贯穿全年，年均降雨量350毫米，津达县降雨量700毫米至1000毫米，其他地区降雨量少。沿海地区气温20℃至50℃，高原地区10℃至30℃。部分地区一年有两次雨季。

迈乌埃温泉（中国驻厄特使馆摄）。

北红海省考古资源丰富，拥有众多的从史前直至现代的历史遗迹。1997年，该省东格里（Dogoli）地区的一个叫做梅拉克·格布雷克里斯托斯（Melake Ghebrekristos）的农民在这里发现了2600万至2800万年前大象的化石，这为大象的进化史提供了新的线索和信息。该省是人类起源地之一，数百万年前，该省布亚地区就有古人类居住。考古学家在布亚地区的丹德若（Dandero）河谷地带发现了石器、已灭绝的猪的化石和100万至200万年前的羚羊的角，以及在布亚（Buya）地区发现了100多万年前女性的头骨，这个发现为该省人类起源、地质和气候变化提供了重要信息。这里是人类最早开发利用海洋资源的地方。12.5万年前，居住在布里（Buri）半岛西部、祖拉群岛地区的人们就已发展出捕鱼、游泳等技术。阿布杜尔（Abdur）古生物遗址就坐落在祖拉湾海岸，这里发现的证据证实古代人类利用海洋资源的事实。古人类曾多次通过该省向阿拉伯半岛、西奈半岛迁移。2008年，在巴达地区出土了人类骨骼、各种装饰品和罐。

由于独特的地理位置，北红海省从古代起就是经济和文明的中心之一。历史上阿杜利斯文明和达赫拉克文明都在这里兴起。公元320年基督教传入非洲，公元615年伊斯兰教传入非洲，都是先经过该省沿海地区。该省历史是厄特历史的缩影。从一定意义上讲，了解北红海省就能在总体上了解整个厄特。也正因为独特的地理位置，该省也多次遭受外来势力的侵略，成为殖民主义、国际战争的中心。在马萨瓦等地，人们可以看到土耳其人、埃及人、意大利人以及解放战争时期留下的历史遗迹。16世纪，土耳其人踏足该地区，并试图向高原挺进。埃及人尾随土耳其人，于1846年将埃及版图扩展到达纳基尔地区和北部高原。埃及人在当时的恩姆库鲁（Emkulu）地区附近建造了司令部、医院和众多堡垒。1869年至1890年，意大利人以马萨瓦为跳板，逐渐蚕食整个厄特。1961年，厄特人民发动争取独立的武装斗争。1977年，厄人阵第一次尝试攻占马萨瓦，但寡不敌众，不得不撤到纳克法等地，修筑地下工事，继续顽强抵抗。10年后，厄特人民在北红海省为争取全国的解放书写了决定性篇章。其中，独立战争中有两次战役至为关键：一次是1988年解放阿法贝特的纳多战役（1988年3月17日至3月19日，此战胜利后，国际社会开始认可厄特的独立地位）；一次是1990年解放马萨瓦的芬克尔战役（芬克尔意为摧毁）。马萨瓦地理位置重要，是埃塞殖民政权的生命线，拿下马萨瓦就等于掐断了埃塞殖民政权的咽喉，为全国解放铺平了道路。

由于其漫长的海岸线、丰富的自然资源和文明遗产，北红海省将旅游作为自己发展的优先领域，旅馆、娱乐中心等旅游基础设施较多并正在得到改善。

二、旅游资源介绍

游览北红海省可以先从阿斯马拉出发，可走阿斯马拉—津达—马萨瓦公路，沿途可看到意大利时期所修筑的铁路；也可走阿斯马拉—菲尔菲尔—马萨瓦盘山公路，沿途经过塞门纳维·巴赫里（Semenawi Bahri）森林（又称绿带）。从阿斯马拉经津达至马萨瓦直线距离仅70余公里，但由于山路蜿蜒，行程总长约110公里。不论选择哪条路，游客都可以领略“两个小时、三种季节”的自然景观，阿斯马拉如秋天般凉爽，中途的绿带与津达像春天般温暖。随着行程推进，气温渐渐升高，植被也越来越多，可看到群山披绿、云雾缭绕胜景。行程过半后，气温明显升高，弯道渐渐减少，公路越来越平直，植被也越来越少，不时呈现荒凉的戈壁状态，仅有骆驼刺点缀其间，沿途不时看到狒狒、单峰驼、毛驴和山羊等动物。特别是抵达马萨瓦后，更感热浪袭人，直接来到了炎热的盛夏季节。“两个小时、三种季节”是厄特旅游部主打的旅游主题。抵达马萨瓦后，可以欣赏马萨瓦老城的阿拉伯风格建筑，可以欣赏红海美景，也可以再一路向南，欣赏红海大漠的各种奇景。

（一）毕仁修道院

纳法西特山（中国驻厄特使馆摄）。

游客乘车出阿斯马拉，向东走20公里，路过英军墓地和阿斯马拉动物园，经过一个个弯道后，便会到达纳法西特（Nefasit）镇。毕仁修道院就矗立在这里海拔2450米的悬崖峭壁上。通向修道院的山路看起来令人生畏，但其实爬上并不困难也不危险。根据个人的身体状况，爬上顶所需时间从1个半到3个小时不等。富有登山经验的游客可在2个小时内爬上山顶。只有男性朝圣者才被允许进入修道院。游客可以一大早去爬

毕仁修道院（来自厄特新闻部网站）。

山，花上一整天时间游览修道院，下午晚些时间下山。修道院实际上是修士房间、小教堂和农舍组成的小村落，这里共有60个修士和数量有变化的宗教学校学生。到达修道院后，游客们可以按惯例向修士们捐点钱，用于修道院的维护和建设。修士们会礼节性地将游客引领到马加比（Magabe）处，马加比会让你坐下，宗教学生会帮游客洗脚。这是修道院创立者菲利普斯主教（Abune Phillipos）留下的规矩。1368年，为了躲避来自克伦平原的危险，同时确保修道士免受异性诱惑，菲利普斯主教和他的16名弟子修建了这所修道院。毕仁是神圣、正义、谦逊、宽容的象征，菲利普斯根据“祷告与工作相结合”的原则建立并管理这个修道群体。修道院的法规共54条，其中尤其强调修道士不分年龄和地位一律平等。

（二）绿带

绿带位于阿斯马拉东北方向，年降雨量超过700毫米。沿阿斯马拉—克伦公路向克伦方向走，将抵达一个叫做塞瑞杰卡的村庄。这里距阿斯马拉21公里，站在塞瑞杰卡能够俯瞰在群山、峡谷中蜿蜒盘旋的公路，视野开阔、景色壮观。

塞瑞杰卡盘山路（中国驻厄特使馆摄）。

在这里将出现一个岔道，向右拐即是驶向马萨瓦方向的柏油公路。途径一个叫做沃基（Woki）的村子后，游客便会看到绿带。海拔从阿斯马拉的2400米陡降到这里的900米，南北绵延20公里的山脉和山谷里覆盖着郁郁葱葱的森林，植被丰茂，全年常青，是各种鸟类、野生动物和植物的乐园。蛇一样的山间公路在群山间盘旋回转，其陡降幅度比阿斯马拉—津达—马萨瓦一线更让人惊心动魄。在沿着山路向沿海平原方向螺旋式下降过程中，游客可以饱览森林、陡峭山谷、云海以及一直延伸到红海平原激动人心的风光。距阿斯马拉54公里处的萨布尔（Sabur）是最吸引人的地方，游客可以在这里稍事停留，俯瞰位于菲尔菲尔（Filfil）山谷的茂密森林。这里森林如画，鸟类众多，是一个观鸟绝佳地点。可以看到狒狒、长尾黑颚猴、南非大羚羊，有时还能看到豹子、条纹羚、小羚羊山羚和疣猪。这里每年有两次雨季，一次是在高原部分，一次是在沿海地区。10月至次年3月是这里植物最繁盛的季节，凡来过厄特的游客公认这里是厄特最漂亮的地方。这里将建成一个国家自然保护区公园，成为一个主要旅游风景区。

旱季时的绿带（中国驻厄特使馆摄）。

（三）阿斯马拉至马萨瓦铁路

阿斯马拉—津达—马萨瓦公路路况较好，这条路全程106公里，两地群山相连，盘山公路弯曲陡峭，急转弯达500多个，开车约3个小时。意大利殖民时代修筑的蒸汽火车道与盘山公路平行。在铁路沿线，游客可以

窄轨铁路（中国驻厄特使馆摄）。

看到散落其间的村庄和飘渺的云雾。这条铁路全长117.6公里，落差2400米，是当时世界上落差最大的铁路，也是世界上最壮观的铁路工程遗产之一。铁路以马蹄形状蜿蜒穿梭30个隧道、跨越35个桥梁。1887年，意大利人出于军事目的开始修筑铁路，1911年铁路修到阿斯马拉，1928年铁路从克伦延伸到阿科达特。意大利殖民当局曾设想将铁路一直修到特塞内，以对接苏丹铁路，但未能实现。由于年久失修和战争，轨道和枕木严重破损，铁路于1974年停用。独立后，厄政府重修铁路平原路段，以供游客观光和运输之用。厄特10纳克法纸币上就印着一辆运货机车在铁路大桥上行进的场景。此外，意大利还修建了世界上最长最高的货运缆车索道（72公里），后来这条货运索道在英政府军管期间被完全破坏。

山村（中国驻厄特使馆摄）。

（四）马萨瓦

马萨瓦又称米齐瓦，因马萨瓦岛而得名，海拔仅为1米，分为马萨瓦岛、托鲁得（Taulud）岛与内陆三部分，相互有海堤相连。古城位于马萨瓦岛。8月最热，1月最凉爽。11月至次年3月为冬季，全年170毫米降雨量中的71%发生在此季，雨随东北风而来。平均气温25.2度、湿度73%，阴天较多。4月至10月是夏季，天气酷热，平均气温为31.7度、湿度62%，偶有大雨倾盆，与高原雨季同

“欢迎来到马萨瓦”标识牌（中国驻厄特使馆摄）。

马萨瓦全貌（来自谷歌地图）。

时发生。

近100多年以来，马萨瓦先后受到奥斯曼土耳其、埃及、意大利的殖民统治。古希腊人和古埃及人将其作为一个重要的贸易枢纽。土耳其人在16世纪和17世纪控制了马萨瓦，那时马萨瓦成为奴隶、珍珠、毛皮和渔业贸易的主要出口港，吸引了来自印度、中东和欧洲国家的商人。意大利殖民时期马萨瓦城经历

马萨瓦岛上的建筑（中国驻厄特使馆摄）。

马萨瓦岛上的建筑（中国驻厄特使馆摄）。

托鲁得岛上的现代建筑（胡峤摄）。

了扩建。1869年，意大利人来到厄特，将马萨瓦确定为其殖民政权的首都。英国、法国和奥地利当时都在马萨瓦设有领事办公室。意大利人到来后修建了豪华的别墅，建造了马萨瓦城，修筑了连接马萨瓦岛与托鲁得岛的海堤，修建了港口、铁路索道和柏油公路，土耳其风格的建筑因此黯然失色。这也造成了马萨瓦建筑风格不一，马萨瓦岛是阿拉伯风格，托鲁得岛是意大利风格，马萨瓦也因其多种多样的古典建筑被誉为“红海珍珠”。

马萨瓦绿岛上珊瑚砖砌成的建筑（中国驻厄特使馆摄）。

珊瑚砖是马萨瓦岛上埃及和土耳其建筑的主要原料。马萨瓦濒临红海，土地中盐分高，珊瑚砖建筑则不易被侵蚀，相比水泥和砖更易维护，使用期更长。奥斯曼帝国时期的建筑者们倾向于使用未经打磨切割、形状不规则的珊瑚块与石灰当建材。埃及人更喜欢将大珊瑚块切割成形状规则的珊瑚砖作为建材。1921年，马萨瓦发生地震，奥斯曼土耳其和埃及时代建筑被摧毁，目前岛上的阿拉伯风格建筑是意大利人按照原有风格复建的。因此，至今仍能看到这两种风格迥异的砌墙技术。

马萨瓦曾经进行过芬克尔战役，这场战役是厄特争取解放的武装斗争历史的重大转折。由于马萨瓦是埃塞门格斯图政权的生命线，马萨瓦的解放给拥有重武器装备的门格斯图政权军队以摧毁性打击，为厄特全国解放铺平了道路。芬克尔战役从1990年2月8日至2月10日进行，共持续三天。解放马萨瓦时，厄特军

坦克广场（中国驻厄特使馆摄）。

队的三辆坦克卡住了海堤要道，抵抗住了埃塞军队的进攻，为解放马萨瓦立下汗马功劳，而这三辆坦克也被狂轰滥炸，三位坦克手也壮烈牺牲。坦克是厄人阵武装缴获的苏联援助给埃塞门格斯图政权的苏制坦克。为纪念在历次战斗中（1977年、1990年等）为解放马萨瓦牺牲的厄特烈士，厄特政府1996年在马萨瓦修建了坦克广场，三辆坦克呈后三角战斗队形陈列在一人高的台子上。每年的2月10日，厄特政府都会在这里举行芬克尔战役纪念活动，伊萨亚斯总统率领党政军高官在坦克广场献花，缅怀先烈。广场基石上的大理石碑文介绍了这3辆坦克的历史：它们分别是厄人阵在1977年8月、1978年11月、1988年3月与埃塞军队的战役中从对方手里缴获的。

马萨瓦城市之间的公路与海堤是中国四川路桥公司所修。在托鲁得岛通向马萨瓦岛入口处矗立着一个石碑，标明该海堤由意大利政府资助，2006年9月22日落成。站在马萨瓦岛的入口处，游客可以看到旧市场和意大利银行。在马萨瓦岛，游客既可以通过断壁残垣、饱经风雨的古城感受古代文明和殖民历史带给这个城市的沧桑，也可以站在海堤上感受一堤横贯红海的旖旎风光。

马萨瓦海边因沉船而闻名，有一些沉船仅仅沉在水平面以下3米，有的沉船

马萨瓦港口（中国驻厄特使馆摄）。

马萨瓦海堤美景（中国驻厄特使馆摄）。

马萨瓦绿岛珊瑚礁（中国驻厄特使馆摄）。

绿岛风光（中国驻厄特使馆摄）。

下沉4米。这些沉船有的是二战时意大利的战舰、护卫舰甚至是一些坦克。马萨瓦东部海岸的水下是鱼类和珊瑚宝库，这里有五颜六色的鱼和奇异的珊瑚，如较有特色的海扇珊瑚或称柳珊瑚、珊瑚树、火珊瑚或称千窝珊瑚等。达赫拉克酒店对面不远处即是绿岛，岛上无人居住，但沙滩细软、飞鸟云集，有珊瑚礁、红树林、栈桥等，风光秀丽，适合潜水、游泳和散步等活动。

马萨瓦一个最吸引人的地方是日夜不休的酒吧、餐馆和装饰派艺术风格的建筑，如雕工细致的木门、百叶窗和阳台。马萨瓦最热闹的时间是晚上7点以后，此时暑气消弭，海风习习，正是外出活动的黄金时间。游客可以去马萨瓦老城的烤鱼店品尝烤鱼。店里提供的烤鱼个头很大，直接用手掰开肥美的鱼肉，就着烤饼大快朵颐，感受马萨瓦夜生活的乐趣。也可以去中央酒店靠海的露天餐厅品尝烤大虾、煎石斑鱼等海鲜，欣赏对岸马萨瓦老城的灯火映照海面。虽然烹饪手法略显简单，但上乘而新鲜的红海美味和那种惬意的意境还是令人留连忘返。这里盛产红海海参，个大而肉厚，当地人很少食用，多用于出口。

萨哈巴圣祠

与阿斯马拉相似，马萨瓦的宗教建筑较多，莎菲厄（Shafi’e）清真寺建于11

马萨瓦夜生活（胡峤摄）。

世纪（非洲最古老的清真寺之一，但原来的建筑已不复存在，在原址上建了一座新的清真寺）、谢赫·哈马勒（Sheik Hamal）清真寺建于1580年。马萨瓦最著名的宗教建筑当属萨哈巴圣祠。

萨哈巴圣祠位于马萨瓦岛，建于公元615年，是世界上最早的伊斯兰教礼拜

萨哈巴圣祠（中国驻厄特使馆摄）。

场所。尽管已十分破旧，但它至今仍然矗立在马萨瓦，并保持着原有的设计风格。一般认为，先知穆罕默德于公元610年创立了伊斯兰教，公元622年穆罕默德在麦地那城东南三公里处修建了世界上第一座清真寺。其实，在穆罕默德创教之初，由于他和他的追随者们受到麦加权贵和异教徒的疯狂迫害，他便劝说追随者到阿比尼西亚避难（即当今厄特与埃塞俄比亚两国），这里的基督徒国王以公正、善良闻名。他的追随者们分三批从吉达附近的海岸租船，渡过红海来到厄特海岸地区。萨哈巴圣祠就是第一批追随者所建，标志着伊斯兰教传入非洲大陆。第一批追随者共18人，其中有穆罕默德的次女鲁卡娅及其丈夫奥斯曼和她的堂兄弟姐妹。追随者们在当时被称为瑞西迈德里（Ressi-Medri，即今天的马萨瓦港中心地带）的地方落脚，并于公元615年修建了一座简易的礼拜堂，当时穆罕默德还在世，当地人称之为萨哈巴圣祠。萨哈巴就是“先知的伴侣”的意思。厄特基督教和伊斯兰教和谐的宗教关系肇始于萨哈巴圣祠。当先知穆罕默德的追随者们刚来时，这里的基督教首领同意给予他们安全的避难场所，并允许他们传播基于一神论的宗教信仰。过去，来自埃塞、索马里、马里、尼日利亚、乍得、苏丹、吉布提等国的人们习惯一年两次来这里朝圣。近年来，根据北红海省博物馆的登记册，来自阿拉伯和非洲国家的游客曾来此圣祠参观，比如中东非足协组委会、苏丹、乍得、土耳其和俄罗斯的高级代表团，苏丹、巴基斯坦和印度的游客等。

北红海省博物馆

2000年，为纪念芬克尔战役胜利10周年，北红海省博物馆在马萨瓦开放。博物馆位于北红海省政府附近，分为自然历史、考古发现、民族风俗、殖民历史和武装斗争历史五个部分。

北红海省博物馆（中国驻厄特使馆摄）。

自然历史部分展示了厄特红海地区的地理地质、自然资源情况以及厄特红海

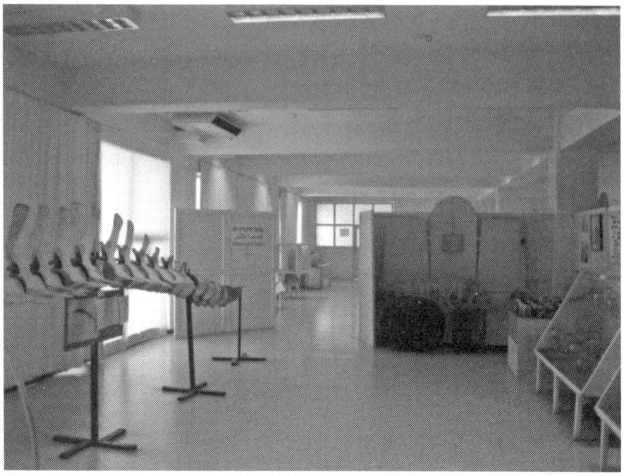

自然历史部分（中国驻厄特使馆摄）。

萬和禪山酒器（中国驻厄特使馆摄）。

地区的生物多样性，比如鲸鱼的骨骼、各种珊瑚、贝壳标本和从该省各地区收集的动物化石。

考古发现部分展出了人类进化在该省的遗迹和公元前800年至公元8世纪初存在于阿杜利斯地区的古代文明的历史。这里展示着布亚地区发现的100多万年前女性的头骨。现场有公元4世纪至7世纪阿杜利斯王国皇宫的花岗岩柱。展出在北红海省沿海地区和内陆地区发现的一些土罐。这些形状各异的土罐用于盛放从地中海港口进口来的橄榄油、谷物和葡萄等物，是南亚、埃及和南部阿拉伯地区居民的生活用具。现场一艘沉船的遗骸是红海沿岸地区繁荣贸易的证明。现场展出了该文明在8世纪至12世纪时期的古阿拉伯语碑文。值得注意的是，这里展出了从阿杜利斯古王国所属哈瑞恩纳岛发现的一个中国古代陶制酒器，上有“萬和禪山”字样。这是厄特与中国悠久交往历史的一个有力证明。

民族风俗部分展示了该省各民族的生活方式及其历史。北红海省少数民族众多、文化多样，大部分居民是提格雷、提格雷尼亚、萨霍、阿法尔和拉伊希达族，主要依靠农业、贸易、捕鱼、畜牧业生活。

殖民历史展室介绍了该省数百年的殖民历史。从奥斯曼土耳其到意大利人将厄特纳为殖民地的一整段历史都能在北红海省找到轨迹。现场有意大利殖民时期马萨瓦的照片和1921年马萨瓦地震后的照片。博物馆还介绍了16世纪至19世纪各时期的建筑技术、造船技术，生动再现了土耳其和埃及建筑风格在该省的影响。博物馆形象展示了厄特在英国托管时期和埃塞统治时期的历史，保存着海尔塞拉西皇帝的家具等实物。

武装斗争历史是博物馆的展示重点。1961年厄特人民开始了争取独立的武装斗争。现场以实物和照片的形式展示了厄特战士在战争期间创造性的发明，如将一个由苏BM-21火箭炮（40管）改造成的单管武器。在争取解放的战争中，厄特人民在北红海省书写决定性篇章。厄特人民陆续在马萨瓦港、津达前线、萨赫勒山区等地取得战斗胜利，萨林那（Salina）战役、纳克法解放、芬克尔战役都是重要的历史事件。博物馆展出了子母弹的残片以及战争给马萨瓦古建筑带来的破坏。在这里，人们可以看到自由战士的一双被修补过无数次的塑料凉鞋。仔细审视这双凉鞋，游客可以感受到厄人阵战士艰苦奋斗、勇于牺牲的精神。他们同装备精良、训练有素的敌人战斗，自己却连双像样的鞋都穿不上。博物馆开放时间是每周一至周日上午8点至12点和下午4点至6点。

（五）法罗、伊拉法伊雷

法罗位于马萨瓦东南40多公里处，地处沿海平原。由于临近阿杜利斯港口，法罗在古代是一个贸易中心，贸易范围直至阿拉伯半岛。从马萨瓦到法罗建有柏油路，路面状况较好。沿途呈荒漠状态，山路旁边有骆驼刺，不远就是大海。阿法尔人的村落散落在海边，房屋四壁由金合欢树树枝搭成，屋顶由麻布、茅草等搭成，这种房屋结构或有助于四周通风。厄特政府曾动员当地人集中居住，便于向他们提供水电等，但阿法尔人以打鱼为生，更愿意在海边居住。他们平时骑着毛驴到法罗驮生活用水、蔬菜等物。在马萨瓦至法罗途中，还有一些拉沙伊达族人的帐篷。拉沙伊达族人主要居住在北红海省北部，从事商业活动，用汽车从苏丹等国进口货物。从法罗再向东南方面行进35公里远，是一个叫做伊拉法伊雷（Irafaile）的小渔村，这里是丹卡利亚地区的起点，是布里半岛的门户。伊拉法伊雷意为“大象牧场”。不管是从老人的口述还是从考古发现来看，这个地区曾经大象遍地。村民大约有1000人，在大海与群山之间居住，以打鱼为生。厄特国营渔业公司以较高价格从渔民手中收鱼，为渔民提供收入来源。厄特政府的公共服务仍然延伸到这里，医疗站、小学、太阳能水泵一应俱全，确保村民基本的医疗、教育和生活需要。厄特大约有7万名阿法尔族人，均为穆斯林，懂一些阿拉伯语，与其他族人不通婚，语言与萨霍人相近，能够彼此听得懂对方语言。

（六）阿杜利斯

阿杜利斯古城遗址濒临红海西海岸祖拉湾，距海4公里，在马萨瓦东南方向56公里处。阿杜利斯属法罗县管辖，靠近阿弗塔（Afta）和祖拉等村庄。从马萨瓦开车出发，不到1个小时就能到达阿杜利斯。在去参观阿杜利斯之前，游客需先向厄特国家博物馆和北红海省博物馆咨询并获得许可，因为考古队正在对阿杜利斯古城进行发掘，古城会被关闭。遗址的植被为小灌木，并被来自西部陡坡的沙丘侵蚀。附近的村民们靠农作物种植和饲养牲畜为生。据当地人介绍，这里曾被森林覆盖，还有一条法罗河。后来由于人口增加和连年战争，目前已经难觅树木，法罗河也变成了季节河，只有7—9月雨季才有水。平时村民生活用水都是靠政府的运水车给水。阿杜利斯的名称来源依然未知，可能与本地区萨霍族居民所说的Adolos有关（意思是白水，即由于海浪或水流飞溅形成的海边白色的水花）。

阿杜利斯古港一带早有人类活动，有3000多年的文明史。阿杜利斯常被认

阿杜利斯今貌（中国驻厄特使馆摄）。

为是阿克苏姆王国的港口，而事实上阿杜利斯港在阿克苏姆王国建立之前就存在很长时间了。阿杜利斯在古埃及中王国时期即已为人所知，曾是彭特王国的中心地区。从考古发掘看，阿杜利斯的下部地层可以追溯到公元前第二个千年中期和至公元前第一个千年早期。在公元前7世纪左右，希腊和腓尼基的船只经常造访该港口。更重要的是，阿杜利斯在埃及托勒密王朝时期获得极大发展，并在公元前3世纪中期为大型船只服务。英国历史学家格林菲尔德教授认为，正是由于一部分阿杜利斯人西迁，移居至现在埃塞恭德尔地区，才促成了阿克苏姆王朝的兴起，而基督教也是经这里传往阿克苏姆的。厄特、埃塞境内的城邦国家因为与阿杜利斯的联系才得以形成和发展，比如克海托（Kohaito）、迈特拉（Metera）、克斯克塞（Keskese）、特孔达（Tokonda'e）、德拉阿（Dera'a）、亚哈（Yaha）和哈沃勒（Hawelte）等城邦，后来这些城邦成为更大的阿克苏姆王国的组成部分。

公元前后，阿克苏姆王国（公元1至9世纪）兴起，厄特高原地区成为阿克苏姆王国的中心。阿杜利斯作为一个城邦则诞生于公元1世纪左右，其港口在公元1至7世纪期间最为兴盛。阿杜利斯城邦具有独立、自治地位的实体，但需向阿克苏姆朝贡。从公元2世纪到6世纪，在伊赞那（Ezana）和卡莱伯（Kaleb）国王治理时期，阿杜利斯达到鼎盛时期，成为红海沿岸最著名港口之一，堪称当时的贸易、文化和技术交流的中心。当时阿拉伯半岛的商人渡过红海，从这里深入东非内地进行商品贸易，埃及的货物也经由该港出口到印度。港口与罗马、希腊甚至可能中国也有联系。公元100年，阿杜利斯使者曾造访东汉洛阳。公元7世纪后，阿杜利斯衰落了，再也未能复苏。阿杜利斯的衰落也间接造成了阿克苏姆王国的衰落（由于失去对贸易通道的控制）。阿杜利斯衰

阿杜利斯考古发掘现场（中国驻厄特使馆摄）。

在阿杜利斯发现的石柱，陈列于北红海省博物馆（中国驻厄特使馆摄）。

落主要是由于阿拉伯力量的入侵，港口的淤塞、洪水和地震等自然灾害也是这个港口城市衰落的重要原因。阿杜利斯人的后代主要是现在厄特的提格雷尼亚族、萨霍族和阿法尔族，以及埃塞的提格雷族。阿杜利斯在东非文明进程中发挥过重要作用，在东非文明史上占有一席之地。由于其在地区和国际上的贡献，厄特政府向联合国教科文组织申请将阿杜利斯古城遗址列入世界文化遗产名录。

今天，这座曾经繁荣的商业港口城市已面目全非，成为一片遗址，到处可见散落在地面上的陶罐等手工艺品碎片。遗址内出土了从地中海进口的罗马帝国晚期的双耳细颈椭圆土罐和阿克苏姆王国的硬币等文物。据在此进行考古发掘的厄特和意大利考古学家介绍，这座古城长2公里、宽2公里，厄特政府决定将其建成国家考古公园。古城建材是玄武岩。目前已经发掘了4处遗址，其中一个是基督教堂，该教堂底部建筑风格是地中海风格，上部则是阿克苏姆风格，这充分体现了阿克苏姆王国与当时古罗马帝国密切交往的情况。

很多历史学家曾对探究阿杜利斯的古代历史产生浓厚兴趣。一些旅行家和历史学家也撰写了不少有关阿杜利斯的资料，如《厄立特里亚航海记》（公元1世纪的一本供希腊、罗马商人参考的手册）和《基督教世界风土志》（The Christian Topography，成书于公元6世纪）。不少研究者致力于破译《基督教世界风土志》的希腊作者科斯马斯·印第科普莱特斯提供的详细信息。当印第科普莱特斯在公元6世纪访问阿杜利斯时，统治者阿斯巴斯（Asbas）让他复制两块石刻上的文字。第一块是关于古埃及托勒密三世对亚洲的征服，第二块是阿杜利斯石碑，记载的是阿克苏姆某位国王的军功。1868年，一个英国上尉和他的士兵对阿杜利斯进行了历史上首次考古发掘，出土了古墙、大理石制品、陶器和硬币等文物，古墙与石板相连（上面雕刻有十字架），建筑风格与拜占庭教堂有关。1906年，一个瑞典传教士桑德斯德姆（Sundstorm）发掘了阿杜利斯遗址北部，发现了一个

38米长、22.5米宽的矩形墙体结构，应该是统治者的宫殿。同年，继桑德斯德姆之后，罗伯特·帕里本尼（Roberto Paribeni）又在前文提到的墙体结构的东部和西部进行发掘，发现建筑物其他小残余物。帕里本尼还发掘了阿杜利斯西南部，发现了与桑德斯德姆之前所发现的相似的墙体结构。掘开一个半圆形后殿结构后，发现这里是一个长方形宗教会堂。帕里本尼在后殿南边的房间（该房间中间有呈八角形分布的8个立柱的遗迹）内发现了一个洗礼池。1961年，埃塞考古所在阿杜利斯组建了研究团队，旨在继续调查这里的古文明主要特征情况，并对出土的陶器等文物进行研究，同时将阿杜利斯出土文物与其他考古遗址收集到的文物进行比较。他们挖掘出一个长20米、宽4米的壕沟，发现了墙体结构和人工制品。2005年，由厄特国家博物馆、阿斯马拉大学和南汉普顿大学的学者们组成的厄特—英国联合工作组对古遗址进行了较为系统的调查，发现了来自地中海和阿拉伯半岛的土罐。阿杜利斯出土的文物有的放在厄特国家博物馆，有的放在北红海省博物馆。这些文物包括大理石柱、大理石板、螺旋状圆形磨石、双耳细颈椭圆土罐以及粘土埚、玻璃器皿、硬币等。大英博物馆文物部也有一些来自阿杜利斯的文物。

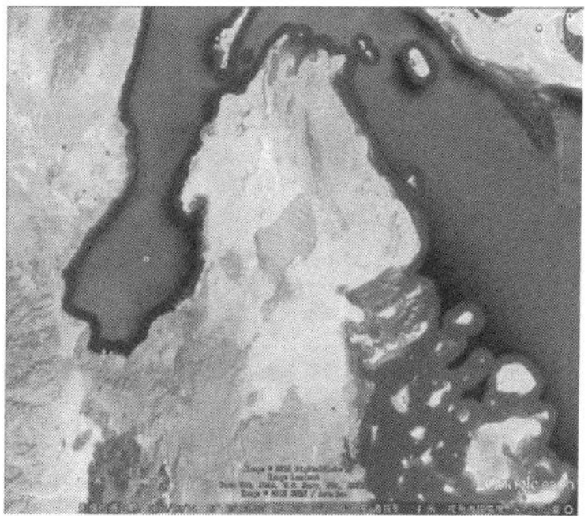

布里半岛（来自谷歌地图）。

（七）祖拉湾、布里半岛

祖拉湾（the Gulf of Zula）是一个面积较大的海湾，夹在西部的厄特大陆和东部的布里半岛之间。沿祖拉湾行车要尽可能避开二三月的雨季。雨季时形成的季节河会携带着山石冲击崎岖的山路，行车时必须避开正在流淌过公路的季节河。由于布里半岛东北部的多勒赫（Doleh）和埃尔塔（Erta）火山的运动，布里半岛的西部悬崖是狒狒的栖息地。这里奇石遍布、非常陡峭，还有一处天然温泉，是阿法尔人的天然浴

悬崖怪石（中国驻厄特使馆摄）。

场。如果游客从山路沿着崎岖的岩壁下到海边温泉处，会看到温泉从岩缝中汩汩而出汇集到海边石凹处，水温达到七八十度。这里之所以形成温泉，一是因地下有泉水，二是当地地质活动活跃。驶离祖拉湾后，公路变成较为平坦的砂石路。游客沿着公路可以穿越整个布里半岛。布里半岛东部的居民点是格拉娄县城，距法罗约60公里。格拉娄有一个迷人的小港，再北一些是印格黑勒（Inghil）和多勒赫渔村，都值得一游。此地给人留下最深刻印象的地方是布里盐田。在盐田工作要饱受烈日和狂风，条件异常艰苦，国家地理杂志形容在盐田工作的阿法尔人是“从地狱洞窟获取收入”。这里开发盐田历史悠久。盐是人们不可或缺的商品，很有价值，运到内地都能卖个好价钱。游客们有时能看到骆驼队一早来到这里买盐运盐。在通向印格黑勒的路上有大量的传统墓地，在丹卡利亚地区很常见。

（八）法特马港

沿着布里半岛的东部边缘向着提奥的方向走，将路过格拉娄县的法特马港（Mersa Fatma）。法特马曾是一个重要港口。1919年，意大利人曾修建一条从埃塞达罗尔地区（Dallol）至法特马港的铁路线，试图将钾盐矿石从达罗运到法特马，再通过小船海运到马萨瓦。意大利在一战中战败后该计划也搁浅了。法特马有两条岔路，一条笔直的沿着海岸的路直达东南方向的提奥，另一条向南的路通

今天的法特马港（中国驻厄特使馆摄）。

到达纳基尔洼地的阿达伊特（Adaito）地区。

（九）哈瑞恩纳

哈瑞恩纳（Hariena）是位于格拉娄东北方向10公里处的一个美丽小岛，岛上有大量红树林、各种颜色的鸟和壮观的海滨。落潮时，小岛与大陆之间有通道相连。小岛的历史可以追溯到公元4世纪，上岛的第一批居民是埃托（E’to）与阿多（Ado）兄弟。当时这个岛是骆驼的家园，兄弟俩便把这个岛称作哈瑞恩纳，在阿法尔语中意为骆驼的粪便。岛上居民一直遭受提格雷封建王公的不断侵略。在所谓的“泽姆内・梅萨芬提”（Zemene Mesafinti）封建时代，提格雷王公常常到厄特沿海地区掠夺。岛上有许多漂亮的古代人工制品和家居用品，比如用于储水和奶的壶（当地称为伯拉西，Belasi）。这种壶与在阿杜利斯古港和其他岛屿发现的壶相似。伯拉西体积更大一些，与主要发现于地中海地区，特别是希腊和罗马的双耳细颈椭圆土罐结构相似。土罐口小、肚大、底窄，1997年在达赫拉克岛屿与布里半岛之间的阿萨克勒（Asakr）岛附近的沉船上就发现过这种土罐。公元3世纪至7世纪，双耳细颈椭圆土罐用于盛放从地中海运到阿杜利斯的油和酒。有证据显示伯拉西是当地产品。在这个岛上发现的另一个重要用具是上有“萬和禪山”四个中文字的中国古代陶制酒器，这清楚说明在古代远东地区就与阿杜利斯文明有联系。在意大利殖民时期，岛上有海关办公室，用于向当地人收税。在厄特武装斗争时期，厄人阵海军利用该岛作为船只的港口和隐藏地，以岛上的红树林为掩护，免于被埃塞空袭。哈瑞恩纳岛曾在1979年4月两次遭到战机轰炸。

（十）达赫拉克群岛

达赫拉克群岛文明是阿杜利斯文明的继续，这里因伊斯兰文明而著称。达赫拉克群岛是东部非洲最早传入伊斯兰教的地区。公元7世纪，群岛出现一个独立的国家，后来被也门征服，此后被迈德里・巴赫里王国（Medri Bahri）断断续续地统治。1517年，奥斯曼土耳其占领群岛，将其置于哈巴什省萨瓦金（苏丹东北部港市）将军管辖下。该岛历史上曾是从非洲大陆贩运黑奴至阿拉伯半岛的最重要中转站之一。1890年，群岛成为意大利的厄特殖民地的一部分。当时群岛并无人居住，意大利殖民当局只在大达赫拉克岛（Dahlak Kebir，达赫拉克群岛最大岛）以西的纳库拉岛上建立了一个罪犯集中营，关押反对意大利统治的厄特人和意大利其他殖民地的反对者。在埃塞俄比亚时代，门格斯图军政权在纳库拉岛设有一个监狱。由于条件艰苦，成千的政治犯失去生命。冷战时期，门格斯图政

岛上鸟（中国驻厄特使馆摄）。

达赫拉克群岛的珊瑚礁（中国驻厄特使馆摄）。

权与苏联结盟，达赫拉克群岛成为苏联海军基地。在厄特争取独立的武装斗争时期，厄人阵战士对埃塞军队实施了潜水攻击。在马萨瓦厄特船业公司组织下，这些老战士后来成为厄特发展潜水旅游业的骨干力量。

达赫拉克群岛由2个大岛、200个小岛组成，现在只有4个岛有人类居住，人口2500人，保持着传统生活方式，以捕鱼、放羊和骆驼为生。大多数岛屿无人居住，只有裸露的沙床和光秃秃的岩石，并不时被海水冲入海中。有的岛屿海滩上有红树林、盐性灌木。这里鱼类和珊瑚资源丰富，是潜水爱好者的天堂。珊瑚礁的深度和构造都较为适合潜水装备齐全的潜水者潜入其中。游客可考虑租用一个至少装配了25马力发动机的游船。如果幸运的话，游客可能会在这里看到玳瑁、棱皮龟等海龟和水母。红海的鲨鱼很有名，沿着红海的礁石游泳的人极少受到这些鲨鱼的攻击。当然不建议在有鲨鱼出没的海域游泳。大达赫拉克岛距马萨瓦58公里，面积643平方公里，有居民1500人，是红海南部重要的珍珠采摘场。在岛上可以参观阿法尔渔村、伊斯兰和奥斯曼土耳其时代的遗址。岛上有1344年雕刻的古阿拉伯字母，有360个由人工在珊瑚石上挖开的水井。这是岛上古代居民采用的一种传统的水资源管理方法，岛上居民每天用1口井的水，360口水井为居民提供全年的水源。

在大达赫拉克岛的对面就是前苏联在埃塞时代建立的诺克拉（Nokra）海军基地。厄特解放前夕，埃塞摧毁该基地所有军事和非军事设施，并凿沉巡逻艇、船只和浮动船坞，这种破坏行为反而为潜水者留下了有趣的遗产。在诺克拉与大达赫拉克之间北部的水道，人们还能看到之前浮动船坞的两个起重机浮出水面。其余的残骸成为岩礁鱼类的家园，如各种各样的珊瑚、蓝斑和黑斑魔鬼鱼。值得注意的是，苏联人还留下了

达赫拉克群岛沉船（中国驻厄特使馆摄）。

一个至今能供20人正常使用的军官桑拿浴室，要知道这里气温超过50℃，是地球上最热的地方之一。在这里游览时要注意保护生态环境，不要去收集活的贝壳，不要用手触摸活的珊瑚，不要将锚抛进有珊瑚的水底，只能将锚抛在沙滩上。带水肺的潜水者要在厄特潜水专家的认可与指导下进行潜水（厄特潜水中心电话：552688）。想租船到达赫拉克岛巡游的游客需要获得厄特旅游部驻马萨瓦办公室的许可，电话是552898。该办公室周一至周五每天工作7到14个小时，在周末也可提供时间有限的额外服务。

（十一）黛茜岛

黛茜岛是达赫拉克群岛中的一个，从马萨瓦坐船向东行驶2小时即到。行驶过程中，时有海豚与船儿相伴。即将抵达时，岛上四处点缀着的矮树、起伏的山丘、低矮的房屋、停靠在海岸边的船只依稀可见。这个小岛周长只有7公里，但确是度假的好去处。岛上的小山丘错落有致，沙滩细白柔软，并闪耀着珊瑚石和海浪的光芒，海水碧绿清澈。

黛茜岛（来自谷歌地图）。

黛茜岛晨光（中国驻厄特使馆摄）。

海滩色彩斑斓的海水（中国驻厄特使馆摄）。

海风摇曳着岛上的树木，并给岛上的山丘铺上一层柔软的细沙。据岛上居民介绍，黛茜岛是亚洲商人到达祖拉湾和阿杜利斯之前的驿站。

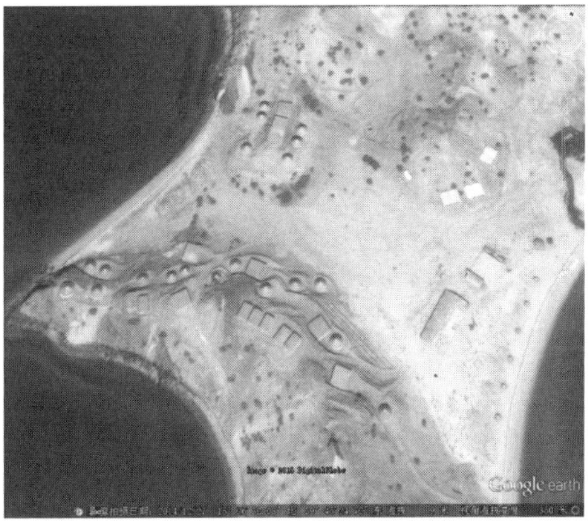

黛茜岛旅游设施全貌（来自谷歌地图）。

该岛分为渔村与度假村两部分（二者相距2公里）。度假村有21个普通客房、34个传统单人棚屋以及餐厅、酒吧、会议厅和员工宿舍等设施。客房都建在山丘上，山丘越高，住在里面的视野和感觉越好。度假村由达赫拉克酒店老板普瑞默投资修建。

岛上气候炎热干燥，与世隔绝，但岛上仍然生活着生命力顽强的阿法尔族居民。他们是专业的渔民。阿法尔男人身材高挑，皮肤黝黑，留着浓密的头发，腰上系着红色腰带，腰带上别着一把令人望而生畏的弯刀（当地人称之为JILE）。阿法尔女人十分勤劳，她们既喂养山羊，

黛茜岛上渔村（中国驻厄特使馆摄）。

黛茜岛上度假村（中国驻厄特使馆摄）。

阿法尔妇女（中国驻厄特使馆摄）。

还要收集漂亮的贝壳，将它们做成手工艺品卖给旅客。她们头发呈深褐色，一直垂到背部，脖子如石蜡般光滑，上面戴着自制的镍制项链，皮肤呈现黑檀木似的黑色，她们一般身着薄莎上衣（Lewiet），脚踏凉鞋。

游客在这孤岛上有足够的乐子可找。岛的四周被珊瑚礁所环绕，适合游泳、潜水等运动。鱼是岛上的主要食品，可煎烤着吃，或者放在阿法尔特有的浸渍炉内烹制后食用。夜幕降临后，游客可以在露天餐厅歇息，或者在沙滩上散步，感受海风的吹拂，听海浪拍击沙滩的呼啸声，欣赏岛上朦胧的夜色。

黛茜岛落日（中国驻厄特使馆摄）。

阿希鲁姆山隘（中国驻厄特使馆摄）。

（十二）纳克法

从克伦再往北行进150公里就是纳克法，中途是纳多战役所在地阿法贝特。厄人阵军队在纳克法坚持10年后，开始对埃塞军队实施反攻，于1988年在阿法贝特打响纳多战役并取得辉煌胜利。这场战役是厄特独立战争的转折点。纳多是当时埃塞陆军师管区名字。阿法贝特小城建在群山之间较为平坦的地带，城区较为空旷，多为低矮平房，有集贸市场等设施，清真寺在整个县城鹤立鸡群，是县城最高的建筑。从阿法贝特向北到纳克法，山道越来越狭窄。最窄处是一个叫做阿希鲁姆（Ashrum）的山隘，这里地势险要，矗立着一面厄特政府所立的指示牌，告诉人们这里是历史遗迹。当年厄人阵从纳克法将埃塞坦克军队驱赶到这里。当埃塞的坦克部队行驶至此时，一位勇敢的厄特士兵用火箭炮炸毁了排头的一辆坦克，由于山道狭窄，后面的坦克无法继续前行。埃塞坦克前路被堵，后有追兵，只能接受所有坦克被俘获的命运。阿法贝特已经无险可守，人阵党军队一路平川、势如破竹，占领了阿法贝特，取得了纳多战役的胜利，进而为全国解放奠定了基础。时至今日，在这处隘口的路旁，还能看到一辆辆坦克和卡车的残骸，上面布满弹孔、锈迹斑斑。

拱门（中国驻厄特使馆摄）。

漫漫山道走到尽头时，前方耸立着一个拱门，上书“欢迎来到顽强地”（Welcome to the Place of Resilience），说明即将进入纳克法地区。纳克法海拔1800米左右，全县人口5万，县城人口1.5万，主要以农牧业为生。纳克法相当于中国的延

战壕（中国驻厄特使馆摄）。

安，是厄人阵的革命圣地，在厄特人民心中享有崇高地位。纳克法是厄特人民勇气和斗争的象征，是争取独立的革命战士养精蓄锐、发明创造的地方。厄特1998年开始发行的本国货币即以纳克法命名。

为了躲避埃塞空袭，厄人阵部队在纳克法县城周边的登登山区修筑了长达600公里、一直延伸到山顶的壕沟、防空洞和地下房屋、车间和工厂。这些战壕约有1米多深，由石头砌成，有的是开放式的，有的则是封闭式的。封闭式战壕空间更大、更深，上面用木头和石头盖严，颇似中国人民抗日战争时期的地道，当年厄人阵的办公室、医院、工厂、学校和住宅都设置其中。由于这里是山区，挖掘较为困难，地道不到两米深，走进地道后要猫着腰才不会碰到上面用木头搭建的"屋顶"。登登峰位于纳克法山区，厄人阵曾在登登峰上架设广播发射塔。厄特硬币、纸币上常看到一个图案就是厄特人阵战士举着旗帜正在攀登一座山峰的场景。这座山峰就是登登峰。厄特总统会见外宾的登登厅就是以此峰命名的。

纳克法县城还有清真寺、战时指挥所[①]等历史遗迹。原来的县城频遭埃塞空军轰炸，除了纳克法清真寺尖塔幸免于难外，旧县城全部被夷为平地，现在的建筑均为战后重建。尖塔部分外表已经脱落，与尖塔相连的礼拜堂等建筑也是独立

① 战时指挥所是一个用石头、木头和泥土搭建的低矮建筑，院内散落着当年埃塞空军投下的炸弹残余物，这些武器均由前苏联提供。

纳克法清真寺（中国驻厄特使馆摄）。

后所建。雄关漫道真如铁，而今迈步从头越，纳克法现在已浴火重生。中厄建交20周年的纪念邮票小型张，其中一个图案就是纳克法清真寺。清真寺大院前竖立的说明牌以提格雷尼亚语和英语介绍了该清真寺的来历：据纳克法当地人讲，纳克法清真寺是纳克法居民响应肯尼伯·埃·奥斯曼（Kenib Ay Osman）的号召，在意大利人舍尔丰和罗梅尔的指导下修建的。为了建造这座清真寺，纳克法居民全部出动到山上搬运石头和石灰石。1978年，埃塞门格斯图政权获得苏联大量军援，决定再次攻占纳克法，对纳克法进行猛烈轰炸，不仅前线阵地遭到轰炸，平民、商铺和这个清真寺也未能幸免。为了躲避战祸，纳克法居民不得不背井离乡逃至邻国。厄人阵战士继续顽强抵抗，纳克法从未被埃军占领。

第三节　南红海省旅游资源

一、南红海省概况

南红海省（Debubawi Kayih Bahri Zoba / Southern Red Sea Region）位于东非

红海风光（中国驻厄特使馆摄）。

大裂谷地区，北邻北红海省，西南邻埃塞俄比亚，东南邻吉布提，濒临红海，扼守曼德海峡，在厄特“钥匙”形状地图的尾部，面积23384平方公里。首府是阿萨布。

据2013年统计，南红海省人口有66626人，多为提格雷尼亚族（居住在城镇）、阿法尔族和萨霍族（居住在海边和深山村落），85%的人口过着游牧生活，15%的人口从事贸易和渔业。下辖阿萨布（12208人）、南丹卡利亚（19408人）、中丹卡利亚（15762人）、阿拉塔（Arata，19248人）等四县，有36个乡镇、72个村庄。厄特独立后，该省致力于经济、教育和社会基础设施建设，努力开发农业、旅游业和矿业等自然资源。南红海省地形复杂，包括沙地和山地，但每个村落都有简易道

南红海省沙漠风光（中国驻厄特使馆摄）。

路相通。北红海省首府马萨瓦与南红海省首府阿萨布相距670公里，一路沿红海边行进，部分路段山路崎岖，大部分路段修建在沿海平川上，一路上荒漠、骆驼刺林、盐碱地等交替出现。到南红海省旅行，最好选择越野车，配备2个备胎，备足矿泉水、干粮、风油精和卫星电话等。可以先从阿斯马拉到马萨瓦，在马萨瓦的酒店下榻，第二天一大早出发，车行8至10个小时可抵达阿萨布。

南红海省处在连接亚非欧三洲的红海国际航道上，战略位置重要。南红海省地形复杂多样，44%地区是山地和火山熔岩覆盖的丘陵，其余多为干燥炎热的荒漠、盐碱地，不适合发展农业，多数地带不适宜人类居住，人口稀少。南红海省7%的地区被火山土和火山岩覆盖，富含各种矿物质，具有矿业开发潜力。南红海省达纳基尔洼地库鲁里地区发现了储量丰富的钾盐矿。气候冷热不均，海拔500米至2000米的西部地区气候温和凉爽；海拔0到500米的东部滨海地区气候干燥、炎热。

南红海省是一个美丽、壮阔、神秘、远离尘嚣的地方，旅游资源开发潜力巨大。该省的自然资源、历史遗迹和风土人情都十分吸引人。该省有500公里海岸线，大小岛屿36个。岛屿大多风光旖旎，适合游泳、潜水和野营等旅游项目，还是濒临灭绝的物种——海龟的繁殖地。目前厄特是世界上保护海龟最好的地区

南红海省的植被（中国驻厄特使馆摄）。

之一。沿海有宽阔的海湾、平地而起的火山、独一无二的海榄雌与骆驼刺植被，内地遍布白雪般的沙原、苍茫的月球景象、黑白相间的群山、气候温和凉爽的山脉、盐湖、西莱鲁（Sireru）地区的火山烟气和地下温泉、适合种植蔬菜和谷物的肥沃的土地。这里还有古老村落拉海达的苏丹国历史遗迹、马伯尔（Maebele）的石刻、提奥和埃迪的古代清真寺、埃门（Ayumen）、贝卢等地的古代绘画和石刻等。野生动物有瞪羚、鸵鸟、野驴、狐狸、鹿等，家养动物有骆驼、山羊和牛，骆驼是该省居民的主要交通工具，也用于运送家庭用品。

红海岸边的单峰驼（中国驻厄特使馆摄）。

二、旅游资源介绍

（一）沿海地区

马萨瓦—阿萨布公路与海岸线平行修建，依次途径北红海省的法罗县、伊拉法伊雷渔村、格拉娄、法特马港、南红海省的阿斯格马（Asgoma）、米迪尔（Miedir）、提奥（Tio）、诺拉（Norah）、埃迪（Edi）和贝卢等地。

行驶在非洲高原的砂石路上，既有与世隔绝的苍凉感，又能饱览沿途的独特风光。行进中可以看到点缀着数个小岛的蔚蓝的红海，红海不时呈现不同的颜

南红海省滨海公路（中国驻厄特使馆摄）。

栖息在海边礁石上的海鸟（中国驻厄特使馆摄）。

色，蓝色中闪耀着白色、钻石绿和松绿色的光芒，不时看到黑色的礁石上成排驻留着白色海鸟，美丽的火山和沙山从海平面上突起，直达天际。这些色彩明艳，对比强烈，构成了一幅纯天然的优美画卷。

一路前行，还可以看到不停变幻的地貌。路两边的荒漠上有着数不清的小沙丘，上面的野草与沙漠进行着顽强的抗争，有的沙丘甚至把路封住了。沙丘过后是返潮后的平坦的盐碱地，看上去像是刚浇过水的耕地。一路上能够看到160年前火山爆发散落在沙地上的火山灰，黑白相间，相映成趣。随着路途的推进，黑色的火山灰或者凝固的黑色火山熔岩越来越多，其中火山灰呈碎石状，而火山熔岩仍然呈现出凝固后的流体状，堪称一道独特的地理景观，是研究火山地貌的天然博物馆。路上不时能够看到鸵鸟、瞪羚等野生动物在炎热的沙原中觅食，牧民赶着单峰驼逐水草而居。此外，还能看到野驴等，其中野驴本非野生。厄特解放前，门格斯图政权征用大量毛驴为军队运送给养。埃军战败后，毛驴失去主人，它们的后代都成了“野驴”。路上还能看到各种或高或低的灌木，其中最常见的是骆驼刺（当地人称之为Jar）,还有当地人称为“津达艾”的树（因盛产于津达而得名）和杜姆棕榈。

南红海省的独特地貌（中国驻厄特使馆摄）。

野驴（中国驻厄特使馆摄）。

鸵鸟（中国驻厄特使馆摄）。

阿斯格马位于丹基地区北部，这里遍布红色、白色、紫色等不同颜色的石头，并与纯净的海岸、洁白的沙子一起构成一幅美妙的画卷。如果在这里修建娱乐设施，有潜力成为该省和厄特最具吸引力的旅游胜地。巴拉索罗和哈瓦古德（Hawa Gudr）岛具有壮观的风景，上面有大片海榄雌树林和一群色彩艳丽的火烈鸟，这样的景色从空中鸟瞰更为壮观。阿斯哥马还是海龟等世界上濒临灭绝的珍稀海洋动物的栖息地。

海榄雌1（中国驻厄特使馆摄）。

海榄雌2（中国驻厄特使馆摄）。

米迪尔是伊斯兰教传入厄特的地方。公元1400年，先知穆罕默德的第二拨信徒从沙特阿拉伯出发，经此地来到厄特。米迪尔有建于公元8至10世纪的水井、储水器（双耳细颈椭圆土罐）等古代家具和埋在地下的民居等。这些遗迹充分证明这里的居民与海的那一边的人们

红海岸边红树林（中国驻厄特使馆摄）。

（如也门或者更远的直到今天的索马里）早有商业联系。

提奥距马萨瓦250公里，是马萨瓦与阿萨布之间最大的渔村。在赴阿萨布途中，游客可以在提奥歇歇脚，吃顿饭。这里有一个叫沃塞的小餐馆（也许可以称之为“哇塞！”小餐馆），院子的顶篷由树枝搭成，一旦在树枝凉篷内落座，室外的炎热便瞬间消散了。店主夫妇是提格雷尼亚人。男主人话不多，只顾自己干活。女主人是店里的大厨师，亲自掌勺。不久女主人就会为游客送上味道独特鲜美的烤鱼、炸土豆片和全麦烤大饼，再端出阿斯马拉啤酒，游客就可以神仙般美美享受一顿红海大餐了。提奥镇是南红海省唯一获得电力供应的渔村。在埃塞政权占领厄特时期，靠近提奥的是拉斯哈法勒（Ras Hafele）和萨赫勒，这两个地方因漫长而洁净的海滩和鱼虾储量丰富而闻名。这种鱼虾属于世界上需求量较大的品种，因此这里有望成为鱼虾出口地。从这里再往南的所有厄特地区，甚至延伸到吉布提境内北部，都是阿法尔人的聚居区。阿法尔人

红海渔村提奥（中国驻厄特使馆摄）。

提奥的建筑（中国驻厄特使馆摄）。

是游牧民族，信奉伊斯兰教，沿海地区的阿法尔人也以捕鱼为生。提奥的确是红海和大漠交界处的宁静小村。

驶离提奥，公路地势越来越高，不久将到达达纳基尔山的山脚下。这座山有1000米高，在山上能饱览宽阔的平原和高耸的群山。路上可见干涸的河床，这些河床每年会因下雨随时变道。这一带植被稀少，仅有一些骆驼刺等植被。第一个到达的村子是距提奥81公里的埃格罗里（Egroli）村，距提奥154公里的另外一个渔村是伯雷布依（Belebuy）。

诺拉是位于红海岸边埃迪与提奥之间的一个村庄。南红海省政府有将这里建成旅游度假村的计划。一旦该计划实现，这里无疑会吸引本国和国际游客。

红海岸边的村庄（中国驻厄特使馆摄）。

埃迪距提奥120公里，坐落在美丽的新月形海湾中，地势平坦。身处其中，远望群山雄姿，一览无余。埃迪的房屋与提奥的相似。在海角矗立着一个建于1861年的谢里夫阿里清真寺，后面则停泊着渔船。该清真寺以珊瑚建成。后来人们用其他材料对这座清真寺进行翻修，使其失去了本来特色。离开埃迪，回到向南的主路上，路过阿法姆波（Afambo）渔村后，西边地貌是一望无际的荒漠平原，东边海平面上则星星点点散落着平顶的山。这些山据称都是火山，是由于

红海沿岸的埃迪渔村渔港（中国驻厄特使馆摄）。

红海岛屿风光（中国驻厄特使馆摄）。

海底火山活动生成的，由于海水的侵蚀，形成现在的形状。埃迪镇距阿萨布180公里，其间有一个村庄因火山喷发从他处搬迁至此。2011年6月，纳布罗（Nabro）火山（一说为杜比火山）曾喷发。傍晚时分，经过一天行程后，游客便可抵达阿萨布城区。

南红海省的**达赫图姆**（Dahtum）在当代厄特历史上具有重要地位。由于这里战略位置重要，埃塞提格雷人民解放阵线军（TPLF）曾试图从这里打入阿萨布，但厄特国防军进行了顽强抵抗和打击，挫败了这一企图。

贝卢在阿萨布以北，距马萨瓦652公里，这里乡间种植杜姆棕榈等树木，是一个有趣的阿法尔人聚居地。从这里出发到阿萨布的路很好走。

阿萨布海滩（中国驻厄特使馆摄）。

阿萨布是南红海省首府，因建有阿萨布港而闻名于世，距阿斯马拉约700公里，是一个古老而现代的城市。意大利殖民者从阿萨布踏上厄特的土地，开始了对厄特进行殖民的过程。意大利热那亚鲁巴蒂尼公司航运公司代表乔治白·萨帕特神父（Giuseppe Sappeto）签订的协议对该省历史产生了重大的影响。1869年

11月15日，乔治白·萨帕特在拉斯勒马（Ras Lema）海湾与阿萨布当地的阿法尔酋长易卜拉欣·艾哈迈德（Ibrahim Ahmed）苏丹、哈桑·艾哈迈德（Hassan Ahmed）苏丹二人协商并签署协议，以8100玛丽亚·特蕾西亚（Maria Teresa,古奥地利货币）的价格购买了阿萨布一块土地，其后至1882年，又签署了一系列协议，购买了数块土地，成为鲁巴蒂尼公司的财产。1882年3月10日，该公司将土地所有权移交给意大利政府。1882年7月，意大利宣布阿萨布为其殖民地。阿萨布是厄特最早遭遇殖民统治，却又最晚摆脱殖民统治的地区。1991年5月26日，厄人阵解放阿萨布。意大利人之所以选择阿萨布港，是因为该地临近曼德海峡，战略位置重要，并能成为阿拉伯半岛与非洲之角贸易中转站。乔治白·萨帕特不仅购买了阿萨布，而且将天主教传入本地区。在阿萨布城中心坐落着一所1886年建的教堂。阿萨布现在是一个现代小城，分为三个部分，一个叫小阿萨布（Assab Seghir），位于海边；一个叫大阿萨布（Assab Kebir），位于市中心，包括港口和市中心；还有一个叫甘伯苏丹（Campo Sudan），这是阿萨布的市场区域。南红海省盐业资源丰富，常年可以晒盐，阿萨布周边有广阔的盐场，海岸边有餐馆和旅馆。

阿萨布港口（中国驻厄特使馆摄）。

阿萨布属热带沙漠气候，年平均气温27度，3至5月最高温度为38至40℃。来自印度洋的海风经过曼德海峡，冲散了这里的暑气和湿气，温度比马萨瓦凉爽4至6℃，湿度也比马萨瓦低。阿萨布港是红海之滨的著名港口，位于欧洲至亚洲、东非的航线，距曼德海峡80公里，战略地位重要。阿萨布港海岸线绵长，适宜建港的地点很多，距海岸1800米处水深就能达到17米。阿萨布无冬季，港口是不冻港。1860年，意大利鲁巴蒂尼公司开始在阿萨布存储煤炭，并提供给过往小型船只。此举引来更多的船只在阿萨布停泊，形成港口雏形。直到1937年，由于没有防波堤等设施，船只只能在锚地将货物卸到小船上，再由小船运到岸上。1957年南斯拉夫Pomgrad公司开始建港，1961年安装了港口设施并建成堆场，阿萨布最终成了一座国际化港口。1998年厄埃边境战争前，阿萨布港是厄特最大的港口，也曾是埃塞的主要贸易进出海通道，埃塞对外贸易的76%经过该港，1996年货物吞吐量达到3万个集装箱，380万吨货物，当年停靠了676艘船，18个吊车同时开工。1998年，厄埃边境战争爆发，埃塞货物改由吉布提出港，厄特本国货物改由马萨瓦出港，阿萨布港正常维持，但进出口货物很少。阿萨布城失去了往日的繁华，人口大量流失，城市建设停滞，目前在阿萨布居住的主要是政府官员、教师、士兵、学生等，港口对外贸易量很小，目前只有少量的盐、牲畜等同欧洲、也门等交易。

阿萨布城区街道整洁，生活物资从马萨瓦运来，市场上有土豆、洋葱、圆白菜、尖辣椒等供应。这里一年有一两次雨水，平均降水150毫米，但阿萨布并不缺生活用水。离阿萨布城区10至12公里的地方有15个采用发电机水泵抽水的地下水井。阿萨布自备发电系统，因用电量小，基本能保证24小时电力供应。1997年，一家法国公司利用世界银行贷款修成阿萨布直达埃塞边境的柏油路，全程75公里，路况良好。因厄埃1998年发生边界战争，这条路一直未投入使用。阿

阿萨布的街道（中国驻厄特使馆摄）。

阿萨布的教堂（中国驻厄特使馆摄）。

萨布城郊还有一所军民两用的医院和阿萨布国际机场。这个机场比阿斯马拉国际机场要大，可以停靠任何机型的飞机。

阿萨布盐场（中国驻厄特使馆摄）。

拉海达（Rahaita）位于阿萨布以南，靠近厄特与吉布提边境地区，是南红海省阿法尔人的古老部落，保留着丰富的历史传统。800年前，拉海达被苏丹国统治。该苏丹国肇始于拉海达地区著名的阿达尔（Adal）苏丹国。红海沿岸和内陆地区还曾经存在过丹卡利亚与安卡拉（Ankala）众王国、比杜（Bidu）苏丹国以及其他酋长国。按照拉海达苏丹国世系，目前该部落酋长德德·阿波德尔·卡德·达乌德（Derder Abdel Kadir Dawud）是第16世苏丹。自16世纪以来，奥斯曼土耳其人控制红海沿岸的阿法尔地区，但影响力较弱。1866年，奥斯曼帝国将其对红海沿岸和岛屿的名义管辖权移交给埃及总督。在意大利鲁巴蒂尼航运公司占领阿萨布期间，拉海达苏丹国依然保持领土完整。当时，包括拉海达苏丹国在内，阿法尔地区有4个苏丹国和一些部落联盟，都保持独立自主地位。在这4个苏丹国中，吉里夫（Girifo）和拉海达位于今天厄特境内，其他位于厄特邻国。这些苏丹国和小王国都有自己的管理体制、法律和社会规范。拉海达苏丹国最为强大，其他国家都对其言听计从。拉海达村落地下埋藏着拉海达苏丹国的遗址，有待历史学家、考古学家进行研究，向世界揭开它神秘的面纱。这个古村落的地面上仍然残存着古代磨芝麻油的设施。当时磨芝麻油的工序是：将芝麻弄湿后放入圆形石磨之间，由大象拉着石磨旋转研磨。村里还有一个加工牲畜草料的容器、一处将珊瑚加工成建筑材料的设施、一眼古水井和一个土耳其人的墓地。拉海达苏丹国将年轻人编入不同单位，他们将这种由青年人组成的单位称为费马（Fiema）。年轻人都要参加这些青年单位，不遵守费马纪律者将会受到组织和苏丹国惩处。时至今日，拉海达地区依然保留着费马组织，当然已根据时代发展调整了结构。今天的费马更加重视社会责任，如各尽所能为服务社会或参加各种发展计划。每个年轻人都要求成为集体一分子，拒绝参加者和违抗者都会受到惩罚。德德苏丹家中有两面鼓，大鼓代表德德，小鼓代表巴诺伊塔（Banoyta，意为继任者）。每年都会准备新的鼓，苏丹和巴诺伊塔都将手放在鼓上，以示对社会的忠诚。每天下午3点半，苏丹的鼓都会敲响，提醒人们做祈祷的时间已到。如果鼓在其他时间敲响，就意味着有紧急事件发生，人们都要来到苏丹家中，听苏丹说明情况并接受苏丹安排的任务。苏丹古老的床榻是一个旅游亮点。人们对苏丹非常尊重，苏丹做出的每一项指示和命令，人们都会维护和执行。民众之间出现的冲突均由内部协商解决。一旦德德在下属送来的裁决办法上签字，就成了最终而有约束力的裁决。一个杀了人、犯了重罪的人可以跑到苏丹家中寻求庇护，避免受害者家人的报复。德德会任命一个法官，对这个杀人犯进行公正的审判。每个相关人员都要尊重接受任命的法官的裁决。

拉斯杜美拉（Ras Dumera）位于拉海达村附近，是一个战略要地，处于曼德海峡航运线的顶端。早期意大利殖民者注意到其战略地位，利用这里控制往来于海峡的船只。当年用于观察往来船只的大型望远镜的残余物依然面朝曼德海峡，矗立在山顶上。

（二）内陆地区

马伯尔地区群山遍布、森林茂密，海拔1890米，全年气候温和，适宜居住。当地居民依靠放养山羊和骆驼生活。这里的森林保护良好。据当地人讲，政府将这些树木都分配给个体农民，每棵树都有主人。他们负责保护树木，用树叶饲养牲畜。马伯尔也是一个历史故地。这里发现了刻有萨宾语（Sabean）的碑文，证明红海对岸的人们曾来过这里，但没人能够说清楚他们是什么人、又去往何方，散落在地上的碑文依然留待人们研究。这里还有配有萨宾语碑文的古墓。这些石刻证明，在伊斯兰教传入前，该地区就曾频繁与外地的人们保持交流。跟该省的其他地区一样，马伯尔及其附近地区也曾经受到过提格雷人的入侵。提格雷王公过去常常劫掠该地区的牲畜和其他物品。在马伯尔有一个地下室，当地人用来隐藏牲畜和财产，防止提格雷入侵者劫掠。马伯尔与西莱鲁间道路已开通，新的学校、诊所和水库均已建成，人们的生活发生了显而易见的变化。

西莱鲁是南红海省另一处名胜，与马伯尔一样都是远离大海的小村庄。西莱鲁临近地球上最热的地区，因自然温泉而闻名。人们依靠农业和放牧生活。村庄位于山脚下，这座山顶上的蒸汽仿佛袅袅炊烟升上天际。步行爬上这座山会感觉非常热。山上有许多自然温泉泉眼，村民用树枝和荆棘将泉眼盖住，防止猴子破坏。这些泉眼是村民们唯一的饮用水来源，受到村民严密保护。西莱鲁居民温和好客，用传统的音乐和舞蹈欢迎客人。西莱鲁居民的外表让人印象深刻，这里的女人脸上有醒目的纹饰。这里还有浓烈的蒸汽，深深呼吸一下这蒸腾着的烟雾，人们会有身体的每个毛孔都打开了的感觉。这种水蒸气是游客青睐的目标。据说，这些滚烫的热气能够治疗一些疾

火山与火山岩（中国驻厄特使馆摄）。

遍地火山岩的红海岸边（中国驻厄特使馆摄）。

病。水蒸气是火山运动的结果。历史上南红海省曾多次发生火山爆发。1856年的一次火山爆发影响力达到也门南部和埃塞俄比亚腹地。人们称这一年为“烟熏火燎的一年”。2010年的火山爆发严重影响了埃塞俄比亚人和动物的生活，火山灰一直散落到苏丹和其他非洲北部的国家。

达纳基尔洼地三分之一属厄立特里亚，三分之二属埃塞俄比亚，是世界上陆地最低点，是世界上最炎热的地方。洼地最深处在埃塞境内，为海拔-500米。厄特境内洼地位于厄特阿法尔地区的北段，一直延伸到吉布提，共500公里。最低点在东部平原的库鲁里低地，低于海平面128米。本地区大约呈三角形，在红海、亚丁湾和东非裂谷的交汇地带，具有独特的自然景观和考古价值。

达纳基尔洼地内部（中国驻厄特使馆摄）。

本地区因严酷的月球般的自然环境而闻名。从法特马港再向南走20公里是一个阿法尔村落——阿达伊特。离开阿达伊特就逐渐深入达纳基尔洼地。意大利人曾在20世纪30年代修筑从法特马港至埃塞境内洼地达罗尔地区的铁路。在阿达伊特村至厄特境内洼地的路上，人们会看到部分地方仍然残存着水塔遗迹，每个水塔相隔约5公里。路

在洼地顽强生存的植物（中国驻厄特使馆摄）。

上的景象让人仿佛来到月球，洼地海拔从–30米至–128米不等，表面都是火山岩、松软的盐土、石膏层形成的河床或阶梯台阶。这里阳光强烈、风力很大，全年持续高温，年平均气温34度，夏季最高达70多度，白天平均气温45度。这里无永久居民，野生动物有鸵鸟、鬣狗等。这里曾是古代海底，地壳运动崛起的山脉将这一带与大海隔绝，海水蒸发，形成陆地，再经流水长年冲刷，渐渐形成洼地，因此这里蕴藏着丰富的钾盐资源。

在厄特与埃塞交界处有一个叫做巴达的村庄，从阿达伊特到巴达需要2小时的车程。由于得到周围山上冲积下来的养料，巴达的土壤异常肥沃，这里也因此成为丹卡利亚地区的粮仓。巴达的火山湖值得一看。当地向导可以把游客领到这个湖最吸引人的地方。荒凉的沙漠中出现这么一个湖令人感到惊奇。翻过一个大沙丘来到一座已坍塌的火山的边缘时，人们完全无法料到：一个装满了水的火山口横亘在面前。这个湖直径有400米，据说水深有100多米。

达纳基尔洼地是东非大裂谷的一部分，这里有关于人类起源的密集遗迹。在新生代晚期，由于良好的气候条件和水的存在，人类以及大量动物在此生活。此地的沉积作用和地壳构造环境与埃塞俄比亚的阿瓦什地区中部相似，本地区有希望找到新的人类化石。1994年通过对达纳基尔洼地北部进行的地质和古生物学研究，人们发现了大量的更新世脊椎动物和遗迹，这些遗迹掩埋在厚厚的河湖混合物的演替层中，靠近布亚村，露出地表。布亚村位于马萨瓦以南100公里处。在世界上具有100万年历史的古迹中，这里的史前遗迹最为集中、密集。布亚地区发现的100万年前的头盖骨填补了早期非洲直立人（220万至140万年前）与晚期非洲海德堡人（65万年前）之间的空白。2003年，厄特国家博物馆、佛罗伦萨大学和皮古里尼（Pigorini）博物馆的专家在之前发现的遗址中发现了一个可能是男性的耻骨联合，因此这里至少有两个人的遗骨。布亚地区的哺乳类动物主要是对水有较强依赖的动物，如河马、犀牛、水羚、泽羚、鳄鱼，还有大象、长颈鹿等一些在露天环境中生活的哺乳动物。上述物种的标本都在厄特国家博物馆陈列。2006年，博物馆古生物部积极致力于保护布亚古生物遗址，博物馆工作人员和意大利团队发现了上颌骨（极有可能是已发现头盖骨的一部分），还发现了人类和鳄鱼骨头的小碎片。在布亚地区进行的地质和古生物研究以及布亚头盖骨的发现是人类起源研究上的重大突破。另一个唯一性是布亚地区有大量的人工制品存在，其密集和多样程度堪称非洲大陆最有意义的发现之一。

丹卡利亚地区（原为厄特10省之一，主要位于南红海省）因火山岩和高气温而闻名，这里的水质较硬，不适合农业灌溉，从事农业的居民不多。人们擅长饲养山羊、绵羊和牛等牲畜,过着逐水草而居的生活。该地区棕榈树数量丰富，说明该地区土壤和地下水适合种植棕榈树。棕榈树分布不均匀，主要生长在河岸沙滩上，是该地区哈希雷（Harsille）、阿波克拉马（Abo-Kliema）、伽罗（Ga'ero）、拉海达等村庄的主要树种。棕榈树有多种用途，特别是在粮食歉收的时候，棕榈树可以成为当地阿法尔人的食物来源。棕榈树的果子是一种极佳的食物，富含蛋白质和矿物质。棕榈树还是阿法尔人传统饮料杜玛（Doma）的取材来源。这种饮料是由棕榈树汁酿成。当地气候多变，当地人认为这种饮料能够调节体温。棕榈叶柄可用于编制篮筐，叶子可以用于编织袋子和垫子，制作地毯和棚屋，纤维可以用于制作绳索。棕榈树伸展出的叶子产生的大片树荫，为其他农作物的种植提供了条件。牛也喜欢以棕榈树的叶子和果子为食。由于耐热能力强，椰枣在这里的种植前景良好。迄今在阿波克拉马村一块肥沃的土地上已经种植了400棵椰枣。

杜姆棕榈1（中国驻厄特使馆摄）。

杜姆棕榈2（中国驻厄特使馆摄）。

第四节 南方省旅游资源

一、南方省概况

南方省（Debub Zoba/ Southern Region）西邻加什—巴尔卡省，北接中央省，东邻北红海省，南邻埃塞俄比亚，面积10000平方公里，人口80万。首府是门德法拉。

南方省下辖门德法拉、阿迪凯（Adi Keyh，海拔2423米）、阿迪夸拉（Adi Quala，海拔2054米）、德克马哈瑞（Dekemhare，2170米）、德巴瓦、塞格内提（Segeneiti，2203米）、塞纳法（Senafe，海拔2445米）、阿莱扎（Areza）、迈阿尼（Mai-Ayni）、哈迪地亚（Hadidia）、库多伯乌勒（Kudo Be'ur）、泰拉恩姆尼（Tera-Emni）、骚罗那（Tsorona）、希克提（Shiketi）等14个县，231个乡镇，1018个村庄，共有提格雷尼亚、萨霍和提格雷三个民族，是较富庶的地区，以农业为主，工业有食品加工和制革等。

南方省示范农场（中国驻厄特使馆摄）。

南方省海拔1300米至3013米，最高点是安姆巴—索依拉峰，最低点为梅格尔马奥贝尔（Megerbaobel）。南方省共有高原气候、半高原气候和半低地气候等三个气候区，生长着非洲齐墩果、聚果榕、金合欢、相思树、阿拉伯胶树等植物。高原植被稀少，在城市和乡村地区常见按树和青香木等。一年分两个雨季，每年3月末至5月末是小雨季，6月中旬至9月初是大雨季，且常常是雷阵雨。各地年均降雨量从阿迪凯的473毫米至阿迪夸拉的697毫米不等。在东部大裂谷地区，随着大雨季的结束，将会出

在田间劳作的南方省农民（中国驻厄特使馆摄）。

南方省水坝（中国驻厄特使馆摄）。

现一段时间的雾天。这样的气候条件为晚播谷物提供了特殊的微环境。

南方省牲畜资源丰富，有240006头牛，其中12284头奶牛，435312头羊，445404只家禽，3207头猪，14348个蜂箱（其中4237个采用现代养蜂技术），驴、骡和马的数量为77636头，骆驼7294头。南方省的水坝和水塘的数量全国最多,共有146座水坝、255个水塘，其中107个水坝、254个水塘都是厄特独立后建设的,可灌溉1789公顷土地，还有275公顷土地采用滴灌技术。

南方省AZEB奶制品厂（中国驻厄特使馆摄）。

南方省有两条全天候柏油公路，贯穿全省。一条公路始于中央省阿斯马拉，途径德克

南方省中厄友谊学校（中国驻厄特使馆摄）。

马哈瑞、塞格内提、阿迪凯、塞纳法，一直通到邻国埃塞俄比亚。另外一条始于阿斯马拉，途径德巴瓦、门德法拉、埃姆尼海里（Emnihaili）、阿迪夸拉至厄特与埃塞边境。该省每一个村庄都有支线公路相通。该省为解决缺水问题付出了很大努力，目前全省78%的人口都能用上饮用水。该省有1个中心医院、4个医院、2个社区医院、46个卫生站、9个卫生中心和3家妇幼保健院，共有1504个医护人员，其中32个医生和6个专家。该省在教育事业上取得很大进步，目前有129所幼儿园、247所小学、90所初中和28所高中，学校总数为494个。该省共有教师5059名，其中3130名为男性、1929名为女性，213441名学生中有97566名女生。

南方省既有克海托、迈特拉等历史古迹，还有东部大裂谷等壮观的自然景观，在旅游方面有发展潜力。这些景观相距不远，游客在一周之内就能将其游览完毕。

二、旅游资源介绍

（一）门德法拉

门德法拉（中国驻厄特使馆摄）。

门德法拉又名阿迪乌格里（Adi Ugri），是南方省首府，在阿斯马拉以南54公里处，值得一游。在赴门德法拉的路上，只见起伏的群山被绿树黄花覆盖，色彩绚丽。门德法拉市中心有一座小山，人们可以在山上俯瞰门德法拉全貌。从门德法拉穿城而过的大街两边有两座醒目的建筑，一座是位于前边提到的小山上的圣乔治斯科普特教堂（St. Georghis Coptic Church），另一座是天主教堂及其学校。门德法拉也得名于市中心的这座小山，这座山是厄特人民的骄傲。门德法拉意为“无人畏惧”，铭记着当地厄特人民对意大利殖民统治顽强的抵抗精神。1959年，门德法拉考古发掘了

门德法拉街道（中国驻厄特使馆摄）。

圣乔治斯科普特教堂1（中国驻厄特使馆摄）。

圣乔治斯科普特教堂2（中国驻厄特使馆摄）。

大量的古代建筑，以及十字架和罗马帝国时代的钱币。门德法拉最早建于公元前5世纪，并在阿克苏姆王国时代发展成为一个重要城市。后来，这里又成为一片茂密的丛林，野生动物在此游荡，无人敢在此居住。意大利殖民时期，意大利人又在门德法拉建设城市，目前门德法拉成为厄特一个繁荣的市场。

（二）阿迪凯

阿迪凯位于阿斯马拉以南110公里处的高原上。沿着平坦的碎石公路一直开到阿迪凯，从车窗向外看去，一片郁郁葱葱的绿色流泻在山谷与山巅。厄特有不少重要古迹分布在阿迪凯周边。

（三）克海托

克海托是萨霍语地名，意为“有很多石头的地方”，隶属南方省阿迪凯县。克海托位于阿斯马拉以南125公里、阿迪凯县城以南15公里处，坐落在瓦迪—哈达斯山脉（Wadi-Haddas）和瓦迪—库迈勒山脉（Wadi-Komaile）之间的高原上。克海托海拔2600米至2700米，南北长16公里、东西长为400米至4公里，总面积32平方公里。这里夏季多雨、春天多雾，年均气温低于25℃，植被有灌木、橄榄树等。这里有垂直的裂缝、深深的峡谷和四周崇峻的山脉，还有蛇一般蜿蜒在陡峭、崎岖山岭上的纵横交错的山间小径。这些小径将难以攀登的崎岖山岭与山坡上孤立的民居连接在一起。克海托高原视野宽广，能够看到厄特境内最高的山峰安姆巴—索依拉。天气晴朗时，站在这座高峰上能够看到北方远处的红海。

此地是非洲最为古老的地区。公元1世纪《厄立特里亚航海记》（*Periplus, Marie Erythraie*）的作者、公元6世纪的科斯马斯·印第科普莱特斯（Cosmos Indicopleustes）等古代作家都曾提到过克海托等厄特南部高原地区。公元553年，拜占庭帝国皇帝查士丁尼一世派往阿克苏姆等红海地区的使节农诺索斯（Nonnosus）来到这里，说它位于阿杜利斯与阿克苏姆之间。阿克苏姆王国于公元1世纪至7世纪兴起，统治了从今天的苏丹至阿拉伯半岛南部的地区，红海沿岸的阿杜利斯港后来也由阿克苏姆王国控制，成为其商业中心。克海托文明要早于阿克苏姆文明，是后者的先驱之一。随着阿克苏姆王国的崛起，克海托成为阿杜利斯与阿克苏姆之间贸易的主要中转地。从阿杜利斯到克海托高原有两条道路，一条是经过瓦迪—库迈勒山脉，另一条是经过瓦迪—哈达斯山。由于地理位置便利，克海托的古代居民从地区贸易以及与罗马帝国、拜占庭帝国的贸易交往中获益良多。公元1世纪时，厄特南部山区市镇众多、人口密集，城乡交往密切，形成了以农业和畜牧业为基础的商业网络。公元9世纪左右这一地区被废弃，人类活动一度中断。后来，萨霍人到此，至今已生活了20到30代。他们居住的石屋最晚也是130至150年前建造的，至今保存完好。雨季时人们在高原草地上放牧。12月初草被牲畜吃完时，人们再赶着牲畜到正值雨季的低地放牧，6月雨季到来时再返回高原。萨霍人采取这种迁徙的生活方式，对古迹的破坏也较小。19世纪中叶，克海托首次被外国旅行者发现。1906年，德国学者利特曼（Littman）率领的“阿克苏姆探险队”记录了位于克海托、特孔达和迈特拉的古迹，但考察范围有限。1996年至1998年，厄特国家博物馆与德国洪堡大学联合对此地古迹进行了系统性的调查和盘点。2007年春，厄特国家博物院的学者们再次考查克海托并有新的发现。

克海托是撒哈拉以南非洲面积最大的考古景点之一，代表了撒哈拉以南非洲最古老的已知文明之一。古迹数量惊人、密度大，大多数保存完好。目前被确认和登记的古迹共有750处，由于大多数遗址还没有发掘，这个数量只占实际数量的一小部分。这里散落着从30至600平方米面积不等的土丘、12个石头雕像、4个修道院、1座萨菲拉古水坝、埃及古墓、水池、水塔、窑炉、大小不一的民宅和市镇遗址。有的古迹可以追溯到公元前700年，而大多数的古迹都与公元2世纪至7世纪高原上面积较大的古代居民区有关。这里历史上曾有几个水坝，但现在只有萨菲拉水坝（Safira）遗留下来，至今仍在为当地居民提供水源。水坝可能建于公元前第一个千年中期，由大块的石头砌成。水坝当中有一个平坦的石头，上有萨宾文。由于高原上水源匮乏，该水坝所在区域人口最为密集。萨菲拉地区包括4个大居民点遗址和2个小一些的居民点遗址，房子较小、街道狭窄，很可能是平民居住区。萨菲拉东南约400米的地方有许多寺庙般的建筑、水池、整齐的街道、较大的民宅，这里是社会上层居住区。在上层人居住区的东边、赫德莫（Hedmo）河的西岸就是埃及古墓。这是一个矩形建筑，由岩石和大石砖砌成，里面的墙壁上有两个互相对称的四叶形十字架，这暗示了当时上层人的信仰。1905年至1906年，墓里发现了70个木乃伊。在高原东部边缘有一座炼铁窑，这座窑采用的传统炼铁技术传承至今。克海托展现了本地区古代厄特的生产力，同时它在贸易中的作用、当地的制造业和农业生产都有待人们进一步了解。

厄特拥有非洲之角最为密集的岩石艺术遗址。岩石艺术遍布厄特全国，有一些位于北部的夸鲁拉,有的位于西部低地的阿格达特地区，一少部分位于东南低地的拉海达附近，但厄特南方省高原地区的岩石艺术遗址最多、最密集，以岩屋、岩洞和光滑的岩面为载体。由于非洲之角地区和厄特长期动荡不安，对岩石艺术的研究较少，知名度较其他国家和地区低。克海托的岩石艺术遗址分布均匀，在高原的北部、东部和西部都有分布，有岩雕、岩画、石刻等形式。岩画表现的都是牲畜和人类的形象，石刻上的文字以吉兹文和萨宾文为主。大多数岩石艺术遗址都位于悬崖、岩屋等不易涉足的地方。克海托最著名的岩石艺术遗址位于伊亚戈、阿迪—阿刘蒂、卡利博萨和哈德穆（Hadamu）等地。阿迪—阿刘蒂的岩石艺术分为两种，一种是以白色为主、红色为辅构成的岩画，另一种是在岩石上刻下的文字。岩画简单、自然地表现了动物的形象，最常见的动物是有长角的牲畜和骆驼。伊亚戈位于一个陡峭岩屋的石壁上，这里有30个图形，岩石属于砂岩，可见这是“画家”有意选择的地点。这些形象只是用赤铁矿或赭色的颜料画成，表现的主要是家畜和一些未能辨认的动物。这些动物被男人们骑着，他们的手臂或低垂，或举起，或张开，有的人手中还拿着棍棒。厄特与其他非洲之角地区的岩石艺术都从属于埃塞—阿拉伯风格，即侧面表现牲畜的身体与四肢，前腿与后腿都用一条粗线表示，等等。克海托的岩画也都采用相似的技法，有人称其为自然主义、现实主义、抽象的艺术。岩画中的动物物种有的已经灭绝，还有一些物种并未在古迹中留存下来。岩画对人类捕猎方式、各种武器和家具、习俗和仪式等内容都有可贵的表现。

克海托遗址具有潜在的公共教育和旅游经济价值。克海托遗迹正在等待联合国教科文组织将其确认为世界遗产。

（四）迈特拉

位于阿斯马拉以南136公里、南方省塞纳法县，是阿比西尼亚废墟，很有可能是古城科莱奥（Koleo）的所在。塞纳法的名称来源阿拉伯语中Sanafen一词，意思是“萨那在哪里？”据说这是来自也门等中东地区的商人提出的问题。他们常常要穿越这个地方。在塞纳法南部2公里处就是迈特拉古城。从山脚爬到迈特拉山（Mount Metera）上的铁十字架需要1个小时，并不费劲。克海托、迈特拉和阿杜利斯都是古阿克苏姆王国的一部分。阿杜利斯将本地区与外界特别是东地中海文明连接起来。迈特拉与克海托位于连接阿杜利斯与阿克苏姆的商道上。迈特拉的一个重要看点是5米长的方尖碑。人们认为迈特拉的方尖碑建于公元3世纪的阿克苏姆王国时期，碑上刻有南阿拉伯的神、新月、太阳和吉兹语文字。据当地传说，上述文字是阿格扎（Ageza）国王为纪念他英勇的先祖写上去的。

迈特拉也是一个村庄的名字。这个村庄在塞纳法城外一公里处,以厄特迈特拉山命名。这里有男修道院和一棵古树。该树有12个树枝，据当地村民讲，这

12个树枝代表一年12个月。迈特拉又被称为贝娄克娄（Belew-Kelew），公元前7世纪至公元7世纪是世界上最繁忙的贸易区之一。古迹和考古发现证实，迈特拉在阿克苏姆王国和前阿克苏姆时期是一个拥有几个区的城市，居民众多。这处考古地点占地10公顷，高2米，许多建筑物的墙体存留至今。考古发掘出古代君王、宗教领袖的住所遗址和公元7世纪至8世纪时居民使用的十字架。20世纪60年代，法国考古学家费朗西斯·安弗雷（Francis Anfrey）在此地考古发掘了3处教堂和一盏绘有一只狐狸袭击另一种动物图画的灯。

基德内·迈赫莱特教堂（Kidane Mehret，或曰St.Mary The Merciful）位于迈特拉村，是厄特为数不少的采用被称为“猴头”的原始建筑风格的教堂。在厄特，猴头技术是在中世纪前最具特色的建筑方法。

（五）德巴瓦

德巴瓦县位于阿斯马拉以南30公里、阿斯马拉至门德法拉的路上，是南方省与阿斯马拉的重要交通中转站。德巴瓦县下辖德巴瓦镇、阿迪娄戈（Addi Logo）、阿迪瓦陶特（Addi Watot）、阿迪咖达（Addi Gada）、阿迪泽比约翰尼斯（Addi Zebyohanes）和哈勒哈勒等地。该县海拔1923米，全年气候温和，较为湿润。大约有25000人，大多数是提格雷尼亚人。德巴瓦因这里富含矿物质的泉水而有名，人们将泉水装瓶售卖，牌子就是德巴瓦。当地人每周六都会拿土豆、西红柿、鸡和粮食到市场上去卖。该地区蕴藏着铜、银、金等金属矿资源。德巴瓦周边一些山上矗立着东正教、科普特教会等派别的教堂。

德巴瓦历史悠久。随着公元630年阿拉伯力量兴起及其对红海商路的控制，阿克苏姆文明逐渐衰落。人们分散到本地区不同地方，并建立了新的居住中心。德巴瓦就是其中一个中心。马雷布河从北向南流经此地，此河在低地的河段叫做加什河。据说，德巴瓦是早期提格雷尼亚词语“Doba Ruba”演化而来，意为“它的边界是河”，即马雷布河。该河是德巴瓦镇的自然分界线，将北部居民区与东部居民区分割开。德巴瓦是海边之地王国（在中世纪晚期，这是厄特高原地区王国的名称，意为大海与陆地）的首都，在16世纪是巴赫尔王（Bahr Negash，海洋国王）的王庭所在。此地是中央高原的首都。巴赫尔王的称号是指马雷布河与红海之间的海边之地王国的统治者。第一任巴赫尔王是多雷（Dore），他先后传了布拉（Bula）、阿拉扎（Araza）、阿努比亚塔（Anubyata），最后是阿德比（Adebe）。巴赫尔王是阿比西尼亚皇帝的封臣，均由阿比西尼亚的皇帝们任命。被加冕的时候，阿比西尼亚皇帝给他戴上金冠。如果皇帝对他失去信任，皇帝将任命新的巴赫尔王。据说，一座叫做Meselam或Meshlam（意为被授予或被加冠）的山就是巴赫尔王加冠的地方。德巴瓦还是沿海与内陆地区的商业枢纽，是来自南方的大篷车商队在长途跋涉后最后停留的地方，是沿海地区商人们的第一个内陆市场。满载象牙、黄金、麝猫、皮革的长长的大篷车商队从内陆的各处商道赶来，并在德巴瓦集合。而来自沿海的商人骑着马和骆驼，携带着外国货，比如来复枪、串珠、纺织品、烈酒等物品来到德巴瓦。他们在这里一直交易到下午晚些时候。德巴瓦的商人往往结成一支较大的队伍一起上路，他们或是唱着歌，或是弄出很大的响声，以吓跑那些埋伏着的强盗。市场上有本地产谷物和小扁豆、印度产的棉布、胡椒等食用香料、各种焚香用香料、传统家庭制造的药品等。由于没有硬币或纸币，市场实行易货交易。

1520年4月,葡萄牙传教士从印度出发，来到希尔格戈，并经过毕仁修道院、泽洛特（Tselot）来到德巴瓦。1542年，葡萄牙克里斯托弗·达伽马作为巴赫里·纳加什的客人来到德巴瓦，并在此度过了雨季。1557年，奥斯曼土耳其侵略了德巴瓦部分地区。1888年至1892年，德巴瓦遭遇了一场大饥荒；1893年，又惨遭流行性斑疹伤寒袭击。当时，一位来到这里的法国旅行者发现德巴瓦已十室九空，一座曾经繁荣的城镇只剩下几堆石头、几成废墟的教堂、几个破旧的茅舍。

（六）阿迪夸拉

阿迪夸拉是一个中型市镇，有14000人，主要是提格雷尼亚人。从阿斯马拉出发，向南行进86公里，途径德巴瓦矿区、门德法拉即到达阿迪夸拉。阿迪夸拉临近厄特埃塞边境，海拔2000米。阿迪夸拉因其绘有壁画的小教堂和意大利墓地而闻名。阿迪在当地语中是村庄的意思。在阿迪夸拉旅行时，游客可以步行该镇南边山上的意大利墓地，全程共6公里，值得一游。这个墓地的背后是一个重大的历史事件——阿杜瓦战役。1896年3月，一支有8000名意大利士兵的军队在这里被打败，墓地就是这些士兵的长眠之地。路上可以看到一片良田和壮观的悬崖峭壁。悬崖下面即是峡谷，与对面的埃塞隔山相望。这个峡谷见证了1998年厄特与埃塞的边境战争。当时，埃塞军队扬言要越过峡谷，打到阿斯马拉后在阿斯马拉吃午餐。但厄特军队占据居高临下的有利地形，对埃塞军队予以顽强抵抗，埃塞军队败北。秋季时整个峡谷长满黄花，黄花与绿草交织在一起，仿佛给峡谷铺上了一层彩色地毯，令人目不暇接。

游客可以一早从阿斯马拉出发，在阿迪夸拉峡谷观光后返回时可在H.G饭店

阿迪夸拉峡谷1（中国驻厄特使馆摄）。

阿迪夸拉峡谷2（中国驻厄特使馆摄）。

H.G饭店（中国驻厄特使馆摄）。

午餐。该饭店绿树成荫、环境优美，是人们休闲的好去处。

（七）汉姆—德布瑞·利班诺斯修道院

汉姆—德布瑞·利班诺斯修道院（Ham-Debre Libanos）是厄特最古老的修道院，于公元5世纪末或6世纪初由叙利亚传教士阿巴·迈塔（Aba Meta，又名利班诺斯）所建，距阿斯马拉约150公里。修道院最初建在汉姆村，后来迁移到目前位置——汉姆高原之下的悬崖边上。修道院有教堂、图书馆、岩画、宗教用品、13世纪的地契和一些木乃伊。专家推测这些木乃伊应该有500多年的历史了。它们用黄色的布条包裹、用皮革缠紧（现在的修道士仍然穿着这样的布条和皮革）。少数木乃伊露出手脚，其余的木乃伊都被皮革缠裹着。令人吃惊的是手脚上的皮革和钉子都保存完好。这是厄特最重要的古迹之一，吸引了成百上千的游客来此参观。游客来此参观前需事先获得国家博物馆的许可。

（八）塞格内提镇的西克莫树（Sycamores）

厄特的树木不仅为干旱地区提供了适宜的环境，为人们和牲畜提供遮荫场

大树议会所在地（中国驻厄特使馆摄）。

所，同时也在习惯和典礼活动中发挥作用。在厄特高地和低地，每个聚居地都有一棵大树用来充当行政管理的场所，颇具文化价值。在厄特高原，发挥这种象征性功能的大树叫作达罗（Daero）或西克莫树。尽管高原上大树很多，但没有一棵像西克莫树那样高大伟岸。它枝繁叶茂，为人们慷慨地提供树荫。大树为一代代的当地村民提供了一个村民集会的理想场所，村落的长者在这里商议公共事务和有关土地管理的问题。同样在大树的庇荫下，村民们在这里选出自己的领导人和公共法官。人们以大树的果实充饥，以大树根系涌出的清水解渴，而这棵大树也是蚂蚁和鸟儿的栖息地。在南方省塞格内提镇的郊外，西克莫树非常多。这些大树都有数百年的历史，是居民世代生活的组成部分。

作为一个著名遗产，这棵大树为自己赢得了崇高的敬意。不仅它的形象被描绘在厄特5纳克法纸币上，它还受到2000年的"克服一切艰难险阻"（"Against All Odds"）大会的非洲语言会议的赞扬。这里的这种大树都有不同的名字，每个名字都是根据其特点取的。比如，达罗哈扎罗（Dareo Hatsaro，一种矮的大树）的名字就源于它比附近的其他大树更矮更宽。这里的居民总是对西克莫树抱有极大的尊敬。传说中讲到，无论谁砍了这种树都会受到诅咒并会倒霉。实际上，时

达罗哈扎罗（中国驻厄特使馆摄）。

巨石路标（中国驻厄特使馆摄）。

天然公园（中国驻厄特使馆摄）。

至今日，无人敢砍伐这样的大树来盖房子或者用于其他目的。意大利人曾试图砍这些树制作家具，但当地人站起来阻止了他们，告诉他们这是当地孩子和牲畜的食品来源。村民们的行动保护了这些大树。坐在大树的树荫下，再感受一下厄特著名的咖啡仪式，品尝一下当地原汁原味的咖啡，将给人留下难以忘怀的记忆。

除了大树之外，塞格内提郊外还有许多巨石，这些天然形成的巨石与大树构成一个个天然的街边公园。有的巨石还刻上字充当路标。

第五节　安塞巴省旅游资源

一、安塞巴省概况

安塞巴省（Anseba Zoba，Anseba Region）南邻加什—巴尔卡省，东南邻中央省，东部和北部邻北红海省，西邻苏丹，因安塞巴河而得名。面积21500平方公里。人口40.08万。首府是克伦，人口9万。

安塞巴省政府（中国驻厄特使馆摄）。

该省下辖阿迪特克莱赞（Adi Tekelezan）、阿斯马特（Asmat）、伊拉伯雷德（Elabered）、盖勒布（Geleb）、哈加兹（Hagaz）、哈勒哈勒（Halhale）、哈贝鲁（Habero）、克伦、克尔克贝特（Kerkebet）、塞拉（Sela）等10个县、516个村庄。82%的居民从事农业和畜牧业，其余18%的居民靠贸易和打工为生。

枯水期的安塞巴季节河（中国驻厄特使馆摄）。

安塞巴省盘山路之一（中国驻厄特使馆摄）。

安塞巴省盘山路之二（中国驻厄特使馆摄）。

安塞巴省海拔500至2500米，兼有高原凉爽气候和低地温暖气候。53%土地是山地，1.2%土地被大河及河谷覆盖，自然景观独特。有3500多平方公里适合耕种的土地，但目前只有650平方公里土地用于农业生产。年平均降雨量500毫米，降雨量最低为150毫米，最高为850毫米。动物资源丰富，有鸵鸟、野驴、豹子、羚羊、狐狸、瞪羚、鬣狗和其他动物。

为改变该省部分地区交通不便的状况，厄特政府在该省修筑了103条柏油公路和354条土路。独立前，这里只有4条交通线路，2011年达到了33条，70%的安塞巴省居民可以享受到公共交通服务。克伦市区和郊区的主要交通要道都已铺上宽敞的柏油公路。独立以来，安塞巴省的电力供应也发生了巨大变化，目前电力不仅用于家庭，而且用于浇灌园林。从1991年至2010年，各县和25个村庄获得电力供应，比如克伦、哈默马罗（Hamlemalo）、哈勒哈勒、伊拉伯雷德、哈加兹和阿迪特克莱赞。电力不仅用于家庭，而且用于浇灌园林。如果该省各县的居民都能用上电，这将减少做饭所用木材，有助于遏制森林覆盖率的下降。独立前，该地区只有200条固定电话

安塞巴省水坝（中国驻厄特使馆摄）。

线，目前该省有2860条固定电话线、2100万移动电话和879个CDMA的服务。70%的城市居民和66%的农村居民都能够获得饮用水。该省发动人民修筑梯田、堤岸、水坝。截至2011年，水坝、水塘和水渠等水利设施的数量由22个增加到80个。安塞巴省卫生和教育事业

安塞巴省深山人家（中国驻厄特使馆摄）。

蓬勃发展。1991年，该省只有7所卫生中心，2011年达到36所卫生中心。学生的数量由1991年的13787人达到2011年的83652人。

安塞巴省群山林立，群山间蜿蜒着盘山公路，将各个村庄连接起来，车辆行驶期间，周边景色险峻而壮观。该省的克伦、哈加兹、艾登（Eden）、哈默马罗、阿迪特克莱赞等地都是值得一游的地方。该省拥有众多历史遗迹，比如修道院、清真寺和意大利风格建筑。

二、旅游资源介绍

（一）伊拉伯雷德

从阿斯马拉开车半小时，辽阔的中央高原渐渐被甩在后面，克伦东部的高山峡谷迎面而来。这条路看起来像身体盘起的蛇，布满悬崖峭壁。站在盘山路上能够看到掩映在树木

伊拉伯雷德农庄大门（中国驻厄特使馆摄）。

伊拉伯雷德农庄远景（中国驻厄特使馆摄）。

农庄水塘美景（中国驻厄特使馆摄）。

中的村舍、阡陌纵横的农田和郁郁葱葱的果园。这里就是伊拉伯雷德农业庄园，曾是意大利殖民时期最重要的农区之一，主要出产蔬菜、水果和奶制品。这里植被和动物资源丰富，有各种在非洲其他地区少见的鸟，它们在橙树、芒果树和香蕉树上筑巢。

距克伦不远处的田园风光（中国驻厄特使馆摄）。

（二）克伦

将要抵达克伦时，山路已不见踪影，路途较为平坦。路两边种满了芒果树、木瓜树。这里有一处

克伦附近的传统民居（中国驻厄特使馆摄）。

克伦市政府大楼（中国驻厄特使馆摄）。

景致颇佳，低矮的山坡上有几栋村舍，山坡下有一片平坦的草地，草地上长有各种灌木与乔木。透过路边芒果树枝叶的缝隙，可以看到远处的群山，颇得中国苏州园林“小中见大、层次丰富”之妙。吃草的毛驴等动物为这里增加了一些田园牧歌的韵味。

克伦是安塞巴省首府，距阿斯马拉91公里，车程约2个半小时，是厄特第三大城市。克伦在当地语言中是“山”的意思。克伦市以及附近的农村地区统称为克伦县。克伦是多种语言、族群和宗教交汇的贸易中心。抵达克伦市中心后，首先映入眼帘的是出入于清真寺的信众。十字路口上行人熙熙攘攘，人们身着各式各样的艳丽服装。克伦是厄特的四大民族——提格雷尼亚、提格雷、希达来伯和比伦族的聚居地，也是天主教徒与穆斯林们的家园。市中心矗立着教堂、清真寺等宗教建筑是克伦和谐的民族、宗教关系的写照。骆驼队、土耳其风格的清真寺、戴着穆斯林头巾、身着束腰长袍的居民会让人联想到中东风情。

克伦深深留下了当年殖民者的印迹，拥有埃及、意大利和埃塞俄比亚等国

赶骆驼的人（中国驻厄特使馆摄）。

克伦教堂之一（中国驻厄特使馆摄）。

克伦教堂之二（中国驻厄特使馆摄）。

的文化遗产，如19世纪埃及留下的坚固的堡垒和时尚的公共建筑、罗马天主教堂、厄特最大的现代清真寺、在武装斗争时期被摧毁的皇宫的废墟等。正如它的姊妹城市阿斯马拉、马萨瓦等厄特城市一样，克伦也市容优美、整洁，安塞巴省

克伦现代清真寺（中国驻厄特使馆摄）。

克伦市中心（中国驻厄特使馆摄）。

政府大楼、厄特电信办事处大楼、城市各个角落的住宅小区、沿克伦主街的休闲公园、街道上成排的棕榈树、现代清真寺和教堂等建筑都让克伦这个城市兼具历史与现代之美。沿着步行街向西来到克伦宾馆，当鸽子在装饰艺术影院破损的

克伦的小吃店（中国驻厄特使馆摄）。

克伦市场（中国驻厄特使馆摄）。

屋檐、教堂和宾馆上空咕咕鸣叫时，游客也能从中领略到克伦之美。

克伦是一个值得仔细品味、到处走走的城市。这儿的市场里应有尽有，有蔬菜、水果、鲜奶、黄油、骆驼、毛驴、牛、绵羊、山羊等，城中还有一个专门卖银器和木柴的地方。克伦还能提供价格低廉的食宿服务。夜色中的克伦更为迷人，一旦夜幕降临，人们可以四处逛逛，或者找个地方品尝一下传统咖啡。在靠近市中心的地方有一家名为吉拉·菲奥里（Gira Fiori）的小吃店，古色古香的建筑建于20世纪30年代，属意大利风格建筑，小店中举行地道的传统咖啡仪式并因而闻名。去加什—巴尔卡省、安塞巴省或苏丹的游客路过克伦时，不应错过机会，可以在这座小城花上半个小时品尝一下美味的早餐，或者在门外的酒吧享用一下咖啡。

克伦南部是市场区域。每周一骆驼队会驮着木料来这里交易，吸引了全省各地的人们。穿过市场中心会出现一条短小街道，这条街不似其他街道那样熙熙攘攘，它的特色在于银器，比如戴在脚踝上的海加尔（Hijal）,戴在手臂上的提凯克（Tikek）和万查（Wancha），作为项链戴在脖子上的索梅特（Sommet）。提凯克是一个大的中空的圆形饰品，上面有细小的圆点和钝角，看起来像一个星星，是颇受欢迎的饰品。

克伦曾见证了二战中英国与意大利之间的惨烈战役。这里有英军墓地，位于克伦北部通向阿科达特的公路的右侧。有超过440名英国、苏丹、印度、喀麦隆和南非的士兵埋在这里。同样有一个意大利墓地，有碑石和终年常青的九重葛，也值得一去。

腾古勒哈斯峡谷 克伦战略地位重要，在二战和厄特解放战争中曾经受各种大仗的考验。腾古勒哈斯峡谷（Tinkulhas）位于克伦西部边缘，是一个充满历史记忆的地方。腾古勒哈斯峡谷扼守克伦—阿科达特公路入口，是一个地势陡峭的河道。1941年2月，英国军队与意大利法西斯军队在这数百英里的崇山峻岭中进行了异常残酷的激战，最终英国军队打败了拥有坚固军事基地的意大利军队，攻克了克伦，并紧接着攻占了阿斯马拉、马萨瓦，接管了厄特的行政权，结束了意大利在厄特50年的统治，也结束了意大利帝国从印度洋到苏丹边界170万平方公里地区的统治，为二战在东部非洲的战事画上了句号。

腾古勒哈斯峡谷（来自谷歌地图）。

达阿里特圣母像 来到克伦的游客都会听当地人反复提起达阿里特圣母玛丽亚像（St. Mariam Dearit）和猴面包树。达阿里特圣母像对于克伦人而言，有如埃菲尔铁塔对于巴黎人及角斗场对于罗马人那样拥有同样的地位。克伦东北方向2公里处有一个郁郁葱葱、大树林立的河堤，这里有一个橙树种植园。走进橙树种植园的

橙树种植园（中国驻厄特使馆摄）。

正门，可以看到一条笔直的水泥小道直通向前，两边种植着非洲楝树，楝树两边则是铁丝围墙包围起来的橙树种植园。人们可以在橙树种植园周围鸟儿和谐的鸣叫声中享受这里的风景。爱鸟者在这里可以看到秃鹰、鹦鹉、翠鸟、苍鹰、绿眼鸽、林戴胜等鸟类。穿过一个上有十字架的拱门后，前方又多了一排非洲楝树，在这些楝树众星拱月般的衬托中，一株高大的猴面包树赫然出现在大家面前，小道也到了尽头，达阿里特圣母玛丽亚像安放在这棵猴面包树的树干中。树上的告示牌写道："请脱鞋，因为您站立的地方是一个圣地"。

这里多数时间游客云集。一位作家曾这样描述这种大树："如果要在大草原的树中选择一位领袖的话，那一定是猴面包树；在非洲大部分地区，猴面包树都是社区活动的中心。如果在美国，猴面包树将会被称为国会大厦，因为在猴面包树的庇荫下，人们在这里讨论社会事务，进行各种协商，洽谈各种公约。这棵树是如此的敦厚，就像一只骆驼。它的树干直径可以达到15米，就像海绵一样，可以存储大量的水……"

猴面包树是达阿里特圣母玛丽亚像故事最重要的组成部分。这棵树有23米高，已在这里矗立了500多年。据当地人讲，克伦人认为这棵树象征着"耐心，坚持和力量"等敢于与自然环境相抗衡的品质。身处困境中，或者其他任何时候，信众都会到这里向圣母玛丽亚祈祷，以求得眷顾。它是力量的象征：即便缺水，它也不会渴死；即便年龄日长，它也不会衰老。它雄伟地矗立着，与兹班（Ziban）、拉勒姆巴（Lalmba）、森克尔（Senkil）和伊特阿伯尔（Et'Aber）等围绕克伦的群山相互辉映。

猴面包树（中国驻厄特使馆摄）。

达阿里特圣母玛丽亚像竖立在这棵猴面包树敞开的树干里面。据说，1869年，一群来自法国的修女在克伦地区开设了一家孤儿院。一个法国神父允诺给她们一块地，用于种植果树。其中一位名叫凯瑟琳·劳雷的修女梦想建造一尊圣母玛丽亚像。经过申请，她们从法国天主教遣使会收到一尊铜像。这些修女在这里找到一株巨大的猴面包树，将树干挖开，用于供放圣像。圣像正式落成于1881年7月18日。至今，这里仍然有这些修女种植的橙树。故事还告诉我们，这尊铜像是黑色的，法国遣使会告诉这些修女将送给她们一尊黑色的圣母像，使之接近当地人的长相。信众们相信，这尊圣像的最为灵验之处就是她所代表的生殖力。中国民俗中有“送子观音”之说。这尊圣母像在厄特当地人心目中堪称厄特版“送子观音”。走到树后面，人们会发现树上有一个凸起，还有一个大洞，二者以其独特的形状象征着人类的阴阳调和、生育繁衍。据传，当地妇女在树下煮咖啡的时候，如果有行人愿意喝一杯，她们将因而获得较强的生育能力。

达阿里特圣母玛丽亚像（中国驻厄特使馆摄）。

据当地人介绍，克伦战役期间，曾有一群被英国轰炸机赶得无处可逃的意大利士兵钻进了这尊供奉圣母像的树干内，躲避轰炸。轰炸机很快瞄准目标，在这棵树上炸出了一个大洞（至今仍存在）。这棵树最终在战争中活了下来，同时它也拯救了许多士兵和避难者的性命。

树洞与凸起（中国驻厄特使馆摄）。

圣母像已成为团结和宗教奉献的象征，每年5月29日是克伦的信众到达阿里特圣母玛丽亚像朝圣的日子。这天，也同时有成千上万的来自其他地方的信众和游客来此朝圣。牧师会穿着一新，率领来此朝圣的信众和访客进行焚香、唱赞美诗等宗教仪式。据安塞巴省旅游局的报告，此处是本国和外国游客最为青睐的旅游胜地。一家旅游网站www.Traveladventure.org将此处评为世界上100个必去的地方之一。

（三）德伯里西纳（Debresina）修道院

修道院距阿斯马拉83公里，在伊拉伯雷德以东18公里，位于阿斯马拉至克伦路上，是安塞巴省最重要的历史遗迹之一，也是非洲最古老的宗教场所之一。厄特东正教信徒每年6月28日都会到修道院朝圣。据说正是这一天，一个牧羊女在一块大石头下看见过圣母玛利亚现身。教堂就建在这块大石头上方不远的圣母显现处。朝圣者会一直唱着赞歌走完阿斯马拉至修道院全程83公里路途。赞歌的主题有上帝保佑厄特、和平永在、互相和平友爱、平安回家、风调雨顺等。伊拉伯雷德到德伯里西纳的路途非常险峻，乘车去朝圣的人们需在无雨天爬过一个陡坡，这对于车辆的通行极具挑战性。更多的朝圣者选择徒步爬过陡坡，走完18公里路程。徒步虽然劳累，但能确保安全抵达目的地。当地的居民会慷慨地向徒步来此朝圣的人们免费提供水和食物，并欢迎这些陌生人到自己家里住宿。部分居民还向路过他们家门口的朝圣者提供厄特传统饮品苏瓦。人们抵达山顶时会有如释重负的感觉。下车后，人们开始收拾行李，步行1公里到教堂。当地的青少年会热情地问你是否需要帮助拿行李。朝圣当天，数千名厄特信徒会在德伯里西纳村搭营留宿一晚。尽管夜晚非常寒冷，朝圣者也彻夜唱歌、击鼓、祈祷、诵经和赞美圣母玛利亚，直到天明。穆斯林和基督徒都到德伯里西纳朝圣。修道院内的景色令人惊奇，人们看到的所有石头似乎都经过能工巧匠的雕刻。教堂内部结构是由岩石凿成，据当地人说有2100年的历史。

第六节　加什—巴尔卡省旅游资源

一、加什—巴尔卡省概况

加什—巴尔卡省（Gash-Barka Zoba/Region）位于厄特西部低地，北邻安塞巴省，东邻南方省，南邻埃塞俄比亚，西、北邻苏丹，与苏丹至少有300公里的边境线（厄特与苏丹边境线1000公里），面积34500平方公里，由原加什省与巴尔卡省合并而成。据厄特政府2015年估计，该省人口71.69万，160347户家庭，人口密度为每平方公里21人。首府是巴伦图。

加什—巴尔卡省下辖巴伦图、阿科达特、特塞内（Teseney）、迪格（Dige）、古尼（Gogne）、弗尔托（Forto）、古鲁吉（Golluj）、海克塔（Haykota）、娄戈安塞巴（Logo Anseba）、门苏拉（Mensura）、莫戈罗（ Mogolo）、莫尔基（Molqi）、沙姆布科（Shambuko）、上加什（La-alai Gash）等14个县，195个乡镇和855个村庄。该省是一个多民族地区，居民来自9个民族，如提格雷尼亚族、提格雷族、比伦族、希达来伯族和纳拉族，大多数人与纳拉人、库纳马人、本尼·阿莫尔人（Beni Amer，提格雷族的一支）生活在一起。厄特人民争取独立的30年武装斗争取得胜利后，战争期间成千上万背井离乡的难民返回家乡并定居。80%人口从事种植业和畜牧业，少部分人口从事贸易。

加什—巴尔卡省海拔630米至2300米，大部分地区位于西部低地，只有一个县位于中央高原。土地肥沃，地下水充足，境内有加什河、巴尔卡河等季节河

加什—巴尔卡省的水利设施（中国驻厄特使馆摄）。

和厄特唯一常流河塞迪特河流经，年降雨量200毫米至700毫米。属亚热带气候，全年气温最高为48℃，最低为12℃。最炎热的季节是4月至6月，气温通常会超过40℃，干燥、灰尘漫天，特别是在季风劲吹的时候。此后是雨季，一直持续到9月底。季节旅行时，车辆会被河的干流或纵横交错泛滥的支流阻挡。10月至次年3月气候凉爽，最适合到该省旅游。10月和11月期间，雨后的乡村会呈现一片翠绿。

加什—巴尔卡省的自然条件较为适合种植农作物，有“厄特的面包篮子”美誉。可耕地面积为487454公顷，其中25万公顷农田依靠雨季降水，1.5万公顷农田依靠地下水灌溉。每户家庭拥有面积超过2公顷的农田。各地土壤肥沃程度不同。大部分农田位于加什河与巴尔卡河等季节性河流两岸，少部分农田位于塞迪特河两岸。亚热带气候、肥沃的土地、充足的地下水是该省发展农业的有利因素，但由于蒸发量大，大部分农户依然靠天吃饭。雨季为6月至9月，在7月和8月时雨量达到高峰。种植的农作物分为四类，一是高粱、小米、玉米、珍珠稷、龙爪稷、苔麸、小麦和大麦等谷类作物，占89%；二是芝麻、花生等油料作物，占10%；三是豆子、鹰嘴豆、小扁豆等豆类作物，不到1%；四是棉花等经济作物，不到1%。种植的蔬菜有西红柿、洋葱、辣椒、黄秋葵和南瓜等。水果有橙

在香蕉园工作的厄特劳工（中国驻厄特使馆摄）。

子、柠檬、香蕉、芒果、柑橘、番石榴、西瓜和葡萄等。有牛、骆驼、毛驴和小家畜共400万头。建成了格塞特（Gerset）、方科泽姆乌（Fanko Tsimue）、方科拉维（Fanko Rawi）、巴德密特（Bademit）和阿里格德尔等战略大坝，用以保障和促进农业生产。

加什—巴尔卡省地处阿拉伯努比亚地盾地区，金、铜、锌、大理石、石灰石等矿产资源丰富，是厄特最大的矿业基地。动植物资源丰富，适合发展旅游。雨季时植被丰茂，牲畜成群。阿拉伯胶树林覆盖全省，有骆驼刺、相思枣、猴面包树和沙苦枣树等树种。该省也有大量岸栖植物，比如叉干棕、罗望子、柽柳、榕树、枣树、牙刷树和牛角瓜等。加什河沿岸，到处可见成片的叉干棕在风中不知疲倦地摇曳。各种野生动物在这些树林里生活，如常见于东部非洲热带稀树草原上的鸟类。在阿里格德尔（Alighidir）附近河边的阿拉伯胶树林中栖息着数量众多的水鸟。该省还有许多大型野生动物，比如豹子、瞪羚、鬣狗、鸵鸟和鳄鱼等，另外还有少数大象。鳄鱼较为常见，经常会对奥姆哈杰尔（Omhajer）县的牲畜和人员造成威胁。

叉干棕（中国驻厄特使馆摄）。

加什—巴尔卡省所在的厄特西部低地有长期的人类居住史，早在1万年前就有土著人居住，在巴尔卡河流域发现的细石器工具可以追溯到这段时期。尼罗河—阿比西尼亚流域曾是独立的谷物农业的先驱。6000年前，布塔那（Butana Group）人占据了阿特巴拉河（Atbara）中部流域，并开始饲养牲畜，种植一些谷物。到公元前30世纪中期，他们的后代——加什人（Gash Group）来到西部低地的加什河三角洲定居。4000年前，他们开始尝试种植大麦。公元前20世纪中期至前10世纪早期，加什人与来自努比亚和埃及南部的北方人通婚，他们的后代占据了厄特苏丹低地。公元前10世纪，他们的足迹遍及西部低地和红海沿岸。他们在巴尔卡河中部流域建有村落（从今天的苏丹卡萨拉州到厄特中央高原）。谷物的种植加快了人们从迁徙不定到定居生活的转变。公元9世纪，半游牧的贝贾和提格雷部落占据了巴尔卡河流域和高原边缘地带。他们饲养牛和骆驼，沿着平原向北部和巴尔卡河流域东部行进。贝贾人与附近居民经常发生冲突。碧沙地区的大多数土丘很可能是那个时代的埋葬场。

厄特所在的非洲之角北部地区是亚、非、欧三大洲的交接地带，这一带的文明发展也受尼罗河流域文明（古埃及、努比亚）、阿拉伯半岛南部、地中海、印度等地文明的影响。9000年前至6000年前，非洲之角内部地区（厄特、提格雷和吉布提）之间开始黑曜石贸易，并在3000年前延伸到苏丹东部、厄特沿海、红海岛屿和阿拉伯半岛。早在4500年前，古埃及人多次到此地远征探险，这些都被详细记录在编年史内。厄特西部低地据称是彭特王国的一部分。在公元前1460年前的埃及新王国时代或更早的老王国时代，为寻找象牙、没药（myrrh）、乳香、黄金和奴隶，法老曾向彭特派遣过使节。实际上，在整个古代埃及历史中，古埃及曾多次组织对彭特的非军事性拓展。彭特王国盛产没药、乳香等。根据哈特谢普苏特（埃及第18王朝女王）祭庙上的浮雕，远征似乎通常是经陆路抵达红海，并将货物经过西部低地带回古埃及，而且没药的产地都指向非洲而非阿拉伯半岛东南部。其实，加什人是克玛人（Kerma）的重要商业伙伴（后者与古代埃及人有直接接触）。厄特高原的古代社会与位于苏丹繁盛一时的文明通过西部低地来往、通商，西部低地堪称是两个文明之间的桥梁。公元前4000年至公元前2000年间，西部低地的文明史以厄特与苏丹的西部边界沿线地区的食物生产社会的扩张为特征。阿拉伯商人早于先知穆罕默德来到非洲东海岸，他们皈依伊斯兰教后，依然与这里保持来往并建立商栈。

二、旅游资源介绍

厄特中央高原与西部的克伦之间有公路相通。从安塞巴省的克伦出发，地势一路下降，穿过阿科达特、巴伦图等主要城镇，最后抵达特塞内附近的厄特—苏丹边境，全程200多公里。驶离克伦16公里，路上经过的第一个村庄是哈加兹,这里有繁忙的集市。随着抵近哈加兹,映入眼帘的是北方马鞍状的吉伯赫尔（Jibher）山峰。从海拔1392米的克伦下降到西部低地，途径一个在山上开凿出的公路。几个世纪以来，这条路一直是从高原到西部的主要通道。正是依靠着

阿科达特民居（中国驻厄特使馆摄）。

阿科达特附近地貌及民居（中国驻厄特使馆摄）。

陡峭的山势，英国军队于1941年在克伦战役中击败了意大利纳粹军队。这段山路仅几公里，地势却陡然下降500米，让人猛然感觉来到与厄特高原截然不同的地区。公路穿过河谷，人们依然能看到旧铁路遗迹，这条铁路的终点站就是阿科达特。

（一）阿科达特县

阿科达特县距克伦75公里，海拔615米，位于巴尔卡河中部流域的巴尔卡河与加什河之间，曾是原巴尔卡省省会。过去这里是重要的农业中心，曾向中东地区大量出口香蕉、胡椒等新鲜农产品。县城绝大多数房子呈圆锥形屋顶，屋顶由树枝搭建，墙壁由土坯砌成。阿科达特县在马萨瓦西北方向150公里，意大利殖民时代修建了从马萨瓦至阿科达特的铁路。这里的老火车站遗迹让人的思绪回到往日岁月。阿科达特县的建筑风格与西部地区现存的许多建筑相同，都是阿拉伯、埃及风格。不管从哪个方向靠近阿科达特，游客们都会看到清真寺圆圆的屋顶和高耸的尖塔，这也是阿科达特最明显的特征。县城中心建有医院和政府机构，是当地为数不多的钢筋水泥建筑。阿科达特地区拥有属于加什人群的考古遗迹，如高高低低的磨石和动物的小石雕像等，可以追溯到公元前20世纪中期。

阿科达特老火车站（中国驻厄特使馆摄）。

（二）莫格罗县

莫格罗县距克伦81公里，在阿科达特与巴伦图之间，是这一带居住的半游牧的纳拉族人的主要集市。一周最大的集市在星期二，游客可以逛逛这里的货摊，许多传统的纳拉族产品在出售。纳拉族因擅长制作草编制品和马具而闻名。

棚屋特凯布（中国驻厄特使馆摄）。

（三）碧沙地区

碧沙地区位于巴尔卡流域中部的莫格莱布（Mogoraieb）村以南3公里处。该村距阿科达特以西55公里，在阿科达特通向萨瓦的土路上。该村隶属加什—巴尔卡省莫格莱布县。天气炎热，属半干旱气候，水资源稀少。碧沙的居民属于迁徙不定的农牧社会，莫格莱布村大多数居民都住在被称为特凯布（Tokaib或Tekulib）的小棚屋中，也有少数用水泥、泥砖砌成的建筑。这些棚屋用编织的棕榈树叶和树干搭建而成。莫格莱布村有4000到5000居民，包含13个亲族，他们都拥有共同的祖先阿莫尔人，本尼·阿莫尔部落的名称正源于阿莫尔。该部落在这里居住了几个世纪，信奉伊斯兰教，是一个特殊族群，在厄特九个民族中被划归提格雷族。他们虽然在一起生活，但说两种完全不同的语言，即贝贾语与提格雷语。今天本尼·阿莫尔人在厄特北部与苏丹交界地区游牧，是贝贾人的后裔，语言属于库希特语族。提格雷语则属闪米特语族。本尼·阿莫尔人最早是从尼罗河向南来到罗拉（Rora）高原、萨赫勒地区和巴拉卡塔河（Barakata，可能是巴尔卡河）定居的。这里的古代居民大多数时间都在抵抗来自西边苏丹的掠夺者。第一拨入侵者是格姆人（Gom），他们来自尼罗河流域，但格姆人的身份至今仍是谜。二者之间会交换食物，也会发生冲突。有四个大的厄特部落被格姆人全部

碧沙矿区场景（中国驻厄特使馆摄）。

歼灭。碧沙矿位于此地，富含金、铜、锌等金属矿产，是厄特和加拿大的合资企业，于2011年2月投产。

（四）巴伦图市

巴伦图市是加什—巴尔卡省首府，在阿斯马拉西南方向237公里处，位于肥沃的低地地区，海拔980米，是库纳马族聚居区的心脏地带。这里西至边境南至巴尔卡河有广阔的平原风光。属半沙漠气候，常年高温，年平均气温28℃，最热气温达45℃。巴伦图是多民族聚居地，居民多为库纳马族和纳拉族，不同的生活方式在这里交相辉映。对于那些对库纳马风俗感兴趣的游客来说，巴伦图是一个绝佳目的地。库纳马族拥有一系列丰富的文化特征，十分值得观察和研究。他们的手工艺品、传统饮食、节庆习俗都受到人们的喜爱。据说，纳拉族领袖舍卡莱·阿咖巴（Shekaray Agaba）最早建了乌姆巴阿仁库（Umba arenku，意为白色的水）镇，该镇聚集着库纳马、纳拉和提格雷尼亚族的各个部落。巴伦图是该地区多元文化的中心，也是该省各项活动的中心。巴伦图有一条主街，街两旁店铺林立，在街道的西部终点有一个清真寺。巴

巴伦图县城主街（中国驻厄特使馆摄）。

伦图曾在厄特独立战争、厄特埃塞边境战争中多次遭受战火洗礼，城区遭到严重破坏，目前人口37000。虽经厄特政府重建，但该市基础设施仍是厄特各省会中最落后的。

（五）特孔比亚（Tocombia）

特孔比亚在巴伦图以南29公里，是该省最大的市场之一，每逢星期二有大集。市场上有牲畜、新鲜农产品和库纳马族的匕首等工艺品。库纳马、本尼·阿莫尔人和萨霍人在这里摩肩接踵。游客们在这个市场会受到友好欢迎，会有机会品尝库纳马人酿造的令人晕眩的啤酒。集市位于特孔比亚小镇外4公里，被加什河分为两部分。6月至9月的雨季期间除外，人们可以步行趟过这条河到对岸。加什河堤岸上繁盛的树木以棕榈树为主，尽管这条河不是整年流淌，但它是特孔比亚的生命之源。大群的骆驼队常年从河沿岸的路上行走。

（六）奥咖罗（Augaro）

奥咖罗是个距巴伦图84公里的小城,小城市场充满活力。在城市中心的山坡上,游客能看到1932年意大利所开金矿的大片遗迹。安托莱（Antore）在奥咖罗以南，距巴伦图117公里。这个小村子周围有波浪起伏的群山、高粱与三芒草遍

特塞内传统民居（中国驻厄特使馆摄）。

特塞内至厄特苏丹边境公路（中国驻厄特使馆摄）。

地的草地。雨季过后，这里呈现一片漂亮的绿色。

（七）特塞内县

特塞内县距巴伦图115公里，距阿斯马拉356公里，是个边境小城，地处向西流入苏丹的加什河与赛迪特河之间肥沃的低地平原上，海拔602米，属半沙漠气候，冬冷夏热，是抵达苏丹边境前的最后一个厄特城镇。从巴伦图至特塞内是一条直达苏丹边境的柏油公路。这条公路建成前两国商人之间往来较为困难，雨季时很多汽车都陷在泥泞的路上。特塞内城中清真寺前的

特塞内边贸市场（中国驻厄特使馆摄）。

广场上，有公共汽车往来于厄特与苏丹和厄特各地。特塞内有各族人口1.8万，是真正的文化熔炉。这里商品贸易都在城市及其周边的市场进行，有裁缝店、小餐馆、酒吧和其他商店。城中居民可以通过买卖货物赚钱，富裕程度高于厄特其他地区居民。雨后小镇和周边地区都会呈现出苍翠繁茂的景象。厄特独立战争时期，该城被完全摧毁。厄特政府正在快速重建，特塞内已成为厄特发展最快的县之一。特塞内也是多民族混居地，全县人口9万左右，厄特9个民族中有8个民族的人们在此居住，分别信仰伊斯兰教和基督教，是一个文化多元、和谐共处的城市，通行阿拉伯语、提格雷尼亚语和提格雷语。初到加什—巴尔卡省的游客都对当地人的热情好客印象深刻，特塞内居民尤为热情。全县共有23所学校，17000名学生，有一家设施较好的医院。这家医院能够为该县和古鲁吉县的居民服务。该县还有两家诊所和两家卫生站。上述医疗机构都是厄特独立后建立的。该县各个村庄之间都有通信网络，有固定电话和移动电话服务。特塞内主要经济作物是棉花。雨季时全县可耕种土地有2.1万公顷。20世纪20年代，这里曾建有用于棉花种植的大规模灌溉设施，水渠有数百公里长，水库容量达1000万立方米，在棉花生产高峰期，农场主种植棉花面积达2万多公顷。特塞内

厄特与苏丹边境口岸（中国驻厄特使馆摄）。

距苏丹边境35公里，边境线没有任何铁丝网等设施，三岔口的左边飘扬着苏丹国旗，属于苏丹国境，中间有一个简易边防站，用一条丝带将两国隔开。

（八）古鲁吉县

古鲁吉县特塞内以南，距厄特苏丹边境46公里，也是厄特西部边陲小城。由于环境严酷，这里游客稀少。非洲热风从2月一直吹到5月，能见度极底。夏季的高温、雨季的洪水构成了这里极端的天气特征。但古鲁吉县农田十分肥沃，以黏土为主，适宜种植农作物。沿途能看到大片良田，土壤颜色较深，有的还呈现出黑色。该省大部分的好地都在这里，农田上的沟壑是季节性溪流，可以为周边的耕地提供灌溉。雨季时降雨量为400至500毫米。由于不使用化肥，这些土地每公顷年产量只有2吨　至3吨。该县格塞特地区建有国家农业基地。这个基地共有1万公顷田地，

旱季时的古鲁吉国家农场（中国驻厄特使馆摄）。

雨季时的古鲁吉国家农场（中国驻厄特使馆摄）。

古鲁吉国家农场附近村庄（中国驻厄特使馆摄）。

灌溉用水依靠丘陵上的水坝，种植着7000株芒果树苗、7000株柠檬树苗、1000株椰枣树苗，还有棉花和甘蔗等经济作物。基地附近还有一个大村庄，房子屋顶都呈圆锥形，村民约有9000人。基地拥有两个彼此相通的大水坝，加起来有5000万立方米的蓄水量。这是厄特总统直接过问的重点工程。由于这一带天气炎热，蒸发量大，只有修建大水坝，配合以植树造林，才能改变这里的小气候。

（九）奥姆哈杰尔

奥姆哈杰尔距厄特埃塞边境98公里，是厄特西南边境的一个古老、干净的小城，地处埃塞俄比亚、苏丹、厄特三国交界处。该城西部、南部以及塞迪特河两岸都被茂密的树林覆盖。这里时常发生鳄鱼袭击人类和牲畜的事件，树林地上满是荆棘，还有蛇等有毒的爬行动物。

（十）巴尔卡河及其野生动植物

巴尔卡河边茂密的林地环境有别于厄特其他地区。这些树木包括枣树、棕榈树以及各种阿拉伯胶树。这里雨季的景象有别于西部低地干旱的其他地区。这里充裕的水资源不仅支撑了农业发展，而且为种类众多的动植物提供了水源。20世纪30年代，这里和厄特其他地区都是大量非洲大型哺乳动物的家园。现在这里

雨季时的巴尔卡河（中国驻厄特使馆摄）。

野生动物仍然很多，大象已经返回到这一带，引起野生动物爱好者和鸟类学者的极大兴趣。经初步调查并确认，这里动物物种有：阿比西尼亚野兔、浅色狐、黑背豺、亚洲胡狼、非洲野猫、草原猴、绿狒狒、疣猪、苏丹瞪羚和林羚等。

（十一）塞迪特河及其野生动物

这里有很多鸟，最常见的鸟有牛背鹭、大白鹭、珍珠鸡（guinea fowl）、沙鸡、鸵鸟、食蜂鸟、蓝头佛法僧、灰犀鸟、啄木鸟、雨燕、阿比西尼亚夜莺、向蜜鸟、八哥、灰鹡鸰、黄鹡鸰、非洲秃鹳、黑鸢、冠兀鹫、非洲隼雕、黄爪隼、地中海隼、黑头鸻、斑雕鸮和戴胜鸟等。

第3章

厄立特里亚旅游实用信息

Chapter III Useful Information of Eritrea

马萨瓦岛上的建筑（中国驻厄特使馆摄）。

第一节 厄特旅游攻略

一、适合旅游时间

厄特中部高原地区全年温差小，各种植物全年生长，各季节均适合旅游。其他海拔较低地区及沿海地区各季节气温有所差别，但主要是偏热。一般而言，高原地区（包括首都阿斯马拉和克伦）9月至次年2月间适合旅游；海拔较低地区及沿海地区11月至次年3月适合旅游；沙漠地区12月至次年2月适合旅游。

二、衣着注意事项

具体可根据不同地势的地区穿着不同衣物。高原地区从11月至次年2月（可视为冬季）气候偏凉，一般白天气温平均在18°C左右，夜间气温平均15°C左右，夜间最低气温7°C—8°C。游客在冬季一般需穿两件以上单衣或外加皮衣，当地人一般穿薄羽绒服，但最冷的季节不足一个月。其他季节一般仅需备单件或两件棉质休闲装、太阳镜、遮阳帽，这些装备在厄特基本适合于各地区各季节旅游。在沿海地区，一般不建议女士穿短裙或紧身衣，以免阳光暴晒或气温过热。即便在高原地区，当地女士很少穿裙装，男士多穿长袖衫和长裤。在雨季或湿季，最好带上雨伞或雨衣备用。

三、预防当地传染病

1. 赴厄前至少两个月须向医生咨询是否需要注射防疫疫苗或采取预防措施，孕妇、慢性病患者、近期进行过手术、希望携子或希望在厄停留较长时间者应做更多准备。

2. 来自黄热病疫区的人士赴厄前必须注射黄热病疫苗。建议来厄前注射以下疫苗：白喉、破伤风、小儿麻痹、甲肝、伤寒、脑膜炎。如果在厄停留时间超过数周，建议注射乙肝疫苗。

3. 预防疟疾、登革热、肠道疾病等传染病，可自备驱蚊液或蚊香、灭蝇灭蟑螂药，彻底消灭蚊子、苍蝇、蟑螂等传播疾病的媒介。阿斯马拉等高原地区无疟疾和登革热等热带流行性疫病传播，低地和红海沿海地区有时会出现这一类疫病，需加以防范。

4. 预防痢疾、伤寒（副伤寒）、肝炎等肠道传染病，不要到卫生条件差的摊点、餐馆就餐，不生吃或半生吃虾、蟹、鱼等海产品。养成良好的卫生习惯，不喝生水，饭前便后洗手。

5. 艾滋病和性病发病率很低，仍然需要注意个人行为检点，加强预防。

6. 疟疾（俗称“打摆子”）在沿海平原地区、西部低地和克伦地区周边（任何海拔低于2000米地区）时有发生，尤其是在雨季。若在西部低地旅行，一定要做好预防蚊虫叮咬的措施。一旦出现周期性寒热交替发作，或者间断怕冷、高热、出汗、乏力、头痛、全身肌肉关节酸痛等疟疾典型症状者；或者出现高热、全身不适、乏力、食欲减退、玫瑰皮疹、相对缓脉、肝脾肿大、消化道症状、神经系统症状等怀疑为伤寒感染者；或者出现高热，头痛、肌肉骨关节剧痛、皮疹、淋巴结肿大症状，白细胞减少等症状怀疑为登革热患者。应及时隔离并尽快与中国驻厄特使馆、中国援厄医疗队联系，明确诊断，以免延误病情。

7. 家人以及同行旅游者中有病人时，更要注意自我保护。对可能污染的物品可选用煮沸、消毒药浸泡等方式消毒。尽可能在医生指导下处理。

四、外出旅游保健药、防护品

外出旅游中较容易发生的内、外疾病主要是感冒、急性胃肠炎、痢疾、过敏、中暑、疟疾、登革热、晒伤、高原缺氧，以及碰撞、扭伤等。为保障急用，建议中国游客从国内自带下列药物：

感冒灵、白加黑等，具有镇痛、清热、消炎、止咳等功能，常用于流行性感冒、病毒性上呼吸道炎症等。

止痛片具有解热、止痛、消炎功能，可用于发热、头痛或其他一般性疼痛等。

十滴水、藿香正气水（软胶囊）、仁丹对中暑、腹痛、腹泻有很好的疗效。

扑尔敏、苯海拉明能消除各种过敏症状，并有镇静及止吐作用，不但可用于各种过敏性疾病，如荨麻疹、过敏性皮炎、虫咬皮炎、过敏性皮炎等，还可用于晕机、晕车、晕船等。

保和丸、健胃消食片，健脾胃消食积，对于饮食停滞引起的胀气吞酸、不思饮食有较好疗效。

诺氟沙星、黄连素片对急性肠炎、痢疾、伤寒等肠道疾病有较好的疗效。

花露水、风油精、利康液、驱蚊液等，防蚊虫叮咬。

医用碘酒、酒精，具有良好的外用杀菌消毒作用，一般皮肤红肿、毒虫咬伤、皮肤消毒皆可使用。

绷带、橡皮膏，一切外伤可用来包扎、止血和固定。

长袖衣服、防晒霜、太阳镜、太阳帽，防止紫外线。

温馨提示：来厄特可多带些止痛片，如用不完，也可以作为礼物送给当地朋友。

五、餐饮

在阿斯马拉，可到阿斯马拉烈士大道上的蓝鸟饭店（Blue Bird Restaurant）品尝传统食物英吉拉。厄特没有中餐馆。厄特国家保险公司的屋顶花园（Roof Garden）的饭菜类似中餐和印度餐，适合中国人的口味。想吃正宗意大利餐的游客可到克伦饭店。

六、购物

阿斯马拉的免税店有三处，分别位于阿斯马拉博览园（Expo）、解放大道天主教大教堂斜对面以及阿斯马拉国际机场内。推荐去市中心的Jolly礼品店（地址：70 Adi Hawesha Street 电话：121062）选购厄特传统工艺品。大教堂正对面有阿斯马拉服装厂的门店，可购买棉被、衬衣等棉织品。阿斯马拉较容易买到牛羊肉。猪肉需要到专门肉店提前预订。中央省兼阿斯马拉市政府办公楼对面是鱼市，可以买到鱼虾等海产品。阿斯马拉市中心皮具店较多，有皮衣、皮腰带、皮包可买，确保是纯皮，做工也不错。阿斯马拉的咖啡豆和咖啡粉是当地特产，各小商店均可买到，约250纳克法一公斤。蜂蜜为当地蜂农生产，品质纯正，约300纳克法一公斤。

七、旅行社

厄特旅行社服务普遍热情周到，为游客厄特之旅提供便利，其服务范围主要包括：机票预订、机场转机、汽车租赁、游艇包租、饭店预订、赴阿斯马拉以外地区旅游的许可证（俗称“路条”）办理和旅游观光一条龙服务，可让游客享受省心、放心、安心、开心的旅游。厄特各旅行社的电话与地址如下（各旅行社排序不分先后。下述信息通过不同渠道收集而来，可能不准确，建议游客们进一步通过打电话等方式进行核实。从中国国内拨打厄特固定电话前面要加拨002911）。

1. Travel House International P.L.C.

地址：P.O. Box 5579，Asmara，Eritrea

电话：201881 / 201882

传真: 120751

网址: www.travelhouseritrea.com

E-mail:travelhouse@gemel.com.er

2. Explore Travel Agency

地址：位于市中心，距大教堂和邮局走路几分钟便到。

电话：125555/120259

传真：127908

邮箱：explore@tse.com.er

网址：www.exploreeritrea.com

3. Asmara Grande

地址：P.O. Box 291，Asmara，Eritrea

Harbegnatat Street，No. 183-7，House No. 76

电话：110672/116317

传真：110672

网址：www.asmaragrande.com

4. EriNine Tour Operator & Travel Agency

地址：P.O. Box 266, Asmara, Eritrea

电话：122271/127300

传真：12729

网址：www.erinine.com

5. Explore Eritrea Tour Operator & Travel Agency

地址：P.O. Box 2061，Asmara，Eritrea

电话：125555 /120259

传真：12780

6. Oasis Travel & Tour Agency

地址：Mai Bela Street 15

P.O. Box 4402，Asmara，Eritrea

电话：110056

手机：118223

传真：201545

网址：www.oasiseritrea.com

7. Ghidei International Travel Agency

地址：55 Harnet Avenue 1st floor

P.O. Box 706，Asmara，Eritrea

电话：120303 /123838

传真：200501

8. Amanuel Travel Agency

地址：Warsay Street (Alpha Bld 1st floor) # 189,

Asmara，Eritrea

电话：180240

传真：180242

E-mail: selamta@ersol.com.er

邮箱：amanuel60@yahoo.com

第二节　厄特工作攻略

一、签证须知

2015年1月，中厄两国签署互免持外交、公务护照人员签证协定。协定已于2015年4月生效。持中国外交护照、公务护照和公务普通护照人员来厄特之前无需办理签证，并可在厄特停留60天。对于来厄特工作或者持普通护照者，仍需到厄特驻华大使馆提前办理签证。

厄立特里亚驻华使馆负责受理赴厄签证业务，地址：北京市亮马河南路4号，塔园外交人员办公楼，电话：65326534　传真：65326532。

中国公民最多可进行两次签证延期，如签证需延期，必须在原签证过期前向厄特移民局申请。办理签证延期需交1张照片并以美元缴费。

厄特移民局电话：118380；签证处电话：162154；地址：P.O. Box 250 - Immigration, National and Passport Office, Asmara，Eritrea。

二、办理工作证和居住证手续

办理工作证手续

厄特劳动部一般不承认中国国内体检部门的结果（除非体检结果上有厄特驻北京使馆的盖章）。中国公民在厄特办理工作证首先要到森堡医院再次进行体检（抽血和X光两项），需携带劳动部开具的介绍信、护照及复印件、1张护照尺寸照片、体检表，缴费335纳克法，最快半个小时可以拿到体检结果。建议半天后或第二天再去拿体检结果。

取得森堡医院体检结果后，一般要准备以下材料交劳动部：厄特有关主管部门的支持信、护照尺寸照片若干、护照复印件、签证复印件、工作合同复印件、个人简历复印件、最高学历学位证书复印件（最好包括英文翻译）。大约5个工作日后，再次去劳动部取得由该部签发的工作证，缴费50美元。

办理居住证手续

需准备以下材料：厄特有关主管部门的支持信、护照复印件、签证复印件（在机场降落时有盖章）、护照尺寸照片若干、工作证复印件（正反面在1张A4纸上），填写居住证申请表，缴费2500纳克法。必须到场在移民局官员办公室面签，当天可以拿到居住证。注意可能要在移民局购买文件夹（8纳克法左右），缴纳不超过1纳克法的印花税，移民局提供复印服务（每张2纳克法）。如果来厄特超过3个月没有获批取得居住证，建议主动离开厄特。对于滞留人员，厄特移民局将遣送回国。

温馨提示：每年1月，在厄特工作的外国人要到劳动部注册，持工作签证抵达厄特的外国人须在3个月内取得工作证和居住证。

工作证每年注册1次，注册需要提交两张护照尺寸照片、1张护照复印件，提供居住地址和工作单位地址信息。未按时注册者会被处罚。

工作证签发和续签需缴费50美元，更换工作证缴费25美元，可提前一个月办理第二年的工作证，过期要缴纳罚金。办理工作证延期时务必带厄特有关主管部门单位人事处的注册卡。

工作证最长有效期两年，一般颁发1年有效期的工作证。工作证有效期到期前的30个工作日内需要续签工作证。工作合同到期的外国人需要将工作证和注册卡交还到劳动部。

工作证到期后30天内续签，除交纳续签费外，还需缴纳数额为续签费75%的罚金；工作证到期后30天至60天内续签，除交纳续签费外，还需缴纳数额为续签费150%的罚金；工作证到期60天后还未续签的，工作证自动废除，根据厄特相关法律，持证者会受到处罚。

三、主要国家机关部门

厄特原每周工作6天，每天工作8小时。1997年1月6日起政府开始实行新的作息时间制度，规定非营利部门的公职人员每周工作五天共44.5小时。周一至周四为上午7:00—12:00，下午2:00—6:00；周五为上午7:00—11:30，下午2:00—6:00。

劳动与社会福利部 (Ministry of Labor & Human Welfare)

办公室	电话
劳动与社会福利部办公室	151846 (204)
安塞巴省劳工办公室	401077
南方省劳工办公室	611256
加什—巴尔卡省劳工办公室	731208
中央省劳工办公室	127704
北红海省劳工办公室	541255
南红海省劳工办公室	660181

卫生部（Ministry of Health），电话：120297

教育部（Ministry of Education），电话：127817　传真：118351/121913

旅游部（Ministry of Tourism），电话：126977/154100 /154111　传真：154081

农业部（Ministry of Agriculture），电话：181077

外交部（Ministry of Foreign Affairs），电话：127878

地方政府事务部（Ministry of Local Government），电话：127734/36/37

贸易与工业部（Ministry of Industry and Commerce），电话：127800

司法部（Ministry of Justice），电话：127732

国防部（Ministry of Defence），电话：281844
财政部（Ministry of Finance），电话：127828/127755
能源与矿产部（Ministry of Energy），电话：121944
水土环境部（Ministry of Land, Water and Environment），电话：119107
公共工程部（Ministry of Public Works），电话：122477
海洋资源部（Ministry of Marine Resource），电话：114271
国家发展部（Ministry of National Development），电话：124964
交通与通信部（Ministry of Transport & Communications），电话：120555
新闻部（Ministry of Information），电话：201820

四、通信

2000年底，厄特引入互联网业务。2004年3月，移动通信正式营业，首先开通的是中央省13个地区以及北红海省马萨瓦等地。2007年，中国中兴通信公司为厄特所有国际电话、互联网用户提供不间断服务，并通过扩充容量提高通信覆盖率。厄特10个主要城市的居民无需排队等待转接电话，在家即可享受国内外电话服务。至2015年，厄特移动电话用户为30万户，固定电话用户5.7万户，互联网用户约占全国人口的1%，厄特全国6个省均有互联网服务。厄特共有4家互联网供应商，其中厄特电信为国有企业，Ewan、Tfanus、Ersol等3家为私营企业。

手机制式为GSM，SIM卡是大卡，也可剪成小卡，中国国内手机换上当地的SIM卡即可使用。厄特电信未与中国的移动通信公司开通漫游，中国手机卡到厄特不能使用，当地手机卡到厄特境外后不能使用。如需在厄特使用手机，建议在中国国内购置手机并带到厄特使用。厄特电压为220V，50Hz，国内电器在厄特均可使用，但需购买转换插头。从中国国内拨打厄特手机要加拨00291；在当地拨打手机，前面要加拨0。

办理手机Sim卡流程

在取得工作证和居住证之后才能办理手机卡。厄特电信局（Eritel）负责办理手机Sim卡。厄特全国有多家电信局分支机构。阿斯马拉解放大道教育部旁边的电信局业务处受理当地人申请手机卡的业务，可打国际长途。可以在电信局内电话亭使用电信卡打国际长途，110纳克法的电信卡可以打3分钟国际长途，因需扣除10纳克法消费税，电信卡插入后显示为100纳克法。手机卡信号较弱，打不通现象时有发生。

位于纳克法大楼 (Nakfa House) 的电信局业务处办理外国人申请手机卡业务需准备的基本材料包括：

1. 所在当地主管单位的支持信及两张复印件。
2. 护照及两张复印件。
3. 签证页及两张复印件。
4. 两张护照相片大小的照片。
5. 工作证及两张复印件。
6. 居住证及两张复印件。
7. 在机场申报的手机缴税单。如果没有，需要一个手机及在当地购买手机的发票。
8. 租房合同及复印件。如没有，需要所在当地主管部门免费提供住房的支持信。

电信局业务处会同有关部门对材料进行审核，大约一周后获批，申请人需再次来电信局业务处，缴费885.50纳克法后取得Sim卡，卡中有大约100纳克法余额。

手机充值

可在街边小商店购买手机充值卡，有110纳克法和55纳克法两种面值。使用方法为输入220，听到语音后，输入充值卡密码，如充值成功，可听到“谢谢”。充值卡有效期为1个月，到期前会收到再次充值的提醒，需及时充值，余额不作废，可延续1个月，以此类推。充值卡过期一个星期后，将不能打电话，需再次充值才能打电话。

温馨提示：因为电信政策不时调整，实际情况可能会有变化和偏差，上述信息仅供参考，以厄特届时实际执行的政策为准。

五、办理换领驾照流程

拿到居住证后才可到交通与通信部办理临时驾照（Temporary Driving License Permit）换领手续，所需材料包括护照和复印件、签证和复印件、居住证和复印件、国内驾驶证和复印件。临时驾照到期后须交还交通与通信部。

温馨提示：自驾车务必系安全带，副驾驶也必须系安全带。厄特当地司机普遍开车较慢，比较有礼貌。中国司机开车务必遵守当地交通法规，不抢行，注意穿越马路的行人和自行车，注意交通安全。超载、违章停车等会收到当地警察局的罚单。厄特的油料均从国外进口，有时会出现加油困难的情况。

六、缴纳水电费

厄特电力公司阿斯马拉市客服中心（Eritrean Electric Corporation Customer Service，电话：122226，传真：121468/124984）的工作人员每月准备电费通知单，自送达10日之内必须缴费。过期后将收取5%的罚款，电力公司还保留断电的权利。

根据住所或单位的水表数字，每3个月向水务部门告知水表数和缴费单号，缴纳1次水费，延期须缴纳滞纳金。

七、紧急联系

厄立特里亚匪警台：127799—288

警察局总部电话：112811（白天），115555（夜间）

火警电话：117777

救护车服务、红十字会：122244

中华人民共和国驻厄立特里亚国使馆地址：

NO.178，ABO Street, Zone 3, Administration 02, Asmara, State of Eritrea

电话：185271（领事部），185275（传真），07111068（值班电话），123707（经商处）

八、常用提格雷尼亚语介绍

提格雷尼亚语	英语	汉语
Selam!	Hi!	你好！
Kemey alokha?	How are you?	你好吗？
Dehan h’der	Good night!	晚安！
Dehan Kun	Goodbye！	再见！
Dehan kenni	See you after some time.	回头见。
Abey iyu enda wekil guzo?	Where is the travel agency?	旅行社在哪里？
Abey iyu enda police?	Where is the police station?	警察局在哪里？
Abey iyu enda gazeta?	Where is the newspaper stand?	报摊在哪里？
Abey iyu bete mezekir?	Where is the museum?	博物馆在哪里？

续表

提格雷尼亚语	英语	汉语
K'ndey wa'g'u?	How much does it cost?	这个值多少钱?
Abey iyu farmatcha?	Where is Pharmacy?	药店在哪里?
Me'ass iyu z'kh'fet?	When does it open?	它什么时候开门?
Kenina alokado?	Do you have (tablets) pills?	你有药吗?
Boon amts'aley (habeni)	Bring me coffee.	给我咖啡
Shahi habeni	Give me tea.	给我茶
Tseba wu'uy habeni	Bring me hot milk.	给我热牛奶

第三节　厄立特里亚交通攻略

厄立特里亚扼红海地理要冲，马萨瓦地区历史上曾是红海贸易中心。厄立特里亚交通设施大多建于20世纪30年代，有的年久失修，有的在战争中遭受了严重的破坏。独立后，厄特政府举全国之力，加大基础设施建设，交通设施得到一定改善。

一、公路

20世纪70年代初，厄立特里亚的交通网络包括600公里柏油路，320公里铁路，700公里常年行车的沙石路及4500公里的乡村、季节性支线。厄特于1993年解放建国后，经过20多年发展，目前全国公路总长度为15100公里，其中沥青路有1300公里、碎石路3800公里、土路10000公里，南北走向公路21条，东西走向公路18条，主要城市之间均有公路相通。目前在建的公路包括马萨瓦—阿萨布公路、克伦—特塞内公路、门德法拉—巴伦图公路等。从首都阿斯马拉到邻近苏丹边境的特塞内从原来的2天路程缩短到现在的6—8小时，从马萨瓦到阿萨布的滨海公路虽然绝大多数路段为砂石路，但路况尚可，客车亦可通行。厄特政府拟引进外资重建马萨瓦—阿斯马拉—阿科达特—碧沙矿区并延伸至苏丹边境的公路。

独立后，厄特各种车辆大量增加。1991年各种客车仅267辆，到1996年，客车增至1391车辆（其中小客车758辆，中型客车317辆，大型客车316辆），出租车增至1197辆，卡车及油罐车增至6386辆，小轿车增至14054辆。厄特交通部门统计，至2003年底，厄特全国有各类汽车4万辆。至2011年底，全国共有各种机动车65060辆，其中私家车33723辆。2013年5月，厄特政府发布关于设立"陆地交通管理局"的174/2013号公告。由于从中国进口了新的客车，2013年6月中央省所有村庄都已通车，有70部大客车和25部小客车在运营。

厄特进口的中国厦门"金龙"牌大客车（中国驻厄特使馆摄）。

老爷车与新公交车并行（中国驻厄特使馆摄）。

阿斯马拉市内交通

阿斯马拉市内出行可以选择公交车、出租车等交通方式，如路途不远，也可骑自行车。二手车自行车根据质量品牌等大约三四千纳克法一辆。阿斯马拉公交系统较为发达，城内约有40路公共汽车和小公共汽车，均有固定车站，运营时间为早6点至晚9点。公共汽车票价统一为1纳克法，小公共汽车票价为1.5纳克法。

阿斯马拉40路公共汽车起始站

编号	出发	抵达
1	Biet Ghiorghi	Air port
2	Maitemenai	Zban Senkey
3	Enda Mariam	Adi Abieto
4	Meda Eritrea	Godaif
5	Enda Mariam	Adi Segudo
6	Meda Eritrea	Hazhaz
7	Mai Abashawel	Setantaoto
8	Akria	Fiat
9	Meda Eritrea	Sembel
10	Akria	Zban Senkey
11	Maitemenai	Mai Chehot
12	Meda Eritrea	Sembel
13	4te Asmara	Space/Ertro-German
14	Meda Eritrea	Barjima/Aguadu
15	Meda Eritrea	Mai
16	Enda Mariam	Kushet
17	Bahti Meskerem	Adi Segudo
18	Edaga Hamus	Emba Derho
19	Enda Mariam	Tsaeda Christian
20	Meda Eritrea	Adi Guaedad
21	Edaga Hamus	Serejaka
22	Edaga Hamus	Beleza
23	Meda Eritrea	Tsetserat

续表

编号	出发	抵达
24	Enda Mariam	Himbreti
25	Godaif	Embeito
26	Meda Eritrea	wekerti
27	Sembel	Daero paulos
28	Kehawta	Tselot
29	Enda Mariam	Arberob
30	Edaga Hamus	Adi Nifas
31	Edaga Hamus	Guritat
32	Edaga Hamus	Weki
33	Edaga Hamus	Tseazega
34	Edaga Hamus	Hazega
35	Edaga Hamus	Adi Sefeda
36	Edaga Hamus	weki duba
37	Bloko Godaif	Merhano
38	Edaga Hamus	Zager
39	Enda Mariam	Adi Mussa
40	Edaga Hamus	Quazien

出租车车身为黄色，车牌号以ER2开头，车顶一般有Best Driver标识。出租车按规定路线运行（Tira Volo，Godaif，the Market place，etc.），司机一般会等到三四个人才走，收费20纳克法。如果不按规定路线运行，乘客则需和出租车司机议价（Contract），起步价为70纳克法。根据距离远近价格不同，一般需100—150纳克法。汽油供应时有中断，出租车司机随意涨价现象普遍。乘出租车时，为确保安全，一般要从右侧车门上下，务必轻关车门，坐司机边座位的，务必系安全带。阿斯马拉城市不大，如果不急着赶路，可就近下车，步行去目的地。遇公共节日和体育活动时，一些路过市中心的公交车辆要限行，出租车也不能直接开到市中心。

如在厄特长期生活，可以选择到汽车租赁公司租车，比如Edil Car Rental（电话：07111954 201541/201394，邮编P. O. Box 5748）。当然也可以买车，但当地提供的二手车几乎都是20年以上的老旧车，价格颇昂贵，需付4%的过户费并在交通部备案。

厄特车牌号主要有以下几种：

ER1 普通车（Common (regular) cars）

ER2 出租车（Taxi）

ER3 公共汽车（Bus），既有大型公共汽车，也有小型车

ER4 非政府组织（Non-government organization）

ER G 政府车辆（Government）

ER CD 大使馆车辆（Cars from the embassy，Diplomatic corps）

ED F 国防军车辆（Defense force）

ER P 警察局车辆（Police）

ER AF 空军车辆（Air force）

ER N 海军车辆（Navy）

阿斯马拉与外地交通

厄立特里亚传统交通运输工具是毛驴、骆驼和马等大型牲畜。骆驼是厄特特有的单峰驼，体型比双峰驼小，却灵活得多。毛驴被厄特人视为家中重要成员，也是主要劳动力之一，禁止宰杀，禁止食用。随着时代的发展，大型牲畜作为交通工具在城市地区已逐渐淡出舞台，在农村地区还是主要交通工具，阿斯马拉城区仍不时看到从农村来卖木炭或运货的马车。

马车与汽车同行（中国驻厄特使馆摄）。

往返阿斯马拉与其他城镇主要依赖长途客车。外国人如想离开阿斯马拉赴外地旅行，需事先持邀请单位的介绍信和本人护照复印件等资料到旅游部（P.O.Box1010-Harnet Avenue, Asmara）办理厄境内旅行许可证（俗称路条，办理时间大约为10天）。阿斯马拉长途客车站有发往全国的长途客车。一般从早晨6点开始至10点定点发4班去全国各地的班车，10点以后根据客源情况，流水发车。

阿斯马拉长途客车

	目的地	距离（公里）	价格（纳克法）
阿斯马拉去门德法拉方向	德巴瓦（Dubarwa）	36	11.50
	门德法拉（Mendefera）	60	19.00
	阿迪夸拉（Adi Quala）	92	29.25
	德克马哈瑞（Dekemhare）	40	12.75
	塞格内提（Segeneiti）	62	19.75
	阿迪凯（Adi Keih）	110	35.00
	塞纳法（Senafe）	135	43.00
阿斯马拉去克伦方向	阿迪特克莱赞(Adi Tekelezan)	39	12.50
	伊拉伯雷德（Elabered）	68	28.00
	克伦（Keren）	91	29.25
	阿法贝特（Afabet）	157	52.25
	纳克法（Nakfa）	227	87.00
阿斯马拉去巴伦图方向	阿科达特（Akordat）	172	54.75
	巴伦图（Barentu）	238	75.75
	海克塔（Haikota）	307	97.75
	特塞内（Tessenei）	357	113.50
阿斯马拉去马萨瓦方向	纳法西特（Nefasit）	25	8.00
	津达（Ghindae）	48	15.25
	马萨瓦（Massawa）	155	36.50
阿斯马拉去阿萨布方向	格拉娄（Gelielo）	251	125.25
	贝卢（Beilul）	652	265.50
	阿萨布 Assab	705	284

二、铁路

从意大利殖民时期修筑铁路以来，厄特铁路已有100多年历史，但多在战争中遭到破坏。铁轨被拆卸，部分铁轨用于军事用途，剩余的则锈坏了。原来从马萨瓦经阿斯马拉到阿科达特的306公里的窄轨铁路已废弃。意大利殖民时期还曾修建过一条从阿斯马拉至马萨瓦的索道，英国管治期间被拆卸卖掉。厄特独立后，政府自筹资金修复了阿斯马拉—津达段40多公里、津达—马萨瓦段60多公里共100多公里窄轨铁路，目前只用于旅游（约30多公里）。政府有计划购买新机车改善运营条件。

三、航空

独立以来，厄特航空事业不断发展。为振兴旅游和外贸，厄特民航管理局积极引进现代化导航设备。1994年厄特成为国际民航组织成员国。2003年4月厄特成立了国家航空公司，即厄立特里亚航空公司。

阿斯马拉国际机场（中国驻厄特使馆摄）。

阿斯马拉国际机场是厄特最主要的航空港，能起降波音737、757、767及空中客车320等机型。经过改、扩建的马萨瓦机场，可起降大中型喷气飞机。阿萨布、达赫拉克和纳克法3个机场可起降小型飞机。2013年12月，苏丹Nova航空开通阿斯马拉—卡萨拉—喀土穆—朱巴航线。2014年8月，土耳其航空开通阿斯马拉至伊斯坦布尔航线。2014年9月，厄特航空增开三个国际航班：一是阿斯马拉—喀土穆—朱巴，每周往返三次；二是阿斯马拉—迪拜，每周往返三次；三是阿斯马拉—吉达，每周往返两次。2014年12月，卡塔尔航空开通阿斯马拉至多哈航线。2015年5月，厄航开通阿斯马拉至米兰航线。

目前在厄特运营的外国航空公司有埃及航空、土耳其航空、卡塔尔航空、也门航空、苏丹Nova航空等。与阿斯马拉直接通航的城市有：开罗、喀土穆、苏丹港、朱巴、迪拜、伊斯坦布尔、米兰、萨那、吉达、多哈。现在厄特运营的本国航空公司有厄特航空和纳萨尔航空两家公司。往来中国的航班经开罗、迪拜、伊斯坦布尔、多哈等城市中转。阿斯马拉国际机场一般起飞前3小时开始办理登机手续。

民航时刻表（2015年4月）

厄立特里亚航空公司（Eritrean Airlines）：

阿斯马拉（Asm）	喀土穆（Khartoum）	周三、周日
起飞时间 12:30	到达时间 13:45	
阿斯马拉（Asm）	喀土穆（Khartoum）	周三
起飞时间 15:30	到达时间 16:45	
阿斯马拉（Asm）	开罗（Cairo）	周三、周日
起飞时间 12:30	到达时间 16:25	
阿斯马拉（Asm）	吉达（Jiddah）	周三、周六
起飞时间 8:00	到达时间 9:15	
阿斯马拉（Asm）	迪拜（Dubai）	周一
起飞时间 8:25	到达时间 12:40	
阿斯马拉（Asm）	迪拜（Dubai）	周四
起飞时间 7:45	到达时间 11:55	

埃及航空公司（Egypt Airlines）：

阿斯马拉（Asm）	开罗（Cairo）	周一至周日
起飞时间 4:00	到达时间 6:00	

诺瓦航空公司（Nova Airlines）：

阿斯马拉（Asm）	喀土穆（Khartoum）	朱巴（Juba）	周三
起飞时间 9:00	到达时间 10:00	到达时间 11:00	

卡塔尔航空公司（Qatar Airlines）：

阿斯马拉（Asm）	多哈（Doha）	周二、四、六

起飞时间 2:00　　　　　　到达时间 5:00

也门航空公司（Yemen Airlines）：

阿斯马拉（Asm）　　　　　萨那（Sanaa）

起飞时间 24:00　　　　　到达时间 1:00　　　　周二、六

起飞时间 21:00　　　　　到达时间 22:00　　　周五

土耳其航空公司（Turkish Airlines）：

阿斯马拉（Asm）　　　　　伊斯坦布尔（Istanbul）周三、五、日

起飞时间 3:20　　　　　　到达时间 8:45

中国与厄特不通直航，均需转机。淡季和旺季，路线不同，价格也有波动。从中国有埃及航空北京（广州）—开罗—阿斯马拉、卡塔尔航空北京—多哈—阿斯马拉、土耳其航空北京—伊斯坦布尔—阿斯马拉等航线。如乘埃及航空，在埃及开罗要经停一天，航空公司会免费为乘客安排酒店休息和就餐。埃及航空允许经济舱乘客托运两件行李，每件不超过23公斤，一件手提行李，重量不得超过8公斤。埃及航空订票地点位于阿斯马拉解放大道尽头的九月广场。

四、海运

厄立特里亚有马萨瓦与阿萨布两大海港。马萨瓦港有9个泊位，最大一个泊位可停靠3万吨级货轮，最大吃水深度9.15米，年吞吐量为1.6万集装箱、83.5万吨货物，可同时存储2500个集装箱、12万吨货物。阿萨布港有12个泊位，可存储28116个集装箱、36万吨货物。

两个港口在意大利时期就已存在，埃塞政府时期将其扩大，使阿萨布港取代马萨瓦港成为商业港口。在1990、1991年的轰炸中，马萨瓦港遭受严重破坏，大量的运输由阿萨布港承担。厄特建国后，阿萨布港曾是埃塞俄比亚最主要的货物进出口港，也为厄特带来大量的货物转口收入。厄埃两国关系因边界战争交恶后，埃塞转而使用吉布提港进出口物资。厄埃边界战争后，马萨瓦港货运量增长，厄特政府投资6.6亿纳克法扩建马萨瓦港口，2002年竣工。

厄特有3家航运公司，7艘货轮。其中厄特航运公司有4艘货轮，航行苏丹、埃及、吉达、也门、卡塔尔、坦桑尼亚等港口。厄特国内目前没有正规航运公司的客运服务。从马萨瓦港前往厄特红海的达赫拉克群岛可以与私人船主洽谈租船服务。

第四节 厄特的宾馆

一、中央省

阿斯马拉的饭店很多，主要有：

饭店名	地址	房间数量	电话	传真
Alla Scala Hotel	Warsay Street P.O. Box 2481	28	151 540	151 541
Ambassador Hotel	Harnet Avenue #40 P.O. Box 73	36	126 544 123 570	126 365
Asmara Palace Hotel	Expo Area #4 P.O. Box 5455	170	153 700	153 701
Asmara Central Hotel	Matae Street #42	42	120 041 120 446	122 320
Berhe Aiba Hotel	Hday Street P.O. Box 52035	30	184154	186 066
Bologna Hotel	Bada Street	69	186 690 186 695	186 686
Crystal Hotel	Bihat Street No. 171-3 P.O. Box 5287	24	120 944 116 108	200 911
Damera Pension	247 Godena Harenet	10	124 855	
Embasoira Hotel	Dej. Hailu Kebebe P.O. Box 181	50	123 222 123 224	122 595
Expo Hotel	Bada Street 746-6 P.O. Box 3737	65	184242	182 714
Hamasien Hotel	Dej. Hailu Kebebe	29	123 411	122 595
Kelete Hotel	P.O. Box 8483		120 575	
Keren Hotel	Nakfa Avenue P.O. Box 181		120 740	126 993
Khartoum Hotel	Ali Usman Buri #35 P.O. Box 5747	14	121 394 128 008	121 427
Lion Hotel	Bakla Street # 20/22	28	159 572	120 766

续表

饭店名	地址	房间数量	电话	传真
Midian International Hotel	Street 172-5 P.O.Box 4989	34	126 232	122 401
Nyala Hotel	Semaetat Avenue P.O. Box 867	67	123 111	122 914
Red Sea Pension	194 Nakfa Str #238 P.O. Box 1004	18	126 778	
Savanna International Hotel	Chist. Dagama Str. #9 P.O. Box 3754	58	202 141 202 146	202 146
Selam Hotel	Dagmawi Menelik P.O. Box 181	47	127 244	120 662
Sheghey Hotel	Desta W/Yesus #6	12	126 562 127 277	
Stadium Hotel	Churchil Street #2	18	161 173	
Sunshine Hotel	Hatsey Yohannes #76 P.O. Box 3406	26	127 880 127 882	127 866
Top Five Hotel	Marsa Teklay Ave # 8 P.O. Box 4823	15	124 922 124919	124 931
Tourist Hotel	Tegadelti Street Godaif P.O. Box 5259		187 500 187 501	187 502

（一）阿斯马拉宫饭店

阿斯马拉宫饭店（Hotel Asmara Palace）建于1999年，是目前阿斯马拉最好的饭店，5星级。饭店设施档次高，有会议室、购物中心、游泳池、网球场、健身中心等。阿斯马拉宫距阿斯马拉国际机场2公里，距市中心4公里，毗邻联合国机构驻厄特代表处。共有客房170间，内有浴缸、卫星电视、空调、咖啡机、吹风

阿斯马拉宫饭店（中国驻厄特使馆摄）。

机、熨斗、小冰箱、互联网、遥控电视、保险箱、免费报纸、双线电话、语音信箱、配有台灯的工作桌等。

收费标准

房型	美元	欧元
单人房（Single bed）	175	135
豪华套房(Deluxe bed)	210	185
大床房（Single bed for couples ）	185	150

地址：Warsay Avenue, P.O. Box 5455 Asmara Eritrea

电话：+2911 153700

传真：+2911 153701

邮箱：Reservations: reservation@hap.com.er，info@hap.com.er

网址：www.hotelasmarapalace.com

（二）米甸饭店

米甸饭店（Midian Hotel）距离市中心约1.5公里，乘车到阿斯马拉国际机场

米甸饭店（中国驻厄特使馆摄）。

10分钟左右。饭店安全舒适，不少外国游客喜欢住这儿。

收费标准

房型	纳克法	美元	欧元
单人房（Single bed）	1213	81	67
豪华套房（Deluxe bed）	1718	115	95
大床房（Single bed for couples）	1313	88	73
· 房价含早餐 · 外加服务费和消费税			

地址：P.O. Box 4989 / Street 172 Asmara Eritrea

电话：+2911 126232

传真：+2911 114006

网址：http://www.midianh.com.er/

(三)克伦饭店

克伦饭店（Keren Hotel）又名Albergo Italia，建于1899年，位于阿斯马拉市

克伦饭店（中国驻厄特使馆摄）。

中心，是阿斯马拉最古老的饭店。2004年，该饭店进行了彻底翻修。

收费标准

房型	美元	欧元
套房	200	150
双人间	165	125
标准间	135	100
· 房价含早餐 · 外加服务费和消费税 · 每个房间有电话（座机）、小冰箱和卫星电视 · 无线网络		

地址：13 Nakfa Avenue, Asmara Eritrea

电话：+2911 120740

传真：+2911 126993

邮箱：info@albergoitaliaasmara.com

网址：http://www.albergoitaliaasmara.com

（四）安姆巴—索依拉饭店

安姆巴—索依拉饭店（The Embasoira Hotel）以厄特最高峰安姆巴—索依拉

安姆巴—索依拉饭店（中国驻厄特使馆摄）。

峰命名,位于阿斯马拉意大利别墅区，靠近市中心。

收费标准

房型	单人入住（美元）	双人入住（美元）
套房（Suite）	70	93
标准间（Regular）	60	79

地址：Hailu Kebede Street, Asmara Eritrea

电话：+2911 123222/120233 (Ambasoira) 123411 (Hamasien)

传真：+2911 122595

邮箱：embasoira@tse.com.er

网址：http://www.embasoirahotel.com

（五）哈马西恩饭店

哈马西恩饭店（Hamasien Hotel），建于1920年，距离市中心200米。

哈马西恩饭店（中国驻厄特使馆摄）。

收费标准

房型	单人入住（美元）	双人入住（美元）
套房（Suite）	43	60
标准间（Regular）	53	72
该饭店可使用以下信用卡：Visa, American Express, Master Card, Delta, & JCB Cards		

地址：Hailu Kebede Street, Asmara Eritrea

电话：+2911 123411 (Hamasien)

传真：+2911 122595

（六）阳光饭店

阳光饭店（Sunshine Hotel）位于厄立特里亚国家保险公司大楼（The NICE Insurance Building）附近。

阳光饭店（中国驻厄特使馆摄）。

收费标准

	纳克法		美元	
房型	单人入住	双人入住	单人入住	双人入住
套房	960	1200	64	80
标准间	720	960	48	64
· 含早餐、服务和消费税等 · 步行到市中心5分钟左右 · 提供24小时不间断服务 · 每个房间有卫星电视、无线网络、电冰箱、小冰箱、电话 · 提供洗衣、货币兑换、礼品店、传真、复印、停车、叫醒等服务				

地址：Bidho St. # 76 Asmara, Eritrea, East Africa. P.O.Box: 3406

电话：+2911 127880/127882/127874

传真：+2911 127866

网址：http://www.sunshinehotelasmara.com

Email: contact@sunshineasmara.com

水晶饭店（中国驻厄特使馆摄）。

（七）水晶饭店

水晶饭店（Crystal Hotel ）位于阿斯马拉市中心的罗马影院后面，步行5分钟到市中心。

收费标准

房型	双人入住		单人入住	
	美元	纳克法	美元	纳克法
First Class (A)	107	1600	87	1300
First Class (B)	93	1400	77	1150
Regular Class	83	1250	63	950
·房价含早餐、无线网络、服务和消费税 ·客房设施完善，舒适温馨，包括：舒适别致的大床房、21寸电视、灯光系统、电话服务、互联网、独立卫生间、小冰箱、阳台、会议厅和投影仪、各种美食。				

地址：Bihat Street No. 171-3 P.O. Box 5287 Asmara Eritrea

电话：+2911 120944

传真：+2911 200911

邮箱：reservation@crystalhoteleritrea.com

网址：http://www.crystalhoteleritrea.com

（八）萨瓦纳国际饭店

萨瓦纳国际饭店（Savanna International Hotel）离市中心大约2公里，能容纳300人左右，会议厅可容纳250人。

萨瓦纳国际饭店（中国驻厄特使馆摄）。

收费标准

房型	单人入住（美元）	双人入住（美元）
套房（Suite）	70	85
1st class room	60	75
Regular room	47	67

地址：Gheregar Sudan 172 Asmara P.O. box 3754 Asmara Eritrea.

电话：+2911 116183 / 202141 / 202142

传真：+2911 202 146

邮箱：savanna@tse.com.er

二、北红海省

北红海省旅游资源和酒店设施主要集中在马萨瓦，去往该省其他地区的旅客一般也会在马萨瓦住宿，主要饭店有：

饭店名	地址	房间数	电话	传真
Beilul Hotel			551 905	
Central Hotell	P.O. Box 349	24	552 002	552 608
Corallo Hotel	P.O. Box 158	25	552 406	
Dahlak Hotel	P.O. Box 21	200	552 818	552 782
Gedem Hotel	P.O. Box 166	89	552 057	
Gurgusum Beach Hotel	P.O. Box 5354	89	552 911	552 872
Hamasien Beach Hotel	P.O. Box 225	31	552 725	
Luna Hotel	P.O. Box 91	15	552 272	
Red Sea Hotel	P.O. Box 180		552 839	552 544
Savoya Hotel			552 872	
Seghen International Hotel	P.O. Box 221	24	540 029	541 166
Torino Hotel			552 855	

（一）达赫拉克饭店

达赫拉克饭店位于托鲁得岛，在通向马萨瓦岛的海堤入口处，1993年彻底

夜色中的达赫拉克饭店（胡峤摄）。

整修过。

收费标准

房型	纳克法	美元	欧元
套房（Suite Room）	2420	165	125
一双人床加一单人床房(One dobule+one single bed)	1540	105	80
带阳台双人床房（Double bed with veranda）	1540	105	80
两张单人床房（Twin Bed）	1430	100	75
双人床房（Double Bed）	1320	90	70
单人床房（Single Bed）	715	50	40

这家饭店的老板叫普瑞默，阿斯马拉城内的克伦饭店也是他的产业，黛茜岛上的休闲度假村是他投资修的。饭店可提供去黛茜岛、达赫拉克岛、绿岛旅游的租船服务，电话552782。

夜色中的小船（胡峤摄）。

（二）古尔古松海滩旅馆

喜欢游泳的游客可以下榻古尔古松海滩旅馆。旅馆设施普通，但由于靠近海滩，便于游泳，客房入住率挺高。

收费标准

房型	纳克法	美元	欧元
家庭别墅房（Family Cottage）	1500	100	78.95
套房(Suite)	950	64	50
A等房（Standard A）	850	57	44.75
普通房（Regular）	500	34	26.35
1号房（Lodges No 1）	750	50	39.50
2号房（Lodges No 2）	1000	66.70	52.60
3号房（Lodges No 3）	1200	80	63

古尔古松海滩旅馆（中国驻厄特使馆摄）。

古尔古松海滩（中国驻厄特使馆摄）。

三、安塞巴省

安塞巴省首府克伦的主要饭店有Sarina饭店、Costina饭店等。

饭店名	房间数	电话	传真	到市中心距离	房价（纳克法）
Awet Hotel	5	401176		0.0 km	
City Hotel	12	401487		0.5 km	850
Central Hotel	10	401496		0.5 km	
Costina Hotel	60	400303	400311	0.5 km	1320
Dighe Hotel	33	402961		2.0 km	
Eritrea Hotel	14	401298		0.5 km	
Hollywood Hotel	4	401621		3.0 km	
Keren Hotel	16	401014	401411	0.0 km	1240
Red Sea Hotel	12	401031		0.0 km	
Sarina Hotel	48	400230	402685	2.5 km	1210
Senhit Hotel	6	401042		0.0 km	
Sheghe Hotel	24	401971		2.0 km	1090
Sicillia Pension	17	401059		0.5 km	980
Wedeb Hotel	14	401620		2.0 km	
Yohannes Hotel	34	401422		0.5 km	1120

Sarina饭店（中国驻厄特使馆摄）。

四、加什—巴尔卡省

巴伦图的饭店主要有两个，Merhaba 和Unite Family：

饭店名	地址	房间数	电话	房价（纳克法）
Merhaba	市中心	31	731 101	1150
Unite Family		14	731 175	980

五、南红海省

阿萨布的饭店基本信息如下，仅供参考：

饭店名	地址	备注	电话	价格（纳克法）
Assab Pension			661251	450
Zeray Deres Hotel	市政厅附近	建设中		
Ras Gombo Beach Hotel	市中心	海滩	661114	1160
Kebal International	市中心		661700	1410

为方便旅客需要，该省在提奥新建了三星级宾馆，并对阿萨布的拉斯刚伯（Ras-Gembo）海滩宾馆进行了修缮。拉斯刚伯海滩宾馆曾是门格斯图政权时期的内部招待所，美其名曰“工人俱乐部”。阿萨布港务局曾负责管理该宾馆，管理权现属厄特旅游部。该宾馆是南红海省条件最好的饭店。南红海省滨海公路上若干渔村均有小饭店可供旅客歇脚、乘凉。这些小饭店以树枝搭成，四边通风，可避开外面炎热的空气。

拉斯刚伯海滩宾馆（中国驻厄特使馆摄）。

红海岸边小饭店（中国驻厄特使馆摄）。

六、南方省

南方省是厄特人口最密集的省，市镇村庄非常集中，古迹附近有便捷的公路和食宿设施。

饭店名	地区	房间数	电话	备注
Bana	德克马哈瑞	13	641089	
Fica	德克马哈瑞		641435	
Oasis	德克马哈瑞			
Lemlem	德克马哈瑞	6	641249	
天堂（Paradise）	德克马哈瑞		641316	
阿迪凯	阿迪凯	9	650041	
花园（Garden）	阿迪凯		650065	
Keyhbahri	阿迪凯		650325	
Sami	阿迪凯	6		
塞纳法	塞纳法			
Keyh Bahri	塞纳法			
Momona	塞纳法	12		
Hanibal	德巴瓦	12	159838/185291	
Wehabit	德巴瓦		159820	
Hamlay-Deseit	Teraemni		611576	
阿斯马拉	门德法拉	50	611137	距离市中心0.5公里
Awet	门德法拉	19	611063	市中心
Mereb	门德法拉	25	611443/611636	市政厅附近
Semhar	门德法拉	9	611356	距离市中心0.3公里
Denden	门德法拉		611626	距离市中心1公里
Mereb	阿迪夸拉			
旅客	阿迪夸拉			

第4章
在厄特工作与生活随想
Chapter IV Recollections about Work and Life in Eritrea

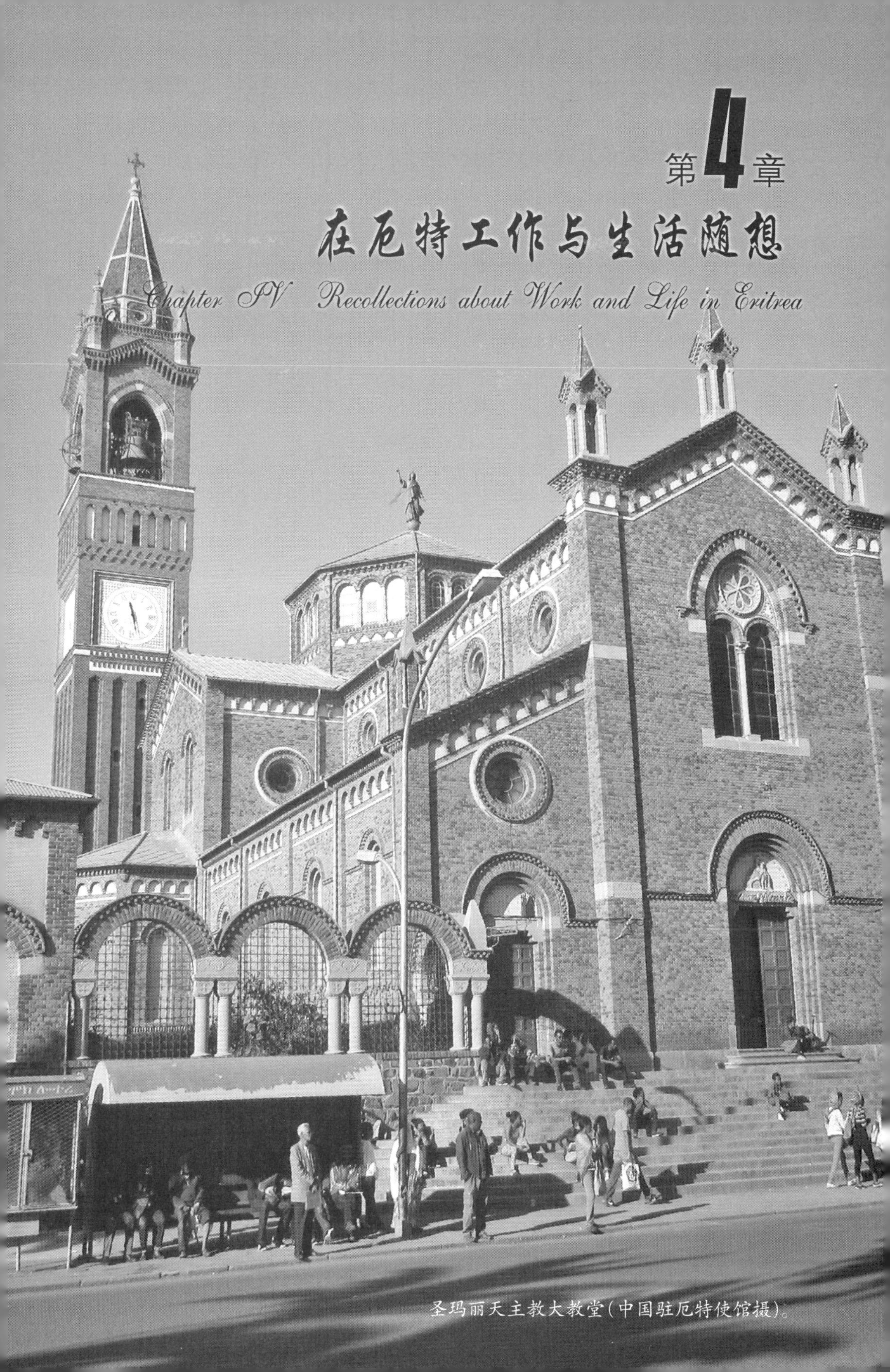

圣玛丽天主教大教堂(中国驻厄特使馆摄)。

本章辑录了曾在厄立特里亚工作生活过的中国人的文章。这些文章记述了作者在厄特的经历，由于文章写于不同时期，作者们介绍厄特基本情况的材料来源不同，许多数据、地名等与本书前三章中出现的内容有不统一之处。但为保持作者作品的原貌，对这些数据、译名等不统一的地方均未做修改。请读者在阅读时注意。

第一节　工作篇

我与厄立特里亚总统的友情

厄立特里亚位于非洲东部，面积约12.5万平方公里，人口400多万。1993年5月正式独立，伊萨亚斯·阿费沃基当选首任总统。我与伊萨亚斯总统有着一段深厚的友情。

26年后重相逢

1993年，我任中国驻苏丹大使时，伊萨亚斯总统对苏丹进行国事访问。按苏丹的礼节，凡外国元首来访，苏丹邀请与访问国建交的各国大使到机场迎送。在停机坪，我远远望见他走下专机，在苏丹总统巴希尔陪同下检阅仪仗队，然后朝着站成一行的外国使节走来。岁月沧桑，人生易老。26年过去了，虽经战火磨炼，他却依然那么高大、英俊，只是多了一道修剪整齐的髭须，而我却添了丝丝白发。我竭力抑制内心的激动，微笑着用双手紧紧地握住他伸出的手，用阿拉伯语说了声“您好”。对于我这超乎寻常礼仪的“双手”和“紧紧地”暗示，他似乎并未理解，他笑一笑，匆匆地与下一个大使握手。

晚上，巴希尔总统在我国援建的友谊厅宴会大厅举行盛大宴会。我的座位与伊萨亚斯总统相距不过八九米，我们四目相遇，他向我招手，我将右手稍稍地举在桌面上以示还礼，同桌的大使们全然没有觉察我这小小的动作。宴会后，厄立特里亚驻苏丹大使匆匆找到我说，他已向总统汇报，总统想见我，请我立即到总统下榻的希尔顿旅馆总统套间。我赶快驱车前往，敲门进入，伊萨亚斯从沙发上站起来。老朋友相见，热烈拥抱。他感谢我转交给他的在中国学习时的几张照片。他说，这些照片又使他回忆起在中国学习的情况。他离开中国回厄特时，所有的学习笔记和照片都被苏丹边防军没收了，所以这些照片弥足珍贵。他向我询问起当年的老师和中方陪同人员，我则问他学习团其他成员。他告诉我，只有他和拉马丹坚持到革命胜利。我们都有许多话要说，但考虑到他日程紧张，谈了20分钟，我主动告辞。他握着我的手说："我邀请你访问厄立特里亚，咱们好好聊聊。"

"文革"年代初相识

返回使馆，往事涌入脑海，我的心久久不能平静。

20世纪五六十年代，亚非拉民族解放运动风起云涌。1967年3月，厄立特里亚解放阵线派一个团来学习中国革命经验，在华期间生活方面的事务由我负责安排办理。学习团共5人，团长是拉马丹，团员中有一个身材最高（约1.85米）、肤色最浅（黄黑）、年龄最小（21岁）、念书最多（大学三年级）、悟性最强的"帅弟"。他五官端正，眉清目秀，腼腆少语，文静得像个大姑娘。他就是今天的伊萨亚斯总统。我们几个陪同人员热忱地接待他们。

当时外国学习团一般采取两头参观老三地（韶山、井冈山、延安），中间大部分时间学习的方式。学习团抵京后第三天即飞往长沙，参观毛泽东在韶山的故居和革命初期的活动地点，使他们有初步印象。随后，到南京紫金山下，在南京军事学院内一座名为富贵山的别墅里进行封闭学习。老师、学员和翻译围坐在一起，老师讲一两句，翻译当即一字一句口译，学员迅速笔记。一次，在讲到党内路线斗争时，平时很少提问的伊萨亚斯突然举手问："如果我们的阵线领导执行了错误路线，我们该怎么办？"老师建议他们课后结合中国革命自己讨论。可以看出，年轻的伊萨亚斯已开始思考厄特革命的道路，纠正阵线的路线。

学习的内容十分丰富，但生活却是十分枯燥的。下课后，我们一起跑步锻炼身体或外出游览、购物，大家经常说说笑笑，放松一下精神。半年的学习很快结束了，我们一起上井冈山，加深理解学习内容。在那闭关锁国的年代，地方群众很少见到外国人，尤其是非洲黑人。在南昌一剧院观看演出时，伊萨亚斯悄悄碰我的手说:“你瞧，那边有人拿着望远镜在看我们，我们成了动物园里的动物了。”散场时，观众的目光都注视着他们，一个大胆的小男孩，竟然在他手指上吐了点唾沫蹭了伊萨亚斯的手臂，回过头来对他妈妈说，“妈妈，怎么擦不掉？”伊对此恶作剧并未介意。而在瑞金，数百群众闻讯后围在宴请的宾馆门外，当地领导问我们要不要驱散群众。我们感到群众出自好奇，并无恶意，建议让群众排成两行，等外宾出门时鼓掌作夹道欢迎状。这一招果然奏效，双方皆大欢喜。群众饱了眼福，学员感受到老区人民的热情友好。

10月，在一起学习、生活了七个月后，我们依依不舍地分别了。我们祝愿厄立特里亚革命成功。但谁也没有料到，我们为厄立特里亚培养了两位领袖人物。这一别，从此杳无音信。

钱副总理特许我访厄特

总统邀请私人访问是外交界少有的事。大概是没有先例可循，我请示外交部未获批准。但事又凑巧，1994年1月，钱其琛副总理兼外长对非洲进行一年一度的例行访问。他在访厄立特里亚后抵达苏丹，我请他与夫人到使馆与馆员见面，共进晚餐。席间，我顺便提起与伊萨亚斯总统的特殊关系。钱副总理说，伊萨亚斯总统对我说了，他在中国学习时的翻译现在苏丹当大使，既然他邀请你，你可以去。

同年5月23日，我和夫人从喀土穆飞抵厄特首都阿斯马拉。5月24日，是厄特独立两周年国庆。上午，我随张世华大使到一所中学出席独立庆典。足球场上一个简陋的主席台上放置一张书桌和一把普通的椅子，桌上空空如也，既未铺台布，亦未摆放话筒和饮料。我们登上主席台，坐在后排椅子上。我环顾四周，没有荷枪实弹的军警，没有标语口号，也没有红旗招展。我身边总共坐着十几个人，除了八九位外国驻厄特使节，我是唯一的外国“邀请贵宾”。

近9时，伊萨亚斯总统登上主席台，一身休闲打扮。他看见我，就朝我走来，我赶忙站起来，与他亲切握手。旁边的外交官们惊讶地注视我们，怎么总统一上来就和一位陌生的中国人握手？伊萨亚斯走到“总统宝座”前，乐队奏起国歌，接着中小学生们表演团体操。如此简单的庆典，令人意外。

傍晚，我们做客拉马丹家。像中国的“好丈夫、好爸爸”一样，伊萨亚斯右手抱着几个月大的女儿，左手牵着四五岁的儿子推门进入，后面跟着他的夫人。我们一起坐在长沙发上，边逗孩子边说话。

我们都把各自的国籍、职务抛到九霄云外，无拘无束，像久别重逢的老朋友一样，从他的孩子和夫人，一直聊到厄立特里亚革命、不久前他访华、厄特与美国及周边国家的关系。伊萨亚斯兴致勃勃、谈笑风生，已不再是当年不爱言语、专心观察思考的小游击队员。他滔滔不绝地说，在中国的学习永远不会忘怀，厄立特里亚革命的胜利，是中国革命在厄立特里亚的胜利。厄特独立后，百废待兴，目前政府官员采取过去延安时期实行的供给制，他本人也没有工资，只发点零用钱。货币暂时仍用埃塞俄比亚的。要重建国家，最缺的是资金。不知不觉，在独立日之夜，我们在家庭气氛中愉快地度过了4个多小时，但仍意犹未尽。

（时任中国驻苏丹大使吴德成作，原载《参考消息》）

东非高原上耀眼的汉语明星

——记厄立特里亚国家级穆斯林汉语人才穆罕默德·萨德

穆罕默德·萨德是厄立特里亚国首都阿斯马拉市音乐学校的作曲专业教师，也是国家各种重大文化艺术活动的核心主创人员，所以他有时会在电视上露面。但使他受全国上下注目并被公认和受到高度评价的不只是他的专业水平和成就，更是由于他娴熟高超的汉语能力。他能在任何情境下将中国专家的带有地方口音的汉语准确、完整、得体、高效地译成自己的母语——提格雷语，他还能用汉字记录书写自己的工作心得和体会。为此，他不仅在阿斯马拉和国内其他市镇乡村有众多的粉丝，甚至在邻近的埃塞俄比亚、苏丹和也门等国也有崇拜者，他们会不时打电话向他请教学习汉语的方法。在厄立特里亚这样一个直到目前还相对封闭、人们的文化生活还相对保守的国家，这是非常难得的。而促成萨德成就自己事业的原因，一方面，是他本人的传奇经历；另一方面，是由于汉语汉文化在厄立特里亚倍受欢迎。

厄立特里亚人对中国人和中国文化有一种普遍的好感和尊重。当你走在街头巷尾，不时会有人用汉语热情地招呼：“你好。”或用英语说：“Hello，Chinese，Nice to meet you.”当你步行或骑自行车走在街上，小孩子会大声地喊：“ China，China.”在没有红绿灯的十字路口，既使你到得稍晚一点，开车的人也会等着你，他们微笑着挥手示意让你先走。这里的人们对中国人和中国文化深表友好，一是因为中国对厄立特里亚有非常务实的外交支援和文化援助；二是因为在厄立特里亚有一些对中国文化有深入了解，又全力以赴地宣传和实践汉语的专业人才。萨德是这批人的杰出代表，更是一位佼佼者。

萨德出生于厄立特里亚相对偏远的加什—巴尔卡省莫格罗县哈波莱达村一户提格雷族穆斯林家庭。提格雷族人有一个传统习俗：家里有了小孩，在他或她长到七岁时，会请村里某位年长的老奶奶先用木炭在小孩左右脸上做三个从上至下的标记，然后会用小刀在孩子左右脸上各刺上三道印迹（因为受现代文化的影响，这种习俗现在基本消失，现在的孩子脸上已经看不到这种印迹了）。这种传自远古的习俗有多种不同的解释，但基本内容都是说这些印迹会在孩子的一生中为他或她带来好运。萨德脸上就有这样的标记。有些人在成人后会因为这种标记而苦恼，而萨德却坦然接受。如今他的这种特殊形象不仅没影响他的事业走向成功，相反，这种民族的印迹给了他独特的个人魅力。哈波莱达村民风淳朴，人们尊老爱幼，尚德勤俭，又普遍重视对孩子的文化教育。萨德的父母就是这样平凡而富有远见的乡村穆斯林。他们的品格和志趣为萨德从小铸造了谦恭、好学、向上、开朗、热情的个性。萨德就是从这样一个毫不起眼的乡村，一步步地经过自己的努力在首都找到了自己事业生根开花结果之地。

萨德和汉语似乎有着上天注定的缘分，2003年9月，他很幸运地得到了去中国上海音乐学院进修的机会。在上海这座远东的文化大都市，在上海音乐学院这所在中国国内乃至国外也响当当的艺术殿堂之中，萨德不仅接受了非常正规的专业训练，专业水平突飞猛进，更为难得的是他充分高效地利用学校为留学生提供的汉语培训课，为自己的汉语学习打下了坚实的基础。并且，在第一年汉语学习结束，全面进入专业课的学习后，他并没有让自己的汉语学习就此止步，相反，他如饥似渴地把自己几乎所有课余时间投身于汉语和汉文化这一无比丰富、充满诱惑、具有独特吸引力的知识宝库之中。他凭借自己超凡的智慧和才能，顺利地完成各门专业课的学习，取得了自己向往的作曲专业高级研修生证书。而他更大的收获似乎远不止这些，他在汉语知识和能力方面的成绩更让人拍手称奇。他学会了准确地用汉语流利、得体地与各种人交流和沟通，也能轻松自然地用汉语与教师及同学进行专业方面的深度探讨。教师和同学们都无比佩服地说，他不仅是一个有音乐天才的学生，更是一位有着独特语言天赋的优秀人才。他自己也说，他对汉语、汉文化有着一种无法化解的迷恋。现在他说，他最向往的事就是能再有机会去中国，他会带着自己的爱人和孩子，去重温上海的繁华与现代，体验上海在他离开的这些年所发生的突飞猛进的变化。他更想和家人一起走进中国普通百姓和睦的家庭和内地省区的乡村，去再次更深层地感受中国人的好客与热情，感受中国文化的奇异、博大与恢弘。

2007年7月，满载东方学识与能力的萨德从中国学成归来，他受到了亲人、朋友无比热烈的欢迎，更受到了政府和国家的重视和奖励。厄立特里亚不时有国家公派的出国留学人员迟迟不归，萨德却毅然决然地放弃了其他所有的选择，坚决回到了自己的祖国，报效国家和父老乡亲。他说："别人可以不回来，那是他们的选择，但我必须回去。我爱我的祖国！我爱我的家人！我的事业之根只在厄立特里亚。”回国后，他全身心地投入工作与创作中，成为厄立特里亚独当一面的音乐教学与创作人才，更是国家时时需要的首屈一指的汉语翻译专家。因为他既精通汉语，又懂英语，在翻译时就灵活选择，只要听众中有不懂英语或英语较弱的人，或听众都是母语使用者的厄立特里亚官员或学生时，他就直接将中国专家的指导译成大家熟悉的母语——提格雷语，从而使中国专家的意图和观点最恰当地被理解和执行。

最让人佩服的是，他不计报酬、不辞劳苦地为厄立特里亚人阵党文化局点名从中国文化部邀请的艺术专家林海作全职翻译。在他的准确翻译和密切配合下，林海专家非常成功地设计编导了2011年5月24日厄立特里亚独立20周年庆祝大典。这次庆典如此成功，连厄立特里亚国家总统看了演出之后也连连夸奖，称这是有史以来搞得最精彩、最壮观的一次文化庆祝活动。只有知道具体细节的人清楚，林海专家的每一句话都是经由萨德之口从汉语变成厄特人熟悉的提格雷语，这样，专家的意见才准确无误地得到贯彻和执行。所以说，这次庆典的成功，林海专家的贡献最大，其次，就是萨德的贡献。

2008年林海专家第一次被邀请来厄立特里亚进行艺术指导时，萨德就为他作过翻译，今年他又全力以赴地为专家提供所有的帮助，这使他和林海专家不仅成了事业上的伙伴，也成了情真意切的朋友。因为萨德还要不时去给自己的学生上课，在他实在分身无术的时候，应林海专家之邀，笔者曾偶尔去把他的讲解译成英语，讲给学员听。这样，我们相互都认识了对方，也成为了好朋友。因为这样的缘分，我和林海专家曾应萨德之邀去他家做客。他娴静聪慧的妻子身着东非穆斯林女性独特的衣装为我们精心制作了具有浓郁非洲特色的当地咖啡，又烹制了最具厄立特里亚民俗特点的传统食品——英吉拉。最让我感到奇妙的是，平常喝一杯可乐都要失眠的我，那天喝了好几杯特浓的当地咖啡，晚上竟然照常安然入睡。后来我突然想起，萨德的妻子在炒好咖啡豆之后，又炒了几片姜，像捣咖啡豆一般将其捣成粉末，加入到此前捣好的咖啡粉之中。这样做出的咖啡再浓也不会影响睡眠。好羡慕萨德有如此聪慧的妻子！

萨德不仅挚爱中国语言和文化，也想让自己的孩子较早地感受中国文化的魅力。在他的影响和引导下，他的大女儿和二女儿已经能说一些简单的汉语句子。萨德还不失时机地向朋友和同胞宣传中国的语言和文化。在他的影响和感召下，今年，他的一位同样从事音乐创作的挚友阿布杜·拉马丹报名参加了在阿斯马拉大学进行的汉语培训，并已经像他当年一样拿到了上海音乐学院硕士研究生的录取通知书。他的另一位从事舞蹈专业的学生兼朋友阿利克斯·阿雷费恩也在他的影响和动员下，苦学汉语，并同样通过汉语培训班的训练和考试，取得了赴中国攻读硕士学位的机会。这两人都立志要像萨德学习，力争在中国学习专业知识和技能的同时，在现有汉语能力的基础上，使自己成为像萨德这样的汉语能人，以更好地报效自己的国家和社会。

事实上，萨德俨然是一面厄立特里亚国汉文化和汉语实践的旗帜，他的能力和思想境界不仅吸引着身边的人向他学习，更将一种对中国文化的热爱之情通过言语和举止传给了所有知道他的人。知道萨德的人，包括他的朋友和所有的学生，除了佩服他的学识和能力，更希望能像他那样有一天成为中国文化的非洲拥有者。所以，中国文化能在厄立特里亚被越来越多的人所喜爱和接受，与萨德这样的文化天使是分不开的。

真心祝愿萨德的汉语天天长进，也真心祝愿更多的萨德走出厄立特里亚，走向中国，吸收中国文化的精华和养料，再返回自己的祖国，成为中厄文化互动的中坚力量，成为厄立特里亚，乃至整个非洲升腾的标志和希望。愿他们精彩的选择为自己的人生添色，为中厄文化的共同繁荣增砖添瓦，增光添彩！

（时任国家汉办派厄立特里亚汉语教师白玉波作于2011年8月）

起舞于非洲之角的华夏文化天使

——记被厄立特里亚两度特邀的中国艺术家林海

很少有某国的专家被另一国指名点姓地重复邀请，而这样的文化异事就发生在中厄交往之中，发生在中国艺术家林海身上。

林海何许人也？他是中国四川省绵阳市文化馆副馆长，兼绵阳艺术学院教授。他既是全国屈指可数的大型文化活动的组织能手和专家，又是能文能武的艺术界理论权威。他编导的文艺节目演遍欧洲大都市，场场掌声雷动，他编导的大型文化活动在国内、香港等地总是一票难求。他因为独特的艺术指导才能，被中国文化部派往中非共和国作为文化特使指导当地的文化活动，并向当地民众推广和传播中国文化和艺术。他不负众望，大功而返。

2006年，当林海结束了中非共和国的艺术指导工作回国时，他没有想到，在中非的辉煌成就已使他成为中国文化部声名赫赫的非洲艺术专家。所以，2008年厄立特里亚国（以下简称厄特）人阵党文化局再次派人去中国文化部，希望能为他们派遣艺术专家指导文化发展时，文化部官员直接推荐他们前往四川省绵阳市文化馆找林海专家，因为林海在中非的工作非常成功，他了解非洲文化，完全可以胜任这一工作。

厄特人阵党文化局副局长泰沃尔德一行的四川绵阳之旅开始了中国文化与厄立特里亚文化深度交往的第一步。

林海与泰沃尔德一见如故，他非常爽快地接受了邀请。这样，他在离开非洲仅两年后又一次踏上了这片神奇的大陆，只是这一次他所到的是一个更小的东非国家，但这又是一个让他一见倾心的国度。

首先让林海专家感到温馨惬意的是他刚到厄特就受到中国驻厄立特里亚使馆的热烈欢迎，使馆全体成员为他举行了欢迎晚会，并给他介绍了厄特的文化、地理、气候、社会生活等各个方面的情况。厄特位于东非偏北，隔红海与沙特和也门相望，北面和西面有苏丹，南面有埃塞俄比亚，东南有吉布提。这里曾一度被意大利人统治过，所以到处有意大利建筑的特色。这里也曾经是英国的殖民地，所以几乎每个受过一点教育的人都有不错的英语能力。这里也曾被埃及统治过，所以它具有非常明显的阿拉伯文化特征。

让林海专家感受颇深的是，这里国土面积不大，但有九个不同的民族，且每一个民族都有自己独具特点的歌舞、服饰、饮食和居住特点。尽管民族各异，但这里的任何一个民族的人都朴实、真诚、热情、友好。与这里的人一样让林海专家乐而忘返的还有该国首都阿斯马拉四季如春，如诗如歌的气候！感受过国内盛夏的高温和中非长年酷暑的林海专家丝毫没有想到在非洲靠近赤道的地方还会有这样温馨惬意的气候，这里最热的时候是五六月份，气温也很少超过30摄氏度，而最冷的时候也只有六七摄氏度，且时间很短。这里四季鲜花斗艳，绿树常青，佳果不断。虽然有漫长的旱季，但旱而不燥；且它的雨季集中、酣畅淋漓，即下即停。林海专家就这样一见钟情地喜欢上了厄立特里亚，喜欢上了这里独特的文化，他计划用自己的努力使中国文化与这里的本土文化碰撞出美丽的艺术火花，为自己的艺术人生增光添彩，也为两国的文化事业锦上添花。

在四个月的艺术指导过程中，林海专家向厄特的艺术界人士详细全面地介绍了中国艺术的特点，中国的戏剧，中国的歌舞，中国的音乐，以及中国艺术事业在新时代更为丰富多彩的发展和变化。同时，他结合厄特舞蹈与音乐旋律的特点，对这里风格各异的民族艺术进行了多样化的分析、对比、评价，然后指出了向理想水平发展的思路和技巧方法。因为林海专家平易近人，知识渊博，语言幽默生动，又在很短时间内对厄特各民族的艺术特点做到了如指掌，讲解与评价恰如其分，这让参与学习与培训的厄方艺术家们心服口服。

除了培训讲解之外，这一次林海专家也为厄特国庆活动做了编排与指导，因为他的突出贡献，厄特的官员和民众们第一次深深地感受到了中国艺术的无穷魅力和中国艺术专家独特优秀的人格气质。林海专家是在掌声与欢笑声中结束了自己第一次厄特之旅，他也是在与每一位朝夕相处了数月的厄方朋友依依不舍的挽留中，告别了这方让他魂牵梦萦的艺术热土。

正是因为林海专家独特的艺术指导方法和中国艺术神奇的魅力所产生的特殊效果，在他走后两年时间里厄特的艺术事业取得了长足的发展，进步神速。

转眼间厄特人民期盼已久的国庆20周年就要到了，这时，他们几乎毫不迟疑地选择再度邀请林海专家来厄，为他们设计、编导这建国以来最隆重的庆祝活动。

2011年2月的一天，当中国大使馆工作人员及厄方泰沃尔德等人在阿斯马拉国际机场接到林海专家时，他们像厄特的老朋友见面一样，握手并互撞右肩数下，然后又热情地拥抱，这是非常不同寻常的礼仪，是只有最尊贵的朋友才能享受的待遇！

厄特人阵党文化局全面协调和负责林海专家的生活与工作，副局长泰沃尔德早早就为林海专家在阿斯马拉最高档的住宅区，即在韩国公司承建的森堡小区租了一套家具齐全、楼层合理的公寓，月租费及水、电、煤气、电话费全由文化局代交。另外每月按1000美元的比价给他15000纳克法的生活补助。林海专家上课培训或外出活动专门由文化局派车接送。这种高规格的特殊礼遇体现了厄特文化部门对中国专家的体贴入微，同时，也寄托着他们对专家的深切期待，而林海专家丝毫没有辜负朋友们的盛情厚谊，他一安顿好生活，就立即投入紧张忙碌的国庆20周年活动的规划与排练之中。

林海专家通过全面细致的构思和设计，首先对大型广场庆祝活动做出了独特的规划和安排。他指出："广场参演人数多，规模大，要通过广场坐标点的方式来规范660名学生的队形和距离，使每个画面整齐、宏大，以充分展示大型团体表演的效果。"他还说："广场表演者离观众距离远，所以动作要尽量放大才有效果。要充分利用队形的变化，让观众从俯视的角度看到在动态中的许多画面。"他对具体节目也做了明确的要求，如对要在广场表演的第三个节目纳拉族的舞蹈，要求以圆为主要画面，再变化出像太阳光一样的射线，又变化成很多小圆和直线，直线又绕小圆走S形路线等，最后又还原成大圆。

经林海专家富有东方色彩的编排指导，加上各民族导演和演员的全力配合，大型广场庆祝活动在国庆当日的演出中精彩纷呈，高潮迭起，掌声连连。表演获得了空前的成功，连总统先生也高度称赞，高度肯定。总统的肯定和称赞不仅是对林海本人工作的高度认可，也是对中国驻厄特使馆文化指导工作的认可，更是对中国文化的认同和肯定。

本来国庆活动结束后林海专家可以稍事休息，准备回国了，可他对国庆大型活动编导的全面成功与东方艺术家独特的个人魅力，使他被厄特朋友们看成不能轻易放走的世外高人。他们想让林海专家为厄特艺术事业再作一些贡献，再多留下一些启迪厄特艺术家灵感的奇思妙想。就这样，在5月份庆祝活动结束后没多久，林海专家便又投入到紧张繁忙的教学与培训活动之中。他讲中国的民间艺术，讲西方的现代舞蹈，又讲东西方艺术与非洲艺术的渊源关系。他有时边讲边跳边示范，有时边讲边让演员欣赏精彩的视频材料。他的培训与讲解被学员们生动地描绘成使人受益长远的“授人以渔”之举。

林海专家的确是境界高远的艺术天使。他因为连续的讲解和缺乏休息，身体超常透支，上火、发烧、口腔溃疡，牙痛数周不止，可他没有一天因为这些而停下讲课和培训。学员们对他的付出看在眼里，记在心里，他们为自己有幸得到这样一位艺术大家的当面指导而高兴，他们也一再表示要把林海专家的培训内容活学活用，深入领会，让林海专家的指导成为以后艺术事业发展的指针和路标。

2011年7月22日，在签证三度延期改签的情况下，林海专家再次经厄方特邀作为厄特国家艺术节文艺节目评委。他利用这个绝好的机会又一次仔细欣赏了每一个民族的独特表演，并拍摄了一些非常有用的第一手资料，他想在日后对厄特的表演艺术进行全面深入的研究，从而挖掘出更具有说服力的艺术原则和规律。也正是在这次艺术节上，他收到了请求他回国后再来厄特进行艺术指导的浓情邀请。这份邀请是由厄特南红海省文化局长慎重提出，并已经开始和国家相关机构协商。或许林海真和厄特有难分难解的艺术之缘，让我们都拭目以待。

林海所有的努力如同春天播种的五色花，它们已经在孕育，发芽，它们将会长成硕大艳丽的艺术之花，会开放在厄特几乎所有的乡村城市，更会在阿斯马拉长开不败，越开越艳。因为这样的艺术之花是东方智慧与非洲灵感的完美结合，是具有持久生命力的艺术常青草。

由于厄特钟情于东方中国的艺术启发，华夏艺术必会在这里结出奇异甘甜的佳果。而这棵果树是一个叫林海的中国人种下的，是在中国驻厄特使馆和厄特朋友们的精心照料下生发成长的。

（时任国家汉办派厄立特里亚汉语教师白玉波作于2011年8月）

中国与厄立特里亚建交20周年纪念邮票诞生始末

说起厄立特里亚，中国人知道这个国家的可不算多，然而中国却在厄特家喻户晓。厄特位于东部非洲、红海之滨，1993年5月24日才正式建国。当日，中国就与厄特建立外交关系，成为最早承认厄特的国家之一。很多厄特老人对毛主席、中国革命历史耳熟能详。如果你走在该国首都阿斯马拉街头，很多厄特小孩会用带有浓重的提格雷尼亚语口音的英语对着你喊“中国、中国”。中国与厄特两国外交关系已走过20载春秋，中厄友谊在这里已经生根发芽、深入人心。

2013年初，中国驻厄特使馆决定推动两国合作制作发行建交20周年纪念邮票。我们与外交部集邮协会取得了联系，同时也与厄特国家邮局主管邮票发行的处长阿布拉罕进行了沟通。这个想法得到双方大力支持，我们首先要做的就是对邮票进行整体构思，挑选出能够代表厄特的事物，并找到能够与厄特事物相匹配的中国事物。经过反复考虑，我们决定制作8种邮票，中国与厄特各4种，两国典型性事物相互搭配、映衬。但是由于厄特图片资源匮乏，邮票素材的收集颇费周折。

中厄建交20周年纪念邮票（中国驻厄特使馆提供）。

阿斯马拉有一处著名的景点“三教合一”。如果你站在位于市中心的东正教堂里向外望去，可以看到不远处的清真寺、天主教堂与东正教堂的建筑正好连成一线。厄特有9个民族，信仰天主教、东正教、伊斯兰教等。与很多非洲国家经常发生宗教、民族的冲突不同，厄特不同民族、不同宗教的人民和睦相处。这处景点正好生动反映了厄特和谐的宗教关系，充分体现了多元文化的和谐共生。因此，我们选择这处景点作为厄特文化的象征。由于这里是宗教重地，每天都有人络绎不绝来此祷告膜拜。这些信众使得画面显得有些杂乱，为了拍到一张人数较少的照片，我们同事起了个大早，终于拍下人数较少的几张照片。

单峰驼是厄特较为常见的牲畜，是生活在荒漠、农村地区的厄特人的重要交通工具。单峰驼能够适应干旱的生存环境，在厄特争取民族独立的30年的战争中发挥了很大作用。因此，单峰驼颇能代表厄特坚忍不拔、不屈不挠的民族精神。但是找到一张较为满意的骆驼照片并不容易。阿布拉罕向我提供的骆驼照片不甚理想，于是我们决定自己来拍。有一次，我们去该国南红海省出差。一路上都是一望无尽的荒漠状态，时常能够看到单峰驼。在返程中，我特意下车拍了几张单峰驼在荒漠中前行的照片，苍凉的荒漠与踽踽前行的骆驼相得益彰。

马萨瓦港濒临红海，是厄特外贸的重要港口，厄特人引以为荣，在该国50纳克法的货币上就印着马萨瓦港的景色。虽然目前该港吞吐量与其历史最好时期相比尚有不少差距，但厄特政府对这个港口寄予了很大希望，已规划以其为中心建成自由经济区。相信马萨瓦港一定会重铸辉煌。在马萨瓦出差期间，我们拍了很多照片。照片的焦点是连接马萨瓦岛与托鲁得岛的海堤，左边即是停靠着轮船的马萨瓦港，右边是充满土耳其特色的马萨瓦老城。这个港口代表着厄特人对美好经济前景的憧憬。

厄特有30年艰苦卓绝的武装斗争历史。1977年，厄人阵党第一次试图拿下马萨瓦，但寡不敌众，不得不撤到以纳克法为中心的崇山峻岭中，修筑了多道迷宫般的地道战壕，顽强抵抗了10年之久，终于在1988年解放阿法贝特，在1990年解放马萨瓦，为全国的解放奠定了基础。因此，纳克法成为厄特的革命圣地，在厄特人民心中占据着不可替代的重要位置，是厄特光荣革命历史的象征。但是，我们还从未去过纳克法，没有纳克法的照片。好在一位在中国学习、工作的厄特女孩玛塔有纳克法的素材。她曾为中国与厄立特里亚建交10周年创作了邮票图案，这次建交20周年邮票的厄方邮票的图案仍将由她创作。玛塔有纳克法清真寺的照片，正好弥补。

就这样，“三教合一”代表厄特的文化，单峰驼代表厄特的民族精神，马萨瓦港代表厄特人民对美好未来的憧憬，纳克法清真寺代表着厄特光荣的革命历史。下一步就是选取与上述厄特事物相匹配的中国事物。

外交部集邮协会为我们选取中国延安宝塔等景物与纳克法清真寺相匹配。中国工农红军经过长征来到延安，建立了革命根据地，让中国革命的燎原之火越烧越旺，最终打败了蒋介石，解放了全中国。因此，延安就是厄特的纳克法，二者有很大的相似性，可以代表两国相似的革命历史。阿斯马拉有“三教合一”，其实中国也有“三教合一”。集邮协会为我们找到了山西大同市悬空寺的“三教合一”。儒教、佛教、道教三教的建筑都在悬空寺有所体现。两国的“三教合一”都代表了两国多元文化的和谐共生。中国的藏羚羊生长在高寒、缺氧的青藏高原，生存环境之恶劣令人难以想象，与厄特的单峰驼颇为相似，都可以代表两国人民坚忍不拔的民族精神。为了与马萨瓦港相匹配，我们选取了山东的青岛港，二者代表了两国良好的经济前景。

经过艰苦努力，能够代表中厄两国特色的素材终于找齐了。邮票的设计、印刷工作由集邮协会负责。集邮协会找到了在中国工作的玛塔女士，由她负责根据我们收集到的厄特素材创作厄特邮票图案；河南邮电印刷厂的画家负责中国邮票图案的创作；最后集邮协会统筹整幅小型张的版面设计。集邮协会对邮票的设计、核对极为认真，每修改完一稿，都会要求使馆审核一下。

经过近半年的努力，中厄建交20周年纪念邮票终于在河南邮电印刷厂付印。值得一提的是，我们还请该厂印制了精美的邮折，里面印着《中华人民共和国驻厄立特里亚国工作人员之歌》，这是我们首创的。该歌由河南作曲家周虹作曲，唱出了我们驻外人员的酸甜苦辣。

2013年5月15日，中国与厄立特里亚建交20周年招待会在中国驻厄立特里亚使馆举行，伊萨亚斯总统率十余名厄党政高官出席。在招待会上，使馆邀请伊萨亚斯总统在贴有建交20周年纪念邮票的纪念封上签字留念。

23日，使馆正式将邮票交接给厄特邮政局。27日，厄特邮政局举行首发仪式，不少厄特人、驻厄中资企业人员纷纷来到邮局购买邮票。我也有幸亲临现场，感受这种欢乐气氛。阿布拉罕告诉我，厄特邮局以前库存的邮票基本已经售罄，这批中厄建交20周年纪念邮票缓解了邮局的燃眉之急。看到阿布拉罕喜悦的表情，我也因能够为中厄建交20周年做一点事情颇感欣慰。

（时任中国驻厄特使馆馆员王克启作于2013年）

忙碌并快乐着

题记　东非红海之滨的小国厄立特里亚，是一个罕为国人所知的地方。初来乍到的我，从飞机在阿斯马拉国际机场降落的那一刻起，充满新奇与渴望，内心深处还有一丝丝忐忑与不安，既包括能否适应厄特风土人文习惯的困惑，还有能否较好完成汉语教学任务，不辜负国家的期望。

厄特属于艰苦地区，停电、停水、断网是经常的事情。虽然生活上有很多不尽如人意的地方，但不去抱怨，而是保持乐观向上的精神，积极投入到汉语教学与研究的工作中去，让自己忙碌起来，就会发现日子过得非常充实。

寓教于乐，让学生爱上汉语

给没有接触过任何汉语的厄特人教汉语并不是一件容易的事。关键是要激发他（她）们的学习兴趣。在汉语教学内容上，我积极寻找和编写适合厄立特里亚人学习的内容和材料。教学内容不是遵循一本教材，而是根据当地实际情况，参考多套传统教材的优点，以及以往汉语老师的教学讲义，结合自身的教学经验和在厄特的生活体验，打印和复印一些材料供学生学习。同时，把很多和厄特人生活、工作和学习息息相关的内容吸收进来，教学体例也参照厄特国家教育课程体例，使他（她）们更容易接受。

对于单字和汉语词汇的解释，往往不是用英文翻译，而是用简笔画的形式，生动、形象地表达出相关意思，学生也乐于接受。比如涉及方位词的课程中，指南针简笔画可以很好地表明东南西北方向；一个小球在一个盒子的不同位置表示上下里外。交通工具一课中，飞机、公交车、火车、自行车、马车等都是应用简笔画的形式，再辅以一定的句子练习。如米兰骑自行车去上学、王老师坐飞机回中国，等等。

课堂上安排一些比较实用的小课程，对提升学生学习兴趣帮助很大。比如“在中资公司找工作”“找中国医生看病”“去王老师家做客”“计划去中国留学”等小课程精心安排，使学生能感觉到学到的东西在生活和工作中有用。教学内容培养学生对汉语不是简单的认知，而是真正能够应用汉语和中国人去交流和沟通。

多组织一些丰富多彩的课堂活动，是我激发学生学习兴趣的另一个“小窍门”。最初设计的是简单的阅读练习，练习的形式和内容相对简单。比如汉语词汇和对话阅读：点名读；开火车读；分组读等。后来逐渐训练学生主动去说的能力，比如要求对上一课或上一周的内容进行总结，用汉语词汇造句，做简单的自我介绍，背诵对话和短文等。稍微复杂一点儿的汉语活动如汉语数字游戏、绕口令、猜拳游戏、词语接龙游戏、石头剪子布游戏、猜人物、猜谜语、复述汉语小故事、学唱中国歌曲，等等。很多次活动，老师和同学都忘了下课时间。在汉语游戏活动的过程中，给优胜者发送铅笔、圆珠笔、橙子、香蕉、气球、汉语书籍等并讲解这些物品的汉字读法和写法。

每次活动的目的很明确，这些课堂活动穿插在汉语教学内容的不同阶段，创设多种丰富多彩的活动来与学生互动，让学生享受汉语课，而不是被动地去接受。

让学生了解中国，爱上中国文化

初到厄立特里亚，应中国驻厄使馆要求，参加了厄特第12届书展，对后来开展中国文化教学帮助很大。在书展的近10天时间里，中国使馆展出很多用英语介绍中国国情和文化的图书。我一般上午上汉语课，下午阅读大量的关于中国文化介绍的相关书籍，以至后来能够用英语很好地讲授中国文化知识。授课内容也是包罗万象的：中国概况、汉字的起源和特点、中国美食、中国的节日、中国古代的民间传说、中国历史、中国古代四大名著、中国的著名人物、跨文化交流问题中的敏感问题、中国电影、中国人的哲学思维、中国人的传统美德，等等。

两国之间的文化当然会有碰撞，不同于勤奋的中国人，当地人的生活很悠闲，一般都不太有时间观念。在中国文化的教学过程中，我比较重视中国人思想和思维观念的自然传授。针对他（她）们绝大部分人时间观念不强的习惯，讲一讲汉朝张良与黄石公的故事；讲坐井观天的寓言，阐述一下远大理想的重要性；通过自己办手机卡的糟糕经历，讲“塞翁失马，焉知非福”的故事；通过愚公移山的寓言，说明只要有恒心和毅力，汉语学习不是一件难事。在适当的时候穿插合适的内容，学生们会认可老师的话有道理。

此外，我组织所有学生观看了电影《云水谣》。这是第一部在《厄立特里亚国家形象报》上整版介绍过的中国电影，并被翻译成提格雷尼亚语。电影开始的场景在台北，听到小孩子们整齐地朗读汉语拼音，学生们在潜移默化中认识到中国台湾的情况。通过对中国文化的学习，他们明白了为什么中国人喜欢红色，长城修建的原因及其作用，等等。在中国文化课的过程中，注重文化比较，不是在教授，而是在分享，这样更能让厄立特里亚人接受。

搭建交流平台，展现中国人的热情和礼貌

在授课过程中，我主动邀请中国铁建的员工来课堂，跟学生们聊一聊北京的基本情况，解答去北京高校留学的学生们的疑问与困惑；邀请河南省医疗队队员来课堂上交流在中国如果生病了怎么办,在医院看病的一些常用表达和注意事项；邀请孔子学院周老师讲讲太极，体验一下中国的传统文化；邀请学生来家里学蒸包子，包饺子，做传统的中国菜，都取得了较为理想的效果，展现了中国人热情好客的良好形象。

每天上午10点到10点半有半个小时的休息时间，学生们都会到校园中一个简陋的咖啡吧去喝茶、聊天，身为汉语教师，我经常主动或是应邀加入到他（她）们的队伍中来。“你喝什么？茶还是咖啡？”学生们会自发地用汉语来问问题，而且会相互提醒说汉语。虽然刚开始时语音语调还稍微有点儿怪，句式上会犯一些小错误，但逐渐都能用简单的汉语进行交流了。“冯老师，今天我请客。”“服务员，你们这里都有什么喝的？”“我想喝可乐。”每天上午半个小时的茶歇时间，学生们在轻松愉快的环境下对常见食品和饮料的汉语表达加深了印象。

日子虽然忙碌，但是付出取得的回报总让人觉得快乐

在孔子学院揭牌仪式前，我专门培训学生用中文歌曲演唱《相亲相爱一家人》。中国驻厄使馆的网站对此做了相关报道，他（她）们学习汉语才一个多月，就已经能够唱中国歌曲。厄特教育部部长塞梅雷主动在揭牌仪式后与汉语教师以及即将赴中国留学的学生合影留念。

相比其他国家，在厄特的中国人不是很多，大概有300人左右。但是厄特人对中国人和中国文化有一种普遍的好感和尊重。当你走在街头巷尾，不时会有人用汉语热情地招呼：“你好！”孔子学院的建立，更激发了厄立特里亚人空前高涨的汉语学习热情，越来越多的厄立特里亚人开始能够用汉语与中国人交流。

在教好汉语课和中国文化的同时，我也没放弃科研工作。虽然我住的地方一般晚上10点以后才有电，但也充分利用这段时间做科研。2013年6月5日，孔子学院揭牌当天，我在《厄立特里亚国家形象报》发表英文文章*To Feel Asmara & Experience Eritrea*。编辑专门打来电话说，你写的文章真好。学生们也把当天的报纸拿到课堂，说去中国学习时，也要多发表文章。2013年10月12日我又在《厄立特里亚国家形象报》发表文章*What Would Your Chinese Name Be?*让更多的厄立特里亚人对中国人的姓名有所了解。此外，作为项目负责人，我为厄立特里亚本土化汉语教材申报了厄特研究基金项目，获得厄特研究基金资助，目前教材已经出版。

看到自己的辛苦努力有回报，是汉语教师最开心和欣慰的时候。当学生后来每次在汉语课上都主动替我擦黑板时；当学生的母亲在路上用标准的中文说“您好”时；当看到学生自己从网络下载并打印最常用的3000个汉字时；当多名已在中国高校学习的学生从中国打来电话问候时，我真是感到所有的辛苦和努力都是值得的。

缺水缺电的日子是难熬的，让自己忙起来，日子也就过得快。那些年，我在厄特忙碌并快乐着。汉语教师所有的努力如同春天播种的五色花，它们已经在孕育、发芽，它们将会长成硕大艳丽的文化之花，会开放在厄特几乎所有的乡村和城市，更会在阿斯马拉长开不败，越开越艳。因为这样的文化之花是东方智慧与非洲灵感的完美结合，是具有持久生命力的。有了汉语教师，厄特人能更好地学习汉语和了解中国文化；有了孔子学院，汉语教师有了依托的平台。汉语在这里生根、发芽、长大，在今后一批批甘于奉献，思想素质过硬和专业技术本领高超的教师来到厄立特里亚，汉语这株小树一定会长成参天大树，枝繁叶茂。

（时任厄立特里亚高教委孔子学院教师冯超作）

阿斯马拉的汉语第一课

2013年9月，我作为孔子学院公派教师来到厄立特里亚，经过短暂的两周休整后，终于第一次在非洲拿起了教鞭。实际上，所谓的教鞭也就是一张嘴。因为若是手拿教鞭的话，在非洲人眼里有可能变成一个随时体罚学生的教师，于是教鞭也就是三寸不烂之舌了。

在初到阿斯马拉的两周时间内，零零星星地与当地人接触交流，已经对他们了解不少，自然也就卸去了很多神秘感，以至于在路上见到阿斯马拉人，除了例行的微笑与Hello外，早已没有什么额外的感觉了。但是当我真正开始第一课后，还是萌生出不少新鲜感和紧张。还记得在我赴非之前，朋友曾经问我："当你上课的时候，下面黑压压一片，你该怎么办？"仔细观察，其实他们长得并不黑，因为厄立特里亚人在历史上是阿拉伯人和当地土著黑人经过历代通婚遗传后的结果，已经趋向于印度人那种浅黑色或棕色了。后来遇到更多的学生，才看到，一些当地人的皮肤甚至比我还白。当然，在中国人群中，原生态的我也难入白富帅的圈子。这个班级中，基本上以阿斯马拉大学在校学生为主，其中女生更多些。粗略一瞥，里面的女生大都是典型的黑玫瑰，颇为养眼。

第一节课是以英语授课为主，我想引导他们认识汉语，所以开始的教学内容都比较简单，希望能够循循善诱、润物无声地把他们引入汉语课堂。比如我问他们想不想认识我？想不想和我做朋友？他们当然会说Yes或Of course，然后我就问他们如何认识我？很多同学就开始各抒己见了，但大概就是问候、名字或国籍之类的开场白。等他们"入套"后，我就顺势教了"你叫什么名字？"及"我叫梁老师"，趁势又教了"谢谢""不客气""对不起"之类的礼貌用语。后来我告诉他们中国有一句谚语："一个人能有多大成就取决于他在周围有多少朋友"，然后让他们每个人在下面认识周围的邻居们，练习对话，基本上他们都能够掌握所教的简单会话。因为这是第一节课，我在他们随堂练习的时候就挨个地问他们有没有questions，他们还真的很有语言天赋，基本上每个人都能顺溜地讲出几句汉语，于是我给他们10分钟的中场休息时间。之前，我就了解到非洲人的生活节奏很慢，很多学生会去校园的咖啡店喝茶，当然就会有很多人10分钟后迟到，这是没办法的事情，不过你也不能批评人家不准时啊，因为这就是他们的生活风格。针对这种情况，我在上课之前也做了不少功课，最后想出两个方法来遏制他们的迟到。我为他们精选了一些带有中国图片的书籍，课间休息时间，让他们阅览我带的课间读物，他们非常喜欢，不过我不允许他们带出教室，也就是只有他们课间休息在教室的时候，可以看一下这些书本，所以大部分学生为了能够阅览中国书籍了解里面的中国，留在了教室里，课间休息的10分钟也变成了另外一种了解并学习中国文化的时间。

另外一种方法略损。课间休息结束后，会有部分迟到的学生，我会在教室门口等着他们，当他们踏入教室的刹那间，我先和他们来个面对面汉语练习。这样一趟下来，大概有六七个同学被我过了一手，一方面他们复习了上节课的汉语知识，另一方面应该也会长点记性，下次会尽量避免课间休息后的迟到。不过也许会有学生被我吓到，下周就再也不会出现了。

学生在课间休息时阅览中国书籍（梁吉平供图）。

穆斯林姐妹阅览中国书籍（梁吉平供图）。

之后，我请两个学生做一个上节课的情景练习，类似“你叫什么名字？”“请坐”之类的汉语，做一个简短的情景会话，效果还不错。然后我介绍自己，说我是博士，他们都很惊讶，因为我看起来比较小或比较年轻吧，这都是意料之中的事情。我让他们猜我的年龄，有的说20、25……一直到他们猜中为止，这个问题很大程度上也调动了他们的课堂参与积极性，同时在这个猜年龄的过程中，还可以练习年龄“大”和“小”，然后还和他们开了一个小玩笑：在中国，group（集体）意识比较强，很多时候就像一个family一样，大家在一个班，就相当于一个family。只要现在在这个教室里的学生，不管男女老少都是兄弟姐妹，老师则是家长，但我too young to be，所以你们只能叫我梁老师了。这节课我还把办公室关于中国的大照片和课间休息图书也拿到教室，向他们介绍，他们看起来很高兴。其实这里很多时候没电，无法像国内那样打开电脑使用多媒体幻灯片，在有限的条件下，我需要在文化传播的方式上多动脑筋。

一番中国文化讲解后，我也特意给他们留出几分钟，让他们随便问我关于中国甚至关于我的私人问题。由于国情所囿，他们都未走出过国门，对中国、汉语及中国人知之甚少，所以冒出了不少花样问题，有人问中国宗教、汉语教材，还有人问我的研究领域以及Mandarin和Chinese的区别，我都一一作答。最后，我以"你好"为例解释汉语中的声母、韵母、声调和拼读方法，用三把钥匙做比喻，告诉他们，学习汉语也需要四把钥匙，分别是听（listen）和说（speak）、读（pronounciate）、写（write），这也是我小学一年级才学的啊。时间很紧张，本来想把汉字偏旁也教给他们，可惜两节课匆匆而过，只好下课，我的阿斯马拉汉语第一课也就这么结束了。这一节课，我认识了不少当地学生，同时学生也对汉语学习及中国文化有了一个初步认识。也许，下一课他们就可以用汉语向我问好了，我也期盼着下一节课，学生见到我，会问候我"梁老师好"，而非"Hello, China"。

（时任厄立特里亚高教委孔子学院教师梁吉平作于2015年）

行医在非洲

到厄立特里亚开始援非医疗工作至今已经快一年了，已逐步融入了当地正常的工作、生活。回顾过去，展望未来，几多感触不禁涌上心头。

作为一名援非医疗队员，首要任务就是立足本职岗位，认真开展各项医疗工作，切实解决当地百姓“看病难”的问题。在厄立特里亚，缺医少药的现象非常严重，一些中心城市只有一两家医院，每个医院只有几名医生，而且只是简单分为内科、外科，却要面对上万甚至数十万人口，工作压力非常大。在厄特最大的奥罗特医院，每名医生基本要负责十几张病床，每天门诊几十个病人。药品全部是国际援助，所以药品比较单调，遇到急重病人，基本没有特效药。比如感冒、腹泻这些常见疾病，虽然能够找到药品，但往往品种不多，难以找到最合适的品种。外科病人一旦出现术后并发症，经常因为没有合适的药品，只能眼睁睁地看着病人承受各种痛苦，甚至死亡。另外，非洲国家是艾滋病的高发区，但是因为要给病人省钱，术前又不对病人进行艾滋病筛查，如果病人是艾滋病患者，术中医生意外受伤，只能顶着巨大精神压力，开始服用副作用极大、但未必有防治效果的抗艾药物，因此外科医生在手术过程中承受的那种巨大心理压力别人是无法想象的。在这样的条件下，能够坚持工作，最重要的原因就是看到当地群众的卫生条件之后，作为一名医务工作者的责任感和与当地群众产生的深厚感情，在逐渐熟悉之后，中国医疗队很快地就被当地群众认可和接受。当地群众远远地看见我们，就会打招呼“Hello, Chinese Doctor”，那种亲切感和自豪感油然而生。

第一次来到万里之遥的非洲，远离了家人、亲朋好友和同事，乡愁常伴，每次看到当地医生下班后匆匆忙忙回家跟家人团聚，每位医疗队员都是满眼的羡慕，心中默默品味着乡愁。因为电力匮乏经常停电，通信设施落后，一旦有电、有网络的时候，大家都赶紧通过网络跟家人、朋友通信报平安。有时吃饭的时候来电，大家都顾不得吃饭，急忙开电脑给家人、朋友联系。有的时候几天没电，大家就寝食难安，一旦来电，即便是凌晨，大家也是立马爬起来上网看家人和朋友们的留言。大家说：“这种激情，比超级网迷还疯狂啊。”因为海拔2000多米，蔬菜只有包菜、土豆、洋葱，肉类少而且非常贵，所以大家基本天天都是面条、米饭配包菜、土豆，哪天吃顿肉简直像过年一样啊，大家苦中作乐地说：“终于能够减肥、降血脂了。”

援非，乐在其中；工作，精益求精；生活，忆苦思甜。在援非的岁月里，我将勤于学习，利用空余时间学习专业理论知识和英语，不断完善自我。我将为非洲人民做一些实事，为当地医疗事业贡献自己的力量，同时也让心灵得到净化。我将不辜负河南卫生厅领导、老师和家人们的重托，开拓进取，扎实工作，争取给河南省援非医疗工作增光添彩。“今天我以非洲为家，明天我以援非为荣”。

（时任中国援厄立特里亚第8批医疗队队员景小松作）

第二节　生活篇

阿斯马拉——和谐之城

厄立特里亚国首都阿斯马拉（Asmara），是一座150平方公里，42万人口的小都城。它位于东非高原最北端，海拔2350米，有“云中之城”之誉。它的东北角即是云遮雾罩的断崖，雄鹰展翅也不容易飞上去。阿斯马拉既远离海平面，也远离繁华和喧嚣，在尘世之外默默坚守自己的朴素和简单，但是，在许多旅行家眼中，它却是非洲最美丽、最干净、最安全的城市之一，是令人身心愉悦的和谐之城。

历史可以远溯至公元1320年，相传，当时阿斯马拉周围生活着四个彼此长期敌对的部落，后来，在女人们的努力下，各部落头人决心化剑为犁，逐渐融合为一个新部落，取名为“Asmara”，提格雷尼亚语的意思是“和谐”。

阿斯马拉作为城市形成于1889年意大利殖民者到来之后。在20世纪30年代后期，意大利人曾对阿斯马拉进行过较大规模的改造，整个城市的规划和建筑风格完全以意大利都市为模板，阿斯马拉也由此获得了“小罗马”的称号。

这是一个命运多舛的城市。在意大利统治时期，阿斯马拉是意大利殖民地“厄立特里亚”的首府。1941年意大利当局向英军投降，阿斯马拉也随厄立特里亚一起落入英国人管辖之下。1952年，联合国通过决议决定厄特与埃塞结成联邦，阿斯马拉于是变成埃塞的厄立特里亚自治区首府。1962年埃塞俄比亚皇帝海尔·塞拉西废除联邦制，强行将厄特划为埃塞的第14个省，阿斯马拉遂转而变为埃塞俄比亚厄立特里亚省的省会。直到1991年5月，厄立特里亚各族人民经历30年艰苦卓绝的武装斗争终于获得全境解放，两年后又通过全民公决独立，阿斯马拉最终成了这个新生国家的首都。

长期的战争状态虽然导致了经济停滞，却意外地保留下一笔建筑艺术的财富，成全了忧郁之中不乏美丽的阿斯马拉。

阿斯马拉的主要建筑带有典型的意大利风格，比如新罗马式的罗马天主教堂和维克多国王时代的别墅，甚至有些还沿用意大利名字。阿斯马拉中心城区大都建成于1935至1941年，意大利建筑师在这片处女地上大胆发挥现代派的创造热情，由此造就了杰作，比如装饰派的罗马电影院，立体派的非洲退休基金大厦，还有未来派貌似战斗机的菲亚特·泰格里奥加油站。

在这座城市里，人们看不见高层建筑，最高的建筑也只有十层，富户住宅大多是带独立庭院的平房或二层小楼。由于市政供水不稳定（有时一两周才来一次水），民宅房顶都装有储水罐，院子里建有水窖。虽然物质条件艰苦，阿斯马拉居民却坚守着对美的精神追求。民居的院墙爬满了常青藤、紫榲花和三角梅，枝叶修剪得整整齐齐。

阿斯马拉虽然不是车水马龙、人流如织，但城市规划却不落后。建造之初，据说此间红绿灯的数量甚至超过了当年的罗马，街道和建筑规划周到。主干道宽阔平坦，两边整齐排列着粗大的枣椰树。人行道宽敞平整，地砖或许陈旧，却一尘不染。果蔬市场划分为方方正正的一个个小摊，摆满了蔬菜和水果。鸡鸣羊叫的畜禽市场虽然喧闹，却仍然干净和整齐。商业区里店铺密集，道路略显狭窄，但大多是单行道，车辆出入井然有序，很少遇到堵车。

因为缺钱，厄特政府对城市基础设施的投入有限，在阿斯马拉，除了少数主干道，大多数道路都坑坑洼洼，满是天然“限速墩”。但是这丝毫不影响阿斯马拉“卫生城市”的美好形象，这里很少见到果皮纸屑，即使居民住宅区的小巷也清清爽爽，没有污水横流景象。这要归功于阿斯马拉人讲究卫生，重视保护环境，这里也见不到塑料袋，因为国法不容，市民买菜买肉都用纸袋。大街上虽然没有垃圾箱，但很少见到垃圾，这不能不令人钦佩。

作为一个海拔超过2000米的“高端城市”，阿斯马拉全年阳光充足，气候宜人，“冬无严寒、夏无酷暑”。全年平均气温17℃，高不过25℃，低不落4℃。其实阿斯马拉没有四季，每个月的天气都差不多，只是每天的昼夜温差大。地里早上还精神抖擞的植物，在中午强烈的阳光下经常会耷拉着脑袋了。这里全年只分为旱季和雨季两个季节，雨季从6月到9月，每隔一两天就下一场大雨，7月降水最大，雨量近180毫米。旱季里基本没有雨，2月份的降雨量不到3毫米。因为海拔高，大多数云朵都爬不上来，又没有污染，阿斯马拉一年中多数日子天空湛蓝，夜晚繁星闪烁，月亮仿佛近在眼前。

因为经济落后，阿斯马拉物资紧缺，市场上商品品种少，数量也小，就连柴油、煤气和灯管这些日用品都经常断货。但是，在紧巴巴的生活中，有一样东西是兴盛不衰的，那就是各类饮料吧。大街小巷到处都是各式各样的吧，既有宾馆对外开放的高档酒吧，也有人行道上的露天饮料店，还有一间间破旧房屋的路边平民小铺。酒吧不仅提供饮料，也备有快餐食品，啤酒、咖啡、红茶和果汁，面包、披萨和汉堡，品种齐全。酒吧里总是顾客盈门，市民们在提格雷尼亚语流行歌曲声中品咖啡、侃大山。厄特人酷爱足球，每逢周末英超联赛比赛期间，他们喜欢聚集在酒吧里边喝酒边看球，仿佛忘却了贫困和物资匮乏带来的烦恼。

在阿斯马拉（整个厄特也如此），不同的宗教和睦相处，人民友好相待，社会秩序和谐有序，令人肃然起敬。

厄特人口中信仰基督教和伊斯兰教的人数几乎各占一半，在阿斯马拉，教堂和清真寺比邻而居，东正教教堂大门外不远处一左一右矗立着天主教堂的哥特式钟楼和清真寺的绿顶崇礼塔，游客们都喜欢拍下这种独特的“三教合一”照。令人惊奇的是，在紧邻阿拉伯世界的厄特首都，居然还有犹太教堂。在阿斯马拉的街头，既能遇上身着民族传统白纱披肩的普通女性，也能看见黑白头罩下只露出一双靓眼的穆斯林妇女，还有身着时髦服装的时尚女郎。阿斯马拉唯一一家猪肉商店就位于一座清真寺百来米的地方，不同宗教信仰和生活习俗和谐相处 ，显得十分平常和自然。

“天下无贼”是阿斯马拉治安良好的真实写照，这里很少发生偷盗抢劫的事情。防盗门、猫眼这样的装备在这里派不上用场，多数房屋窗户见不着钢筋铁栏。由于用电紧张，阿斯马拉只有为数不多的几条主干道才有路灯，很多道路到晚上漆黑一片，却常有行人走过，其中不乏单身少女，连手电筒也不拿。阿斯马拉骑自行车的人不少，从不见自行车失窃，路边常常停着没有上锁的自行车，其太平可见一斑。

阿斯马拉马路上行驶的汽车车龄普遍在10年以上，车辆状况可能一看就显得很落伍，但是交通状况却很进步。在这里，交通规则得到了很好的遵守，罕见有车争先恐后地抢道，反而是相互礼让，甚至在交通灯熄灭的路口也是如此。大家遵循转盘先行之类的规定，一辆车刚进转盘，接近转盘的另一辆车马上停驶让行。街上几乎看不到交通警察，更没有监控器，却不见有人闯红灯。在这里，遵守交通规则对驾驶员似乎是件神圣的事，万一有人哪怕违个小规，马上就有人鸣笛提醒。

厄特是世界上最穷的国家之一，在世界银行公布的2007年经济增长率预测中，厄特在非洲位列倒数第五位。贫穷和落后体现在这个国家的方方面面。但是，就是在这样的贫穷和艰苦中，就是在冲突频仍、纷争不断的非洲，还有一个环境干净、民风淳朴、治安良好的和谐之城——阿斯马拉，实在难能可贵。

来厄特工作一年多了，随单位去过这个国家的一些地方，所到之处给我的印象是贫瘠的土地，光秃秃的荒山。由于干旱，到处是一片焦土。厄特是一个雨季、旱季分明的国家，每年的7—8月份是雨季，其他时间雨水很少“光顾”这个国家，由于常年雨水稀少，山上的植被因缺水生长速度很慢，旱季时树木干燥的枝杈犹如干死的枯树，在这么艰苦的环境下顽强地生长。厄特人民同样是在极度缺水的环境下生存，随处可见人提着、自行车后面带着、毛驴的背上驮着，就连远行的中巴车顶上也放着许多塑料桶，里面装的都是他们赖以生存的净水。

虽然自然条件这么艰苦，但远行这个国家时你可以到处看到贫瘠的山梁上有大片人工开垦的梯田，有种树留下的鱼鳞坑。可以看出，厄立特里亚人民和自然奋斗过、改造过，他们希望靠自己的努力在荒山上获得微薄的收获；希望这里的山绿起来，水多起来，自己的生活可以因为水而好起来。怎奈，不是所有的地方都是人类可以征服的，这里人类改造大自然的成果并不明显，由于没有植被，雨水一来，洪水冲垮了梯田，鱼鳞坑倒塌了，生命依然脆弱，依然还是一片焦土，依然没有长出庄稼。在严酷的大自然面前人们的努力显得那么无助和渺小。但是，这并不能否定厄特人民曾经改造自然的决心，在改造这片贫瘠的土地上，流过他们的血和汗。洪水冲垮了他们的梯田，他们没有获得预期的收获，山依然光秃秃的。但是我相信，洪水冲不垮他们与自然抗争的精神。这里的人民是勤劳的人民，他们有一种不服输的精神。相信他们会找到利用自然，改造自然的方法，相信他们的生活会越来越好。

（时任中国驻厄特使馆馆员谢缅作于2008年3月）

阿斯马拉市场见闻

每周六我们都会结伴去阿斯马拉的自由市场采购商品，买回一周生活的必需品，有蔬菜、水果、肉类、鸡蛋、杂粮等，大多数的生活物资是在位于市中心的一个自由市场采购的。每到周六，这里人声鼎沸，热热闹闹，店铺、地摊都出来了。卖粮食的，一包一袋堆满了一条街，卖蔬菜的排满了整条街道的两个路口。本来不宽的路上，占满了摆放蔬菜的摊贩，中间不时地有推菜的三轮车，买菜的自行车，偶尔还停辆马车，把整个路堵得水泄不通。偶尔有市场管理员手里拿着树枝，抽打着占路的摊贩，驱赶他们离开，看见市场管理员来了，占路的摊贩急忙兜起自己的蔬菜，四散躲避，管理员走后又都会集到原地，继续吆喝着卖自己家里种的菜。卖菜的有老年妇女，有十几岁的孩子，还有背后背着婴儿的母亲，吆喝声此起彼伏。这里的蔬菜种类没有我们国家多，菜也没有我们国家的新鲜，但绝对绿色，没有污染。菜价随着季节变化有升有降，但总体价格不贵。

厄立特里亚还使用着比较古老的衡器，类似我们使用的天平，一侧放置砝码，一侧放置商品。由于砝码只有0.5公斤、1公斤和两公斤很少的几种，买的商品只能称这几种重量，如果所称的物品不平衡，那么你或者多称或者减去一部分，凑0.5公斤的倍数，想称一斤半是办不到的。大多数市场、小的商店还使用这种衡器，超市里已经不用这种衡器了。

小商贩算账也是一个难题，即便是10的倍数也要使用计算器。一次看到地摊上有一个卖鸡蛋的老妇人，谈好价钱每个鸡蛋8.5纳克法，我挑了10个，应该是85纳克法，我给了她100纳克法，后来一琢磨再加两个纳克法还可以买两个，我又给了她两个纳克法，拿了两个鸡蛋，指指那100纳克法，和给她的两个纳克法，意思是不找钱了，拿两个鸡蛋。老妇人不干了，把我拿的两个鸡蛋又拿了回去，从怀里掏出一卷零钱，算了半天找给我15纳克法。我想，怎么还不多卖我几个鸡蛋？接过找我的钱，又加上刚才那两个纳克法试着递给她，意思是再买两个，她数了数我递过来的钱，想了一会儿才把刚才拿回去的两个鸡蛋递给了我。这时我才明白，不是她不卖我鸡蛋，是她没有算过账来。天哪，这种小账在中国根本就不算回事儿，在这儿可要细细地算。记住，如果你当地的语言不精通，千万不要一次给她102买12个鸡蛋，不然你掰扯半天也说不明白，还是先买10个，找完钱再买两个吧。想到这儿真要感谢我们的老祖宗给我们发明了小九九，让我们个个聪明，全世界我们中国人算账最快。建议中国在外的孔子学院，开课前先教授中国的乘法口诀，把中国这项“文化遗产”传遍世界吧。

（时任中国驻厄特使馆新馆舍建设办公室职员周国华作）

狗 缘

我来到厄立特里亚首都阿斯马拉已有八个多月了，时间虽短，但一件有趣的事情让我难以释怀。就在2015年4月10日一大早约7点20分，当我开门准备去喂食每晚都趴在我家停在门外的轿车下一只流浪狗时，忽然听到车底下不时地传来吱吱咋咋的叫声。我循着声音朝车底下望去，哎呀妈呀！那只流浪狗下狗崽儿了。乍一看像是生了四五只，见此情景我真的很慌乱，不知如何是好。

一窝狗生在自家车下发生得非常突然，真是始料不及。在这里工作每天车子要用，怎么办呢？丈夫尝试着第一次发动车，只见大狗小狗们紧紧地蜷缩在一起，依偎在一起，真的不忍心惊扰。此时邻家的一位女主人刚好出来，我们彼此连比划带说才听懂对方说车子是可以移动的，狗会躲避的。还好丈夫第二次进入车内发动车，我和那位女主人帮助看着，车子才慢慢地倒出来。当车子移动时，只见那只母狗从车头中间缓慢地钻出站起，但却紧贴着车边，两眼一直紧紧地盯着那一窝小狗。车子刚移开，母狗立即趴卧到小狗们身上紧紧呵护，那场面真的好感人。此时我又大吃一惊，啊！一堆小狗，粗略地数了数有十来只。看到它们完全暴露在日光下面好心疼，怎么是好，怎么办呢？我当时只有这个念头，不知怎么安顿这一堆狗狗。邻家的六七个小孩跑来围观，也不知如何才好。看到虚弱的母狗——这只英雄的狗妈妈，我急忙回到屋内舀了4勺奶粉，用盆泡了2个软面包并与奶粉勾兑，一起端出来放在母狗身边，但我又不敢靠近。起初那只母狗动动身子试图靠近食物，只因小狗们紧紧地倚靠在母狗的肚子下，母狗不再移动。这时，邻家的一个小男孩双手捧着那个狗盆，端起来递到母狗嘴边，母狗侧着身子猛地吃了起来，但身子却始终保持着一个姿势直到吃完，让人看了很感动。它全身心地呵护着刚刚降生的幼崽们，这也是母爱呀。

我急切地想，能否让邻家的孩子们找一找喜欢养狗的人呢？一个小男孩自告奋勇，称他愿意叫大一点的男孩子过来。大约过了四五分钟，果然来了三四个大男孩，我们从院内找了一块长约1.2米，宽约0.7米的木板子递给那几个大男孩。他们果真有办法，只见一个男孩左手按住母狗的头部，用右手一只一只地从母狗的肚子下拿小狗，我的天哪，最后一数竟然有13只小狗，个个油光亮亮，黑油油的好可爱。13只小狗被放到那个木板上，两个男孩子一抬起，那只母狗寸步不离地紧随其后，始终在木板一侧高高地抬起头一路紧跟，不错眼珠地看着它的小狗。

邻家的几个大男孩，在离我家住地不足50米的一个空场，给这只生产的流浪狗搭了个不错的狗窝。三面半用大石头垒起，上面用那个木板盖住，并且还找了些塑料布一罩，这窝狗总算有了安身之处了，我的心才慢慢地平静下来。当地人对狗是爱怜的，善待狗是当地的习俗，无论大人还是小孩都是一样的。他们可以杀牛、杀羊，但决不会杀狗。狗可以自然地生到自然地死，但不可人为宰杀。听说对待人为杀狗的，当地人会表现得很愤怒，也可能正因为如此，很少听到当地狗咬人的事件发生。

想想这八个多月来的日子里，只要这只流浪狗趴卧在我家的车下，我总会换着样地喂它，真没想到这一善待，竟为这只流浪狗又带来了13只小狗的降生。我们也与邻家的大男孩沟通，让他们处理好这窝狗狗。现在我每天都会看到有成人或是那些男孩子们轮流地给母狗喂食并清扫狗窝，见到我时，也会主动接过我送的食物喂狗，并且连连致谢，彬彬有礼，非常友好。

狗是人类忠实的朋友，尽管生狗这一突发事情让我当时紧张得不知所措，能与狗结缘又让我感到宽慰和欣喜，在异国他乡遇到这样的事情也实属罕见吧。我们会继续地与人为善，与邻为伴，友好相处，尊重当地民俗，也会继续地善待这些狗狗们，直到我们离开这里。

（中国驻厄特使馆馆员家属刘勇作于2015年4月15日）

我们是普通人

一伙普通人，各揣心思，
从遥远的地方，来到一个新奇的环境。
天堂？炼狱？
无人说得清，谁人透彻领悟。
普通的一群人，别亲离家，
从熟悉的生活中，过渡到陌生的世界里。
兴奋？沮丧？
心绪不一，概之失衡。
其实，
我们的心中，
有着简单朴实的欲望，
柴米油盐酱醋茶，喜怒忧思悲恐惊。
有着报效祖国的渴望，
一路风尘万里，只为大爱无疆。
不必深究，但让生活完善之。

（时任中国援厄立特里亚第8批医疗队队长王子振作）

有爱不觉天涯远

初来厄特，人生地疏，两眼一片漆黑。
骄阳似火，蓝天如海，白云飘逸，人生冷暖，一派异域趣味。
唯有思念，如浩渺烟波，无边无际
多少时日　举目遥瞰：
母亲，耄耋身躯，安康否？
阿妹，忙里牵外，能持否？
爱女，莘莘一叶，有忧无？
急敲键盘，放飞鸿雁
字里画外，音容依然
昼夜时差，嘘寒问暖
一股清泉，滋润心田
一泓爱意，温馨醇绵
暂别离，何堪忧，疾恙辛苦莫梦愁。
床前明月，古人依旧，平安快乐是福由。
书山有径，学海泛舟，持之以恒业成就。
有爱不觉天涯远，灵犀一点，相守永长久。

（时任中国援厄立特里亚第8批医疗队队长王子振作）

第三节 出游篇

战地黄花分外香

——厄立特里亚国南方省纪行

厄立特里亚地处东非高原北端与撒哈拉沙漠南缘交界处，面积12.5万平方公里，境内地貌和气候特征多样，既有红海大漠，又有东非屋脊，还有一望无际的大平原。9月，东非的大雨季已近尾声，厄特东南大漠依旧酷暑难耐，热浪滚滚，人迹罕至；中南高原则已秋高气爽，麦香遍野，山花烂漫。正当“一年好景君须记，最是橙黄橘绿时”，驻厄立特里亚使馆馆员踏上千年古驿道，赴南方省赏花观景，同时也想实地了解厄埃边界是否真的“战事一触即发”。

这条驿道东起红海边阿杜利斯古王国（今马萨瓦港以南40公里），西南至高原上的阿克苏姆古王国，是几千年前连接黑非洲和阿拉伯世界的重要通道，一支支驼队曾载着阿拉伯香料和黑非洲的象牙、兽皮长途跋涉，见证过“非洲（长途贩运）生产方式”的兴衰。基督教于3世纪经此传入阿克苏姆王国，而与厄立特里亚隔海相望的则是伊斯兰的阿拉伯半岛。这一切造就了厄特这个独一无二的国家：基督徒与穆斯林恰好是一半对一半，两种文明互相尊重，和谐共生。一路上，我们不断地看到圆顶的清真寺和尖顶的教堂比邻而居，一派和谐景象。厄特首都阿斯马拉正是取“和谐”之意，许是渴望之极的企盼，前外长李肇星就曾有此解。

然而，近代厄特历史命途多舛，毫无和谐可言。意大利于1890年将其东非之角的占领区合并。为其在非洲的第一块殖民地命名为“厄立特里亚”。1941年英国攻厄打败意大利，占领此间10年。1961年，厄特干脆被吞并。厄特人民历经三十多年革命斗争。1950年底，联合国决议将厄特作为一个自治体同埃塞俄比亚结成联邦。1952年，厄特组成地方政府，正式与埃塞俄比亚结成联邦。1962年，埃皇塞拉西强行取消联邦制，将厄合并为埃塞的一个州，引发厄特人民长达

30年的武装独立斗争。1991年厄特全国解放，1993年才赢得早应属于他们的独立。短暂和平仅维持了5年，厄特又与邻国埃塞俄比亚爆发了长达两年的边界战争，2000年，厄特境内2.8万平方公里的领土被划为了临时安全区，由联合国特派团接管。掐指算来，厄立特里亚自诞生至今117年，独立的岁月不过16年，厄特人民只享受了7年和平时光，如今还有人要“替”他们“换政府”。

碧云天，黄叶地，秋色连波，波上寒烟翠。一出阿斯马拉城，视野顿时开阔。天蓝、草绿、花黄、山青，牛羊满坡，一派田园风光，很难让人联想到战争和死亡。今年雨季虽姗姗来迟，却毫不吝啬地带来大量降水，农民喜笑颜开，中部高原一片丰收在即景象。

阿斯马拉海拔2400米，我们一路下山，出城十几分钟便离开了首都所在的中央省，上了盘山公路。山路十八弯，远处是起伏的群山；近处一边是陡峭的悬崖，一边是绿树殷殷，花团似锦。高原盛产仙人掌，硕大的仙人掌上密密麻麻长满令人垂涎三尺的仙人果，它的味道与任何水果都不相似，据说全世界只有厄特、墨西哥等少数几国盛产。山路上不时有狒狒嬉笑打闹，个别聪明的狒狒故意将捡来的仙人果摆在路中间，等汽车将果子碾碎了，它们就可大快朵颐享受“果酱”，而不用忍受剥果皮时的刺扎之苦。

车行40公里左右，我们来到南方省省会曼德法拉。厄特共有6个省，南方省和西部的加什—巴尔卡省最富庶，土地肥沃，是厄特的粮仓。北、南红海两省人烟稀少，主要是沙漠和火山熔石。北部安塞巴省崇山峻岭，是当年游击队根据地，在民歌中唱作“厄特的延安”的纳克法就在这里。联合国控制的临时安全区恰好包括南方省和加省的大部分地区。

从曼德法拉南行十几公里，我们就进入了联合国的“飞地”。联合国在处理边界争端时，一般在边境两侧划定安全区并派遣维和人员。而这里却是目前世界上唯独一块全在争议双方一边境内划出的临时安全区。即便此乃当年大国压厄特签的“城下之盟”，但仍难免让厄特人和我们这些身在厄特的外国人感到并不“安全”。

为制止某些国家搞间谍活动和携当地人偷渡境外，厄特政府于2006年6月开始实行出城审批制度，凡外国人在厄特境内旅行，须提前十天向外交部申请“出城证”，并在各城镇进出要道设立检查站，严格掌控外国人在厄行迹。每次出行，我们都要在各检查站花去很多时间。不过听说近半年多来，除极个别国家外，其他人等常在一两天内就能拿到通行证，我们也曾一路无阻地去过北边的红海。但这里毕竟是离边境不过百十公里的南方省，幸运的是，此行沿途各检查站的士兵只是给我们登记，并未像过去一样逐人核对身份证和申请表。甚至连申请名单上没有，临时加入的两位同志也一路畅通无阻。

很快，我们来到了联合国和厄特的“交界处”，此处由印度士兵把守，检查站高高飘扬着印度国旗和联合国旗，大胡子兵向我们挥手致意，我们进入了临时安全区。

安全区内一马平川，脚下是肥沃的黑土，远处是无边的麦田。麦浪滚滚，到中秋季节，一片金黄，又是一年丰收时。安全区盛产塔麸，厄特人情有独钟的英吉拉饼就是由塔麸发酵制成的。它有点像中国西北的“摊黄”，但稍有些酸味，夹上用牛羊肉熬制的酱和蔬菜，既美味又易消化，是厄特人逢年过节、婚丧嫁娶、招待贵客的必备食品。

战地黄花（中国驻厄特使馆摄）。

车在安全区内行驶了10公里左右，眼界突然开阔。停车悬崖边，我们下来极目远眺，是望不到边的大峡谷。据介绍，这里是东非大裂谷的起源，是亿万年前印度洋板块和非洲大陆板块互相撕扯的结果。大自然真是匠心独具，一面是力拔山兮气盖世的大手笔，另一面又用细腻柔和的笔法为大峡谷施粉黛。放眼望

如地毯般铺开的黄花（中国驻厄特使馆摄）。

去，大峡谷内黄花烂漫，黄花的尽头连着万里晴空，一片湛蓝；而目光由远及近地收回，脚下是犹如蟒蛇般蜿蜒的盘山公路，通向峡谷深处，身边是悬崖峭壁，犹如钢剑竖立在大峡谷边缘。不远处拱洞石桥静静侧卧在早已干涸的溪流之上，与裸露的鹅卵石一起默默地诉说曾经的沧桑与不幸。整个大峡谷在盛开的黄花中显得异常宁静、悠远，让人忘记尘世的喧哗，也忘记了几年前的那场战争。

耳听为虚，眼见为实，盛传去年底以来，"临时安全区"里开进了大量士兵，但我们没看到荷枪实弹的士兵，也没看到军车坦克，只有印有"UN"字样的巡逻车间或驶过，仿佛在提醒人们此非乐土。在整个2.8万平方公里的临时安全区内，尚有数十万枚地雷埋藏于地下，给厄特人民生命财产造成巨大威胁。车行至此，我们不敢再前行，掉转车头返回"和谐之城"。

人说，战地黄花分外香。其实不然。战争，只会让宁静变为凄凉，让美丽变为血腥，只有和平，才能让这满山黄花永远烂漫。

（时任中国驻厄特使馆馆员陈朝阳、贾磊作于2007年9月）

厄立特里亚访古
——克海托，一次梦中之旅

灰蒙蒙的天，灰蒙蒙的山。

灰土色的窗外让人难以分辨出哪个是石，哪个是树。随着滚滚的车轮，一切都向后倒去，倒得那么迅速而坦然。从海拔2320米的厄立特里亚首都阿斯马拉到克海托，不过百二十公里的路程，竟有百来个弯弯，急转弯之多，足以让乘车人的肺腑移位。那种感觉，真可谓呕心沥血。真有些后悔了。

太阳终于顽强地挤出了云层，云朵知趣地闪在一旁，并渐渐地四下散去，散得没了踪影。又是一个艳阳天。随着海拔高度渐渐地下降，山野上开始泛了绿，分清了树，见着了花，带给人们一种清新和希望。盘山路起起伏伏，车又向另一个高地奔去。

早就听说，人类起源自非洲，而厄立特里亚又是人类之摇篮。你信？我只有哑然。21世纪的人类文明，在这块土地上显露得过于苍白，贫瘠的土地使外来人多少会产生些许失望。起码，这里不是上佳的人类居所。

汽车驶离了公路，在凹凸不平的土路上颠簸，车后扬起了漫天黄尘。随来的导游指着远处的高峰侃侃而谈：“那是安姆巴—索依拉山，是我们厄特的第一高峰，海拔3013米。”说话时眉宇间透着一丝骄傲。车在一切崖边停稳，我们下了车，沿着一条小路向前进发，眼前是一条偌大的山谷，对面的山石棱角分明，一侧直切下去，如鬼斧神工，不禁令人赞叹。

一

顺着山石攀援，脚下不时出现海牡的沙砾，巨石上也残留着海水浸泡过的痕迹。导游说，上亿年前，这里曾是一片大海，随着地壳的变化，海水退去，海沟变成了山谷，海岸形成了高原。站在崖边极目望去，深壑山谷的脉路极为清晰，大山的一角挡住了我们的视线，估计山的背后就是通向红海的归途。山边的一条陡峭的山路引导着我们向谷底寻去。在半山腰，山体豁然出现一块凹处，弯腰曲身向内，石壁上呈现出众多的岩画。这些岩画由黑色和红色构成，画以骆驼、牛、羚羊和大象等动物，形态各异。导游说，这里地属克海托镇。据考古发现，公元前8世纪至公元前4世纪，在阿斯马拉附近的高原上就出现了农耕社会，这些定居点被视作“前阿克苏姆”定居点，当时的居民也是公元前1世纪定居在克海托、科斯克斯等地居民的先人。

克海托镇被考古界认为是非洲最重要的，然而却又是最不被世人所知的古城镇中心。克海托高原面积约32平方公里，平均海拔为2600米，年降雨量在500—700毫米之间，是“厄特高原中的高原”。克海托附近有很多极具考古价值的大型废墟和土堆。我们来到克海托古镇的一处建筑遗址，土台的上面立着4根石柱，柱顶是阶梯状的，可以看出当时柱顶上是放置横木，横木上再筑以屋顶。建筑用墙已早没了踪影，但在建筑物的东面，依稀可辨有门槛的遗迹，还能看出古人用泥砌成的长方形的区域。通过这个区域的宽度，大体上能够知道当时门的宽度，地面则应是4厘米厚的石板。

克海托镇是古代阿拉伯、意大利和印度同非洲进行贸易的通道。这条通道东起厄特境内的阿杜利斯海港，向西经阿斯马拉，再折向南，通过克海托镇进入埃塞俄比亚境内，并由此深入到非洲腹地，是名副其实的厄特茶马古道。

古克海托镇是连接古阿克苏姆首都和阿杜利斯的要道。有人认为，克海托就是亚历山大时代地理学家托勒密书中所描述的那个内陆城镇，托勒密称克海托是从阿杜利斯到阿克苏姆的第一个重要聚居区。

一座古水坝横在了面前，坝身是用大石堆砌而成，虽经年累月，但仍然操持着各自的职守，而水却几近干涸，数头老牛正在争相吮吸着残水。放眼四下望去，寥寥屋舍，人迹稀稀，唯一醒目的标志就是一座占地硕大的清真寺了。清素的圬垸，洋葱形的穹顶，使得顶上那一弯铜质的徽记更加夺目，大漠之上显得愈加空寂而宁静。不过，一会儿车停了下来，不出片刻的工夫，车的四周便会围满了忽闪着好奇的大眼睛的孩子们。我们则面面相觑，这些孩子是从哪里冒出来的？莫非这里真的是繁衍人类的福地？

二

阿迪凯耶镇是我们这次出游的第二个目的地。我们之所以对它情有独钟，是因为由中国公司承建的厄立特里亚人文与社会科学院就坐落在这里。

不大的市镇，一水欧式风格的建筑静卧在镇的尽头。前面是教学楼，后面就是学生宿舍区。这本是非洲开发银行出资，由中国公司承建，初期设计容纳600人。而在首都阿斯马拉附近的该校临时校舍，如今已有了三个年级、1500余人，所以厄特政府希望予以扩建。中国政府急人所难给与注资，二期工程2008年即将动工，扩建17000平方米。完工后的大学将能容纳2000名学生及教职员工。学院虽还没有正式启用，但完备的配套设施已见端倪。该校是一所在厄特享有盛名的学府。它的选址，说明了阿迪凯耶在厄特考古学研究上具有的特殊地位。

说它特殊，是因为阿迪凯耶镇及周边地区存有大量极具考古价值的遗迹，它的历史可回溯到史前晚期。这一地区的地理结构，以砂岩、玄武岩和中生代粗面岩居多，也有不少花岗岩，两侧崖壁陡峭，塬顶则较为平坦，灌木、矮树丛生。这里是北下海滨平原地带众多山谷的汇集之地，是通往红海阿杜利斯（今马萨瓦东南翼）港口的古代通商驿道，由此连接着厄特与埃塞俄比亚北部。

1997年7月，厄特国家博物馆和美国佛罗里达大学联合考古队在阿迪凯耶高原东北部进行了为期三周的考察，在距克海托西边两公里、方圆2.5平方公里的地域里，对分布的两个石洞的岩画进行了重点研究。1号洞洞深1.8米，高2.4米，红色岩面上画有17头牛，牛角如钳，还有一排7人。2号洞，深2米，高1.6米，黑色岩画上画以一些形似长角牛科动物，另有一个人和一头象。据说，这些岩画出自公元前3000—公元前1000年的作品，是对当时游牧、狩猎生活的写照。

1994年至1995年间，在采石和建筑的过程中，人们发现了一座长方形石头建筑废墟，据考证，它是公元10世纪的建筑，说明当时此地已有了农业和采石生产，并已有了固定的居住民。这段历史被学者称为“非洲古典时代”（公元前1000—公元1000年），初步出现了小城镇、石头建筑，使用了青铜和铁器，并在公元头500年间，逐步形成红海帝国。当时的疆土涵盖了红海南段、阿拉伯半岛南部和埃及以南的东北非洲之角。

厄立特里亚对于考察古人类历史具有重要意义。但作为厄特本身来说，考古却起步较晚。30年的独立战争期间，考古学几乎成了空白。1993年独立前，厄特没有博物馆，没有主管和保护文物的部门，没有相关的立法，也没有大学一级的考古培训机构。直到1996年，阿斯马拉大学开设了考古学课程，此后的考古成果层出不穷。如今的人文与社会科学院以考古见长，精明的决策者将其建在古迹旁，这种得天独厚的环境，必将培养和造就出一代考古新人。

告别了阿迪凯耶，汽车驶上了回城的公路。

据说，人类最早起源于非洲的厄立特里亚，先人们跨过红海，将人类的种子播撒……脑海里满世界都是解谜的方程，可始终理不清头绪，也就全然没有了晕车的感觉。

当一声汽车长笛响起，抬眼望去，窗外已是一片阿斯马拉的街灯。

（时任中国驻厄特使馆馆员何以多作于2008年2月）

记一次难忘的红海之旅

2006年至2010年我在驻厄立特里亚使馆工作。厄特位于非洲之角，它东北临红海，与阿拉伯半岛隔海相望，西南接苏丹、埃塞俄比亚和吉布提，是非洲东北部地貌特征和历史人文都较为独特的一个国家。厄特轮廓像一把钥匙，钥匙柄在西北，牙花在东南，总面积跟福建省差不多，地貌类型多样，既有高原、丘陵，又有平原、沙漠。首都阿斯马拉市位于厄特中部高原地区，海拔2300多米，气候比较接近我国高原名城昆明。历史上厄特曾长期被意大利占领，阿斯马拉市城市规划和建筑特色深深地打上了意大利烙印，曾一度被誉为非洲的“小罗马”。

2007年的早春，我有幸驱车行船3000里，历时三天走访了厄特沿海地区，考察沿海社会经济发展状况，寻找中厄经贸合作的利益交汇点，也近距离领略了红海美景和大漠风情。

第一站　“红海明珠”马萨瓦市

这里与首都的直线距离仅70余公里，但由于山路蜿蜒，行程总长达到120公里，半路上还欣赏到了云海奇观。走完这120公里，我们就从“昆明”来到了“厦门”。

马萨瓦的纬度远低于厦门，虽是早春，却已烈日炎炎。阿拉伯半岛的热浪被红海海风裹挟着扑面而来，湿热难当。已经习惯了阿斯马拉干爽气候的我们，下了车就感觉到衣服粘在了身上，有一种北方人初到南方的不适感。

马萨瓦最热闹的时间是晚上7点以后，此时暑气消弭，海风习习，正是外出活动的黄金时间。我们来到一家饭店，品尝烤虾、煎鱼等海鲜。虽然烹饪手法略显简单，但上乘而新鲜的红海美味还是令我们乐不思蜀。

第二站　法罗镇

第二天清晨，我们驾车驶出马萨瓦，沿海岸线向东南走了50公里，来到古代阿杜利斯王朝的遗址——法罗镇。阿杜利斯王朝诞生于公元1世纪左右，是一个城邦国家，居民以渔业和贸易为生。当时阿拉伯半岛的商人渡过红海，从这里深入东非内地进行贸易，促成了“非洲生产模式”的诞生。

阿杜利斯王朝还曾派遣使者出访东汉王朝，为中非友好交流书写了“前传”。古王国当年的繁华和昌盛现在已无迹可寻，只剩下眼前作为遗迹的几个土堆和存放在马萨瓦博物馆内的一些文物。站在遗迹上举目远眺，大约两公里外就是红海，而身后是一望无际的荒原和沙漠。古王国为何建在这个不毛之地呢？

当地人告诉我，这里曾被森林覆盖，还有一条法罗河。后来由于人口增加和连年战争，目前已经难觅树木，法罗河也变成了季节河，到了7—9月雨季才有水。平时村民生活用水都是靠政府的运水车给水。

英国历史学家格林菲尔德教授认为，正是由于一部分阿杜利斯人西迁，移居至现在埃塞俄比亚的恭德尔地区，才促成了阿克苏姆王朝的兴起，而基督教也是经这里传往阿克苏姆。阿杜利斯人的后代主要是现在厄立特里亚的提格雷尼亚族、萨霍族和阿法尔族，以及埃塞的提格雷族。可以说，阿杜利斯王朝在东非文明进程中曾发挥过重要作用。为何该王朝昙花一现呢？答案也许就像英国历史学家汤因比所说，他们“聚缩于某个孤僻地方，固守传统生活方式”，而只有那些“面对环境挑战积极进取，率先转向农耕文明的族群才创建了最早的文明中心”。

第三站　提奥镇

从法罗镇继续向南200多公里，我们来到了此行的最南端——提奥镇。从这里再向南直至吉布提境内的大片地区，都是阿法尔人的聚居区。阿法尔人信奉伊斯兰教，以游牧和捕鱼为生。因为，此前读过梁子的《红海大漠》，对于她在提奥镇的生活经历印象深刻，所以特别期待亲自走一走，看一看。

提奥的确是红海和大漠交界处的宁静小村。生活条件相对好一些的村民住在铁皮房里，差一些的住在用树枝搭建起的简易窝棚里。这里远离现代文明，远离尘世和喧嚣，时间在这里凝固和定格，阿法尔人坚守着自己的朴素和简单。就像梁子在书中所说，阿法尔族少女面罩轻纱，仍然羞涩地拒绝拍照，相信相机会带走她们的灵魂。

不过提奥还是在发展。厄特政府在非洲开发银行的资助下，于2005年在村边的海湾建起了一个渔业加工厂和一个渔业码头。工厂内发电机、大型制冰机和生产线一应俱全，厂房里堆放着大量的保鲜箱，然而由于机器故障和缺少燃油，该厂迄今尚未投入生产。

第四站　祖拉湾

从提奥镇向北驱车三个多小时，我们来到了祖拉湾，从这里入海，乘坐厄特海军安排的舰艇向黛茜岛驶去。

此时天色已黑，在满天星光下，两艘快艇载着我们在波涛中急速前行。虽说是海军舰艇，但艇身很小，只能载五六个人，没有任何照明设施。虽然我身着救生衣，但看着神秘莫测的夜幕中的无际海水，心里不免默默祈祷。想起一句古诗，意境颇为贴切，“君看一叶舟，出没风波里”。每艘快艇除驾驶员外，还各配备一名手持电筒的“导航员”，他们趴在船头，彼此用手电发出的“光语”来联系。两船距离足够近时，他们还会偶尔互相大声交流，谈笑风生。他们愉快而轻松的交谈也舒缓了我心中的紧张，我故作镇定地仰望满天星斗。

大概半个小时的光景，我们终于安然抵达黛茜岛。这个岛由一位意大利籍厄侨承包，他正在岛上修建度假村。他的雇员们热情地端上来一盘盘烤鱼、米饭和面包，我们在舟车劳顿之后，又大快朵颐一番。饭后，大家钻进各自的睡袋，在海滩上就地休息。第二天睡醒之后才发现，昨夜涨潮！被浸湿的痕迹距我只有不到两米远，上帝保佑。

我们睁开眼时，工人们已经开始用石头垒房子了。这个小岛周长不过两三公里，但确是度假的好去处。岛上的小山丘错落有致，沙滩细白柔软，海水碧绿清澈。客房都建在山丘上，山丘越高，住在里面的视野和感觉越好，我想建成后的房价大概也是按照高度而定吧。

既来之，就不能不下水游泳。从来不敢下水的我，也套上救生衣，忙不迭地去亲近这迷人的海水和沙滩。一位游泳技术不佳的老兄早有准备，拿出鱼叉，穿上救生衣，下海捕鱼去了，如果再戴上王冠的话，活脱脱一个真人版“海皇”。不过穿救生衣叉鱼显然是自缚手脚，明明看到鱼儿在海底沙滩小憩，就是无法潜下去下手，身上的救生衣竟成了“紧箍咒”，手中的鱼叉也成了“鸡肋”。如果海皇的游泳技术如他，早该考虑转行了吧。

从黛茜岛乘快艇返回马萨瓦又走了两个多小时。极度疲倦的我在快艇上睡睡醒醒，完全忽略了阳光的暴晒。回到马萨瓦后，才发现自己的肤色已经“脱亚入非”了。无奈，等待我的是“蜕皮”的痛苦。

（时任中国驻厄特使馆馆员贾磊作）

走近马萨瓦

2011年10月29日和30日，我跟随厄立特里亚技术学院（EIT）理科部的三十几位老师去了马萨瓦。

马萨瓦的名字在我刚到厄立特里亚的时候总是不断被提及，而我对它的向往也与逐渐间接了解它而日益强烈，这次出行算是圆满地实现了我来厄的一个最大梦想！

马萨瓦是厄立特里亚第二大城市，但它声名远播并不是因为它第二大，而是因为它的地理位置、气候和民族特征。马萨瓦位于阿斯马拉以东约120公里的红海之滨，是厄立特里亚对外联系的海陆枢纽，拥有丰富的渔业、盐业资源，天然良港可停泊各种船只。港口曾是意大利人和埃及军队的军港，也曾是英国军队的红海堡垒，更长的时间里则一直是埃塞俄比亚最具威力的海上门户。厄立特里亚独立以来，马萨瓦就是这个国家举足轻重的仅次于阿斯马拉的经贸与航运中心，更是国家安全与经济发展的桥头堡和支撑器。马萨瓦与阿斯马拉虽然相距只有一百多公里，但海拔高度相差2000多米，阿斯马拉在巍然隆起的东非大高原之上，马萨瓦的海拔只有几十米，所以，从阿斯马拉出发到马萨瓦就是从高原之巅一路飞奔而下，扑向大海，而从马萨瓦出发去阿斯马拉则是不断地攀爬和升腾。马萨瓦因其开放的优良的红海海滩时时刻刻吸引着阿斯马拉人的神经，而马萨瓦人则无时无刻不梦想着走出终年酷暑的家乡去享受阿斯马拉四季如春的气候。所以，在100多公里千回百转、移步换景、仅容两车相向而行的上下山路上，每日都有大大小小的客车、货车穿梭不息。

29日我早早就起床做好了出发的准备，6点40分我到阿斯马拉博览园E大门口时，一辆EIT的中巴车已经停在那里，我坐到了司机后面第一排靠过道的座位。与司机相对的更好的座位已被一位印度教授占领，但我能在去的路上拍一些勉强过得去的照片，与这个座位有直接的关系。车一出城我就被美妙的风景所吸引。因为是早晨8点左右，光线分外柔和，车窗外的来往行人和车辆，迎风摇曳的各色鲜花，形状色彩各异的树木，碧绿清新的草地，简朴整洁的农舍，依山而建风格不同的村庄，晶莹清澈的湖泊，已经收割或依然有麦子或绿色庄稼的农田，一切都让我感到有趣。

下山之路开始之后，前面提到的风景已经让位于陡峻的山崖、奇树怪石、缥缈回旋的云雾。从山顶向下看去，下面的山路如同羊肠小径，蜿蜒曲折。经验丰富的司机驾驭着车子在并不宽阔也不平整的下坡路上高速行驶，一个急弯又一个急弯，每一处都是峰回路转，佳景连连，遗憾的是车速太快，有些风景还没按动快门就一晃而过，永远成为遗憾了。

9点左右我们到了一处叫作菲尔菲尔的地方，这里看来是一个来往游客或车辆避暑休息之处，已经干涸的河谷边有几处简易房子，附近还有好几棵数人也抱不住的大树，估计雨季当中这里应该有一条美丽奔放的或大或小的山溪，大雨时节这里一定是激流飞溅，乱石奔腾，浊浪排空，声震四野。因为河谷两边及河床之上满是大如牛斗的巨石。在一名叫作Aron的老师的招呼下，几位女老师在一棵大树下为大家准备着早餐，看来是面包夹果酱，果酱就是我曾买过的产于埃及的草莓果酱，这还是很不错的！早餐后大家照了一些合影后就继续下一段旅程了。

离开菲尔菲尔之后的路似乎大多是在山下的谷地之中，并不陡峭，但两侧绿树很多。不过，没过多长时间，出了山谷，便是大片一看就干得冒烟的戈壁荒漠，当然也有不少树木，但看上去绿色暗淡，树叶窄小，都长着很尖的刺。

10点半左右车停在一处路边，俄罗斯教授Zege用带着俄国味的很快的英语告诉大家，在我们现在所在位置的右手侧步行约20分钟就有一个村庄，村子里有一眼热泉水，泉水据说可以治病。两辆车上的老师们于是蜂拥而下，成群结队地向着干旱荒凉的小山后走去。这里原来是一个住着十几户穆斯林的小山村，几乎每一户都是用木棍和破苇席搭成的小茅棚，不过，人似乎不是住在里面，而是外面，因为几乎所有人家都把床支在屋外的荫凉处。由此可以想像该地的气温平常会有多高。这里的确有一条小河，河水温度很高，手一挨就感到很烫，而这很烫的河水就是从不远处的一个热水泉中流出的。混凝土做的一个直径将近两米的圆型小塘将泉水拢住，水非常清澈，看着会忍不住想伸出手捧一捧水上来一尝甘苦，可当手刚一碰到水面时，就会被一下烫得缩回来。水温至少有六七十摄氏度。

这个地方的名字大概叫Garhe Tely，我只听到一位老教授说Tely在当地语言中是牧羊人的意思。因为这个地方非常干旱，又没有土地，人们的生活主要是放牧牛羊，以换取生活所需。这里男穆斯林的特征是白帽子或不戴帽子，身穿阿拉伯长袍或裙子；女人除了裙子色彩艳丽外，很引人注意的是她们都在左鼻孔处戴着一个小金环。这里的生活环境是非常令人担忧的，可是这些人一如既往地在这里生存着，是什么支撑着他们一代代战胜无尽的酷暑与贫瘠呢？应该是内心圣洁的信仰吧，因为，除了信仰还有什么能让人说服自己坚守于这样一片土地呢！？

12点半时，车进入了马萨瓦市区，我感觉似乎是顺着城的南边由西到了东，来到久负盛名的海洋学院。车到了大门口，一位年老的一身阿拉伯装扮的老人硬是不让进门，最后Aron打电话叫来了海洋学院的一位博士教授，看来我们在这里的食宿是由这位博士教授安排的。他让我们的两辆车进了校门，然后一直领我们到了学校的餐厅门口。在这里，有十多位印度教师要求去宾馆住宿和吃饭，于是Aron就让一位司机开车送他们去了他们想去的中央酒店。我们余下的人先去一间很宽大的学生宿舍放行李，支床。床都是借海洋学院的简易军用床，非常简单实用，只需要把几个折叠部分往开一拉，马上是一张小巧轻便的单人床。我们各人把自己的物品放在床上，看着管理人员把门锁好，大家就返回餐厅吃午饭了。因为有十多位印度教师都走了，现在吃饭的也就二十多人。午饭是一份鱼，三个面包和一个鸡蛋，一杯凉水。我觉得吃得刚好。

吃完饭的第一件事就是开赴古尔古松海滨浴场。坐着车感觉距离也不近，听说有二十几公里，出了城，上了一个小山坡，就看到远处蔚蓝色的红海了，车到海边又走了十来分钟。海滩是完全开放的，有一家规模较大的观光酒吧，坐在里面可以一览辽阔的远海。海边长着一些新种的棕榈树，然后有一些塑料桌椅，游客可以随意休息，没人会过来赶你走。这样干净整洁的海滩，摆放着这样让人感觉舒适的桌椅，在中国国内的任何一家海滨浴场，不花几百块钱你是进不到水里的，不花钱你是连桌椅也不能碰的。可是在这里一切都是免费开放的。收钱的只有你喝的饮料、你买小贩的东西以及如果你游泳后不能忍受一身的海水味而需要花十个纳克法去冲的凉水澡。

这里的海滨风景真是优美无比，沙子细腻柔软，而从沙滩到有海水的地方都是细细的沙子，并且，这段海滩坡度非常小，100米距离内的落差不会大于一米，所以，你尽可以放心地往前走。不过，如果不识水性，最好不要去深水区，因为你不会游，但水会把你浮起来，而这时你会拼命挣扎，结果你会喝进去很咸的海水，这时如果四周无人，你就没命了。

这里的大海最使我震撼的，是它的广阔无边、水天一色的蓝，以及它几乎一尘不染的清洁与纯净。当我走向水中时，一尺高的浪轻柔地缓缓涌来，让你的身体随之晃动，它似乎在向你打着招呼说：远方来的还不会游泳的人，感受一下小浪的冲击就行了，可不能再向深处走了。因为地处终年酷暑的赤道附近，气温始终很高，所以海水的温度一直是热的，不论你坐在水里，躺在水里，还是站在水里，你都能感受到它温柔的爱抚是那样让你陶醉，你会有一种要在这种水里永远待下去的想法。想到一再被报道的被严重污染的地中海所有沿岸地带，想到国内高档海滩已经是穷人望而逃离的场所，而包括曾经是优良的海滩的几乎所有的沿海区域都已经很难找到干净理想的洗浴之地，这里的纯洁与平静真是造物主对无非分之想的厄立特里亚人的恩赐。只有淳朴正直友善的民族才值得拥有这样特殊的福祉。

这样的海域无疑是黑人的专利，所以，当过于白晰的皮肤闪耀于这片海域时，它是刺目的，是不成比例的，是与四周黝黑健康的皮肤格格不入的。在这里，我找不到一点往日始终维持的自信，我只希望海水再混浊一些以使自己不太引人关注，希望自己是与周围大人孩子一样肤色的黑人。的确，在这里，自己过于白亮的肌肤让我有一种害臊的感觉。如果有下次，我一定会穿着衣服下海，那样我会内心自然踏实地享受这一生难遇的热带海水的抚摸。我可能还会在很短的时间内学会游泳。

奇妙的海水让每个接近它的人忘乎所以，不管会不会游泳，大家都尽情地感受着难得的自然之赐。孩子们在水中忘我地嘻戏，小伙子们一二十人一组进行海中排球赛，打得难解难分，激情四射。他们一会儿在水中争球，一会儿又会把球场移到沙滩上，一会儿又在水里。他们的笑声与活力让人感觉到这个民族是一个拥有着无穷潜力、乐观积极的民族。

这次旅行中最使我震撼的事发生在第二天。30日上午，我们在绿岛游玩之后，吃了午饭，返回古尔古松海滨浴场，第二次感受这美妙蔚蓝色的海水，在大家又一次在海水中尽情嬉玩之后，Aron带领几位老师为大家准备好了下午的晚餐，准备吃完后启程回阿斯马拉。大约4点左右，我看到距我约几十米的海边，两位十多岁的黑人小伙子在做礼拜。当时，我手里端着一盘鱼、一个面包，面前还放着一瓶水。我想把这两个黑人小伙子礼拜的场景拍下来，可这时相机的存储卡已经满了。我犹豫着该怎么做，当我想到把一段视频删除时，那两个小伙子已经做完礼拜收拾东西离开了。作为一名所谓的穆斯林，我为自己宗教修养的严重缺失深深愧疚着！我该从什么方面开始去实施对自己的拯救和赎罪呢？我的黑人穆斯林榜样，他们会像明星一般闪耀在我苍白的记忆之中，让我自省！

现在，继续讲第一天的活动。第一天下午我们到古尔古松海滨浴场已经快4点，而浴场下午6点就清场。5点半天已快黑，也该到回去的时候，只是温暖的海水吸引着仍然兴致盎然的男男女女们，很多人很不情愿地从海水里走出来。当时，我和几位印度老师靠在躺椅上，看着辽阔无际的天海相接处，暮霭渐渐降临，海鸟的叫声回荡在大海低沉的浪涌潮鸣与渐浓的暮色之中，我不由得想起孔子的“逝者如斯夫，不舍昼夜”，思虑着虽然大海之水不像江河那样奔腾而去，但潮长潮落，水进水退，每一个轮回必然有一种力量增强，而另一种力量减弱，所以，每一分钟涌到你眼前的海水应该都是不一样的。当你在海水中嬉戏时抚弄着你的海水可能每一秒都进行着你来我往的永恒运动。再想到苏轼所说：“逝者如斯，而未尝往也；盈虚者如彼，而卒莫消长也。盖将自其变者而观之，则天地不曾以一瞬。自其不变者而观之，则物与我皆无尽也，而又何羡乎。且夫天地之间，物各有主，苟非吾之所有，虽一毫而莫取，唯江上之清风，与山间之明月，目遇之而成色，耳得之而为声，取之无尽，用之不竭，此造物者之无尽藏也。……”人生真如大海之一粟，太无足道哉，然正是因为这种生命的普通与平凡，为每个人提供了谱写自己人生篇章的宏大空间，不同的人生价值与意义就是靠不同的领悟与体会、不同的选择与奋进所成就的。大海是这个世界上仅次于天空的哲学家，只要你将目光投向它，它就会把启示与告诫宣读于你，并且直指每个人的心灵深处。所以，能在一生当中，不断地接受天空和大海的启示的人，一定是认真生活在这个世界上的强者。他们不靠所谓的科技，不靠所谓的文化，更不靠所谓的传统，他们靠的是本真的直觉，靠的是生命深处的互通与对接。

29日晚上从古尔古松海滨浴场回到海洋学院已经7点了。Aron领着我们自力更生地在海洋学院的餐厅做晚饭。这种晚饭是我有生以来第一次品尝到的，其实我应该早猜到会有这样内容的食物，因为早晨来的路上，我座位旁边放着一个大盆，我曾掀起盆盖看过，是多半盆煮好的土豆。现在我们的第一项任务就是给土豆剥皮，一些人在剥土豆皮，一些人在把剥好皮的土豆切成较厚的块，另一些人在切洋葱，还有几人在切青辣椒。切好的东西全部放到那个大盆里，撒上盐和调料，用力搅拌，就做成了当晚的主食（我该问问这样的食品在当地叫什么名字）。然后再给每人两个面包、两个鸡蛋、一杯凉水（饮用水在这里一直是限量的）、一瓶可乐或雪碧，最后，每个人都吃得水足饭饱。

吃完饭已经9点多了，我以为大家会赶快休息睡觉，没想到他们还有节目。

他们在海洋学院餐厅前面的空地上生起了一堆篝火，又搬了几十个椅子围着火放了一圈。我想大家可能会跳舞吧，可我又估计错了，他们点着火之后，就相互坐着喝啤酒、可乐，聊天。10点多后，他们进入下一个环节，那就是喝咖啡。一位女老师开始在火上炒咖啡豆，另一位女老师在做爆米花。咖啡豆炒好了，那位女老师端着冒着烟的咖啡豆绕大家一圈，让每个人嗅咖啡的香味。这是传统咖啡的制作环节之一，当端着咖啡豆的女士来到某人面前时，某人一般都要用手把咖啡豆冒出的烟扇向自己一边，并同时赞美："Zebo，zebo（好）。"因为我此前曾因喝咖啡而整夜睡不着觉，所以就没打算喝，我喝了两瓶啤酒和一瓶可乐。回来后一位叫阿里的朋友看到我端着啤酒瓶的照片，马上说我越界了，穆斯林是绝对禁止饮酒的。这些老师们可真有意思，我以为他们喝完咖啡就会跳舞唱歌，可谁知道他们的节目很古板，至少在我看是这样。他们竟然一个接一个地用当地的提格雷尼亚语说笑话。笑话看来内容都不错，因为在讲每个笑话或结束后，都有豪爽的笑声，都会激起其他人似乎更有趣的笑话，只可惜我听不懂他们的幽默，只能陪着大家笑。其实我也有笑话，如果他们用英语说一两个，我也会加入其中的。尽管如此，看到他们如此投入，我还是非常高兴地感受着大家的激动与兴奋。

笑话一直持续到午夜时分，我帮着收拾好东西，想着现在该回去睡觉了，这时，Aron过来说："我们去散步吧。我们来这里不是为了睡觉的，要睡觉星期一可以睡个够。"与他一样有此想法的还有另一位叫Aron的小伙子，另两位第二天一直与我在一起的小伙子Radan、Gabriel和一位年龄稍长的大个子Gorey老师。对我来说少睡一会儿并没什么，更何况有这样几个人陪着又说又笑，能体验一种一生都难得有几次的浪漫，也是不错的啊，尽管身边都是男士而无女士！

于是，我们打算去外面，可走到校门口才注意到门是锁着的。Gabriel走过去要敲守门人值班室的门，这时Aron制止了他，说，太晚了，把他叫醒他会不高兴的。我们要不在院子里走走或者翻墙出去吧。我们很快找到一处较低的围墙，一越而过，来到了外面的路上。几个人边说边笑，向着马萨瓦市中心走去。

马萨瓦是一个人口只有6万的城市，加上海洋学院的位置已经远离市中心，此时又是午夜时分，街上行人很少，车也几乎没有。路灯稀疏地照着不多的街道，可以看到有些街道就在海堤旁边，路灯在夜色中除了照着路边，还在水中闪烁着一条长长的光亮。灯并不是太多，抬头看天空，星星很大，很亮。我只能看到猎户星座位于头顶正上方，其他认识的星座看不到，可能我的方向感还没找到，只看到银河是东西走向的，这与国内夜间常看到的南北走向不一样。走了约

20分钟，看到前面停着几辆出租车，我们六个人挤进一辆出租车，一会儿就到了市里。

到了市中心，我得以粗略地看到马萨瓦的城市建筑特色，这里的房屋都有明显的阿拉伯建筑特征，门窗的造型大多为半圆形，高楼很少。Gabriel告诉我，其实这里主要的建筑都出自意大利人之手，意大利人在修建这些房屋时既考虑了当地住民多为具有阿拉伯特征的穆斯林，也把自己的意大利建筑特色融入其中。所以，这里建筑的特点很别致。我们一行六人说笑着，在没有路灯的小巷子里绕来绕去，几乎每个巷子里都有不少人把床支在外面呼呼大睡，个别瞌睡较轻的人或被我们的说话声惊醒，或被我们惊动的狗叫声惊醒。可我们走过之后，他们又倒头睡去。他们为什么会睡在外面而不是房子里面呢？因为热！

马萨瓦的酷暑其实我来到厄特后不久就常听人说，我六七月份带的班上有一位名叫Abdu Salman的老师就是现在这所海洋学院的教师，他目前在中国大连海事学院读硕士。他曾不止一次地告诉我说，5、6、7等几个月份，马萨瓦的气温一直在40摄氏度以上，夜间也是如此。当时，我因为没有切身感受，对他的话半信半疑，到今天我们中途下车去Garhe Tely时，我就已经感到酷热的强度了。听说这次旅行之所以选在这个季节这个时间，也是为了避开最热的月份。就是这最不热的月份，马萨瓦人依然无法在屋内入睡。尽管已是凌晨时分，空气中的热度似乎并不低，我们都是浑身大汗不止。Aron想找个喝啤酒的地方坐下喝几杯解解渴，可虽然有好多酒吧还在营业，但没有卖啤酒的。我们晃晃悠悠地走到军用码头边，大门锁着，一位持枪的士兵坐在门侧，他们几位过去想给这个士兵说让我们进去看看，我听不懂，但看出来没戏。我们转身离开，已经走了好几步远，听那个士兵好像在喊我们，Gabriel跑过去，以为他想放我们进去，结果却是士兵的烟瘾犯了，要烟抽，可我们几个都不是烟民，只好让他失望了。或许我们中的谁给他几根烟，他真会让我们进去看看厄特军港的夜中雄姿。随后，我们又在大街小巷瞎转一气。此时开门亮灯的基本都是酒吧和歌厅舞厅，Aron和Gorey老师没找到啤酒喝，却在一个舞厅门口碰到了在那里当老板的朋友。他们握手，碰肩膀，聊得十分开心。正在这时，有两个年轻人推着一个年轻人从二楼很窄的楼梯上下来，推的人用的劲儿很大，似乎很生气。而被推的人更是怒不可遏，拳头高举，想要大打出手。但毕竟一个斗不过两个，他被一下推到了门外，双方开始交手，但被老板与负责看门的手下以及我们这些人给拉开了。Aron把单打独斗又气急败坏的小伙子按在门口的一把椅子上坐下，对方的两个人也被老板推到楼上去了。一场打斗就这样被平息了。这是我5个月以来第一次在厄特看到当地人互相打斗与叫骂。当然，只要有人群的地方，就会有争斗，可是在阿斯马拉，这样的情形实在很少见，或许是我没有看到。但不管怎样，厄立特里亚的社会治安环境是我所见过的最好的，人的素养也是最高的。因为在国内，即使在乡村也不时会听到叫骂声，打斗也并不罕见，可这里的绝大多数人的确很淳朴，很本分，很友善。不论大人还是孩子，眼神中流露的不是贪婪，不是猥琐，更不是邪恶，几乎每个人都是清贫而自尊，乐观而正直。我以为这是传统与信仰共同铸造的精神之城，它与时代发展有关，但更与对价值与信仰的坚守有关。与国内相比，部分国人在钱多的情况下，精神已经颓废到了信仰与价值的不毛之地，人们为了一己私利可以无所不为，无所顾忌。所以，人人自危、时时提防是我们日日月月年年要修习的课程，这或许就是经济发展所带来的好处，抑或是必须要付出的代价。

后来，坐在门口椅子上的那个小伙子站起来挤进大门，又上楼了，我想会不会像国内这种情形下，楼上马上会有刀光闪动，鲜血飞溅？正当我这样猜想时，Gorey老师给他的老板朋友象征性的一点钱，我们六人进了门，上了楼。楼上显然气氛很欢快，没一个人闹事，看来我前面的顾虑是多余的，那个小伙子上来后没有再滋事。这是一家在当地规模不算小的酒吧兼舞厅的娱乐场所，里面挤满了人，绝大多数是20岁左右的小青年，有喝酒的，更多的是跳舞的，灯光很暗，音响声音很响亮，重低音效果也不错，舞曲是节奏非常强烈的提格雷尼亚民族舞曲。Aron他们几人看来是如鱼得水，毫不含糊就舞动起来了，他们招呼我也加入他们的舞动之中，我因为没地方可坐，就跟着他们晃动起来。提格雷尼亚舞蹈虽然节奏强烈，但舞蹈动作简单，脚上基本没有复杂的动作，身体摆动的幅度也不大，变化多的也就是胳膊抬高或放低，再就是有些弯腰和转身的动作。因为这种舞蹈是全民性的，只要你跟着节奏随便摆动，都不会有问题。所以，我很快就能和他们一样地跳他们的舞蹈了。舞间休息时我借助闪光灯为他们照了几张相。后来，老板上来加入到我们的行列中，又与我们合了一张影。我们大概在这里逗留了约一个小时就告别老板离开了。

出了舞厅，Aron和Gorey老师继续找啤酒，还是没找到。我们在一个小码头看到一艘似乎正在维修的大船，大半个船身在岸上，我摸了摸船结实的龙骨，发现除了这个核心部分是铁质的以外，其余船身都是用木板拼合在一起的。我们又在船下照了张合影。因为这时已经3点多了，街上也没有出租车，我们便决定走回去。我本来就没搞清方向，这时只能跟着他们边聊天边漫步，能感觉到我们离市中心越来越远。

走了大概半个多小时，我们来到陈列着三辆坦克的地方。这个地方我白天坐在车上曾路过两次，每次都照了几张相。这三辆坦克是独立战争期间厄立特里亚军人缴获的埃塞俄比亚军队的，以示纪念，坦克被特意保留在这个地方。事实上，这块地方是经过特殊加工，为放置这些沉重的家伙而专门修建的，每辆坦克的基座上都用提格雷尼亚语、阿拉伯语和英语三种文字写了说明，讲述每辆坦克是在什么时间、什么地点、什么战役中被缴获的。因为光线较暗，我们只在其中的一辆坦克下合了影。这个时间气温依然很热，照片中的我连衬衣都脱了，只穿着背心，裤腿挽得很高。照完相我们准备绕到坦克后面看看，发生了一件很诧异的事。Gorey老师走在前面，正当他要从一棵树下弯腰钻过去时，忽然大喊一声，跳了很高，并很快跑到了另一边较远的地方，而在他刚走过的那棵树下，这时忽然站起一个人来，因为光线很暗，我们几个在后面的人都一下紧张起来，马上从台子上下来，不再从坦克后面绕行，而是直接走到了前面。这时，只听Gorey老师说，他在树下时，一脚踩在了一个人身上。当时，那人一定睡得正香，忽然被人一脚踩醒，一定也吃惊不小，但他清醒后看我们都已经离去，也没再吱声，继续睡他的觉去了。

这时，Gabriel对我说，马萨瓦因为太热，人们晚上会在野外随便找个地方躺下睡觉。因为社会治安很不错，也不用担心遭遇不测。所以任何凉爽的地方晚上都可能成为人们休息睡觉之处。刚才的那个人可能觉得那棵树下睡着很舒服，可没想到会有不速之客意外降临，一脚踩醒了他的春秋大梦！真是罪过！

我们离开三辆坦克继续晃晃悠悠地向海洋学院走去，他们说剩下的路已经不远了。

我们最后翻墙进到校园时，已经快5点半了，我感到焦渴难耐，上完卫生间，发现门旁边有一个大塑料桶里有半桶水（这一般是用来冲厕所和洗手的），我用手捧着美美地喝了一顿。喝完后，这才有点后怕。这水肯定不干净，里面不知有多少蚊虫苍蝇在休息工作，我这样喝下去，今天要是肚子坏了，那可到哪里去解决问题呢。在这里上厕所和找水是同样困难的大事。但已经喝了，不可能再吐出来，到时候再说吧。这样想着，我又捧了些水，洗了把脸，就回到放着行李和床铺的宿舍，房里睡着不到十人，睡得一个比一个香。紧挨着我床的是一位身材健美的小伙子老师，只见他什么都没盖，仰躺着发出轻轻的酣声。我取出包里带的被单，在小床上躺下。大概能迷糊半小时，一个蚊子来到我的头边把我吵醒，我害怕被它叮，就起来把包里带的药膏往手上、脚上、耳朵上抹了一些。睡意已经被蚊子招呼走了。一看表快6点半，其他人大多已经起来，因为有将近一半的人并没在房里睡，而是在房子外面的路边睡，他们已经在外面聊起来了。我也起来收拾好自己的东西，把小床折叠起来。

7点钟时，我和另外一位老教授先于他人带着自己的行李和那张已经折叠起来的小床来到了昨天吃过饭的餐厅。按照Aron的安排，我们今天的早餐还是自己动手做昨天那样的土豆、洋葱、辣椒主食，再加面包和鸡蛋。第一件事还是剥土豆皮，很快有更多的人来帮忙。这里值得提一提苍蝇，昨天的苍蝇就多得不可胜数，几乎在你所要吃的、要用的每一样食品或物品上都会有几十只苍蝇，它们你来我往，此起彼伏，使你根本只有招架之功，没有还手之力。看来这里所有的人对这种情形早已习以为常，我也就坦然地接受了苍蝇们的拜望，它们想吃就吃，想喝就喝。主人对它们都一筹莫展，我又能奈其几何？早餐从开始准备到杯盘狼藉始终是在苍蝇们的大举配合下结束的。在快9点的时候，我们坐着车离开了海洋学院，向今天的第一个诱人目标绿岛驶去。

码头上没有太多的人，看来今天在这个时间要上岛的人只有我们这一帮了。因为一艘船一次只能坐17人，我们分两次由同一艘船送往岛上（另外几位老师是穿着自带的潜水衣潜游到海岛的）。海岛离岸边并不远，大约20几分钟就到了海岛码头。

海岛约有几平方公里，岛的形状有点像是一个带着长把的勺子，它的把儿是一条长约一公里的沙堤。这条沙堤中间高，两侧低，在靠近最尖端的地方不知什么时候有人搭建了四个圆形的草棚，现在看上去草已经被海风吹得所剩无几，只有不多的木架还坚强地屹立在岛的最前端，注视着马萨瓦的日升日落。同时，它们四个也如站立在布满奇迹和好运的海岛上的神秘美女，向岸上的好奇之士抛着模糊的媚眼，让远在岸边的眼亮的人充满一览岛上胜景的欲望和冲动。岛的主体部分，即勺子的圆形部分真像一个很大的圆饼，它一半的面积被一大片热带灌木丛所覆盖（这可能也是它为什么叫绿岛的原因），另一部分长着一人高的不知名的杂草。我和Gabriel、Radan还有小Aron三人从勺子最细的部分一路探寻，进入到了丛林之中，因为当时气温很高，大家都热汗直流，而灌木丛中却有荫凉，刚进去感觉很凉爽。这里的灌木并非全是灌木，近一半的植物长得很是粗壮，让我非常好奇的是，这么粗壮的树本该向空中发展，长高才对，可这些粗壮的家伙却一个个弯腰俯身向四周伸展。有些横着的树枝伸得很长很长，这样就在丛林的下面形成了像草棚一样的阴湿空间。更有意思的是，地面上新长出一片片黑幽幽的有小指头粗的植物，长得很是整齐。所以，我认为这之前曾是一种能为人所用的植物，被人完全割去后现在又长出了新芽，但他们几位认为不会有人来这里割这种东西，这只不过是一种现在才开始长的丛林杂草而已。我们曾试着在这些横七竖八的大树下往前穿行，看能否走过这片丛林到岛的另一面去看看，但走到近一半的地方却无法继续前进了，前面是很密实的杂草与灌木，要穿过去非得有锋利的工具砍伐才行。我们只好望之兴叹，又回到了入口处。这时Aron和另一大帮老师也到了这里，大家在这里分享了我带的一包恰恰瓜子。我很好奇的是，这里的人从来没吃过这种东西，等我教了他们如何咬破瓜子皮，取出瓜子仁享用时，他们才发现这东西也是很好吃的。随后，剩下的一些瓜子分给了印度老师们，他们似乎也不会吃这种食品。

我们这一大帮人几乎都是一边吃着瓜子一边向码头方向走去。其实，最应该提到的是一下码头就映入每个人眼中的一座破旧的建筑。整个建筑的风格很显然是阿拉伯式的，我曾在一篇文章中读到，有人说在此处的岛上曾有一座有名的清真寺，不知是不是这里。

这天的上午11点左右，我们在这座破旧的建筑物的阴影下，每个人吃了一两个夹着果酱的面包作为午餐，然后便告别了这座可爱神奇的勺子状绿色之岛，乘船回到了岸上，又乘车向古尔古松海滨浴场驰去。我们将在那里再逗留四五个小时，在那里吃晚餐，然后打道回府。

这次到古尔古松海滨浴场时，发现人比昨天稍多一些，在海水中打球的至少有三队，沙滩上的骆驼也多了两只，有一位黑人小伙子骑着一头嗷嗷叫的骆驼在沙滩上跑着，似乎以此吸引人们骑他的骆驼。我们大家都把包存在车上，我为了想第二次再感受一下红海海水的温婉舒适，便把相机、钱、钥匙、眼镜等小东西放在一位不打算游泳的印度老师处，然后把衣服放在一棵棕榈树下，就去了水里，今天海水水位明显比昨天要低一些，因为昨天曾被水淹没的一大片地方现在都是没水的沙滩。另外，我昨天曾戴着眼镜进到水里，当时水深已经快到胸部，超过一米了，且有缓缓的一尺来高的浪接连涌来，就在一个海浪的冲击下，我失去平衡倒在水中，喝了一大口咸咸的海水倒是小事，严重的是我的眼镜一下掉进水里了。我一时感到很紧张，因为在这里配眼镜很麻烦，如没了眼镜我也就和盲人差不多，那后面这半年的时间怎么过呢？我当时试着想弯腰用手去摸，但此时我已经到了深水区，且有浪的冲击，手根本够不到海底，我急中生智，忽然想到用脚去摸。运气还算真不错，我居然用脚摸到了，我用脚趾指夹住眼镜抬起脚再把眼镜拿到了手里。这也是我昨天在水中没能尽兴的另一个原因。所以我今天把眼镜也提前放下了。

前一天，即29日，还有一件事感觉不适，那就是从海里出来后，我竟然不知道去到沐浴室用清水冲一下身上的盐分，从下午到晚上，再到我们在马萨瓦街道晃悠的大半夜时间里，我总感觉脸上、身上很不舒服，又因为天很热，也没地方去洗，回来后仅衬衣上的盐渍用力洗了一次，竟然没洗下来。这也是一次经验，以后若是在海水中呆过，一定得设法用清水冲洗一下，要不然很长时间都会不舒服。

30日第二次到古尔古松海滨浴场，我在水里待的时间并不长。约半小时后，我就上岸拿上衣服去找能冲凉水澡的地方。人很多，等了好长时间才进到一个沐浴间，里面有四个水龙头，两个没水，一个水大的被别人占用着，我只能用水少的那个将就冲了一会儿就出来了。这次游泳不太尽兴，主要还是我准备不充分，当然这是第一次，哪来的经验？相信再有这样的机会，我会尽情去享受造物主的这种最神奇的恩赐。

几位老师3点左右就开始在海滨咖啡厅的一角为大家准备晚餐。这次的晚餐主要是鱼罐头，再在鱼肉中加进西红柿片和青椒片，每人一个面包，还有可乐、矿泉水。我觉得这次的鱼虽然是罐头鱼，但味道非常不错。也就是在我尽情地吃着美味时，我看到了几十米之外，在海边做礼拜的黑人小伙子。他们让我停止进食，让我思考自己的堕落，他们让我知道自己离正道已经有多远。我会永远记住他们的身影！

我们大概在5点10分开始了返程之旅，天色越来越暗，一些景致来的路上已拍照，现在基本不拍照了。应该一提的是Aron安排我们在一个名叫津达的镇子上喝茶，我用另一张卡拍了一段视频。当时，太阳已经落山，金色的余晖尚未退去，金色的暮霭将这个地方装点得一派圣洁、祥和。这里的居民大多为穆斯林。愿圣洁的宗教为信众们指导永恒的精神归宿！

随后的路途基本是在黑夜中默默走完的，大家一路或默然地回味着这次美妙的旅行，或恹恹欲睡于旅行的疲劳之中。我看着渐渐隐没在夜色中的大山、人家，看着路上不时走动的黑人大人或孩子，想着他们在这大山之中的生存状态，心中一遍遍地祝福他们每一位平安吉祥，生活美满！

马萨瓦的一切对我具有深深的诱惑，它的大海如绝色的美妇用不绝如缕的仙乐勾引着我脆弱的神经，我此生将再也不会把它从记忆的宝典中勾除，它也必会成为我最为瑰丽的梦景，这样的梦会给我的生存增添无可比拟的意蕴；它四季焦渴的荒漠与崇山峻岭如粗犷豪放的黑帅哥用挚诚与狂放邀我分享它撼人的健美与雄姿；它奇异的热带花草树木更是专门为了取悦我而长在我必经的每一条路旁，它们摇曳的姿影是只有我能听懂的世外言语，它们向我诉说、讲述、宣读、告诫着这片奇异世界的沧桑和传奇以及它特有的韵律；它的大人孩子都是我此生衷心祝福的对象，不管是否还有缘走在马萨瓦街头，我都会永远牵挂着这块高温、厚义、超值的红海海城！

马萨瓦之旅画上了一个完美的句号。这是我生命乐章中最值得纪念的一首心曲。是为记。

（时任国家汉办派厄立特里亚汉语教师白玉波作于2011年11月3日）

蛇年春节马萨瓦、黛茜岛记游

题记 2013蛇年春节初二至初五，我与使馆其他同事一起赴马萨瓦、黛茜岛出游。马萨瓦我是常去的，但其绿岛、黛茜岛则是第一次去，纯天然无污染的自然风光、惊险刺激的经历让我难以忘怀，如果不诉诸文字，真是辜负了自己这么辛辛苦苦的一趟出游，也辜负了我腿上被珊瑚礁碰破的伤痕。

初二

我曾于2011年9月带甘肃艺术团赴马萨瓦，也分别于2012年4月、10月赴马萨瓦，但后来都不能将这些经历记录下来，殊为遗憾。阿斯马拉海拔2400米，马萨瓦与海平面持平，因此两个城市隔着连绵的山。当年意大利人修了环山公路，一圈又一圈地缩短了两个城市的距离。据同事估计，大概有500多个圈，所以对晕车者是个巨大的考验。由于两个城市落差较大，沿途有着不同的植被和景色。海拔越低，看到的绿色越多。2012年4月从马萨瓦返回阿斯马拉途中，我经历了云里来雾里去。那时雨季快到了，湿度较大，云雾较多。这次虽然没有云雾奇观，但也能看到令人叹为观止的云海。此外，沿途还能看到各种各样的动物，其中就有红屁股、龇牙咧嘴的狒狒。

环山公路（中国驻厄特使馆摄）。

狒狒（中国驻厄特使馆摄）。

从阿斯马拉到马萨瓦开车要用

山间郁郁葱葱的植被（中国驻厄特使馆摄）。

3个多小时。我们9点出发，抵达马萨瓦已经12点多。下榻的是马萨瓦条件较好的达赫拉克酒店。厄特酒店管理落后，还要查验路条，我们折腾了半个多小时，才完成入住手续。我们稍微收拾了一下，赶到餐厅吃午饭已经下午1点多了。

餐厅四面都是玻璃架构，打开窗户，凉爽的海风吹了过来。实际上，适合赴马萨瓦旅游的季节并不多。从5月到9月，马萨瓦基本上酷热难当，当地人都难以忍受。一年中最凉爽的月份就是10月至次年4月。当然了，这种凉爽只是相对的。同一时间，马萨瓦还是要比阿斯马拉暖和得多。在阿斯马拉呆久了，血液中的含氧量难免要降低。到马萨瓦吸一吸氧气是有助于健康的。

达赫拉克酒店1（中国驻厄特使馆摄）。

餐厅里只有我们在等着午饭。厄特的饮食不像中餐那样丰富，只有意大利面、烤鱼、炸鱼、蔬菜汤、西红柿汤等。当然我们早有准备，带了老干妈辣酱、咸菜等。正式吃饭前，先上几大盘面包，饥肠辘辘的我们马上就着辣酱、咸菜津津有味地吃起来。

达赫拉克酒店2（中国驻厄特使馆摄）。

马萨瓦位于厄特北红海省，是该省省会。据同事说，马萨瓦原来是指一个岛，上面是老城区。后来，意大利人将该岛与沿海内陆海堤连接了起来，现在

马萨瓦古城（中国驻厄特使馆摄）。

总督府1（中国驻厄特使馆摄）。

总督府2（中国驻厄特使馆摄）。

的马萨瓦包括马萨瓦岛对岸的城区。我们所下榻的达赫拉克酒店距海堤不远，正好可以从酒店屋顶俯瞰海堤。酒店旁边是一汪碧绿的海水，你可以在岸边欣赏海鱼在水里嬉戏。酒店内，可以看到对面建于1872年的埃及总督府。总督府经过厄特独立战争的破坏，早已残损不堪。如果好好维修，总督府应该可以成为该城一个重要的旅游景点（笔者注：后来该总督府坍塌更为严重，穹顶不复存在）。

吃完午饭休息后，我们4点多去了古尔古松海滩。这是厄特人休假的著名去处，旁边有个古尔古松旅社，价位比较便宜，受到厄特人的追捧，但食宿条件较差。在海里游泳的感觉跟小时候在水塘的感觉完全不一样。我在小水塘可以自如地驾驭自己的身体，然而海上的浪较大，有种风雨飘摇、身不由己的感觉。

很快就到了吃晚饭的时间。吃过晚饭，大约晚上9点钟，我们出发去海堤捉

马萨瓦夜景（中国驻厄特使馆摄）。

螃蟹。这个海堤不是上面说的海堤，实际上我也说不上确切位置，因为每次来都是晚上。捉螃蟹的主要用具是靴子（防海胆）、手套、叉子、探照灯。虽然戴着手套，实际上我是不敢捉螃蟹的。所以我就充当寻找螃蟹的角色，还有同事负责在水面上拖着箱子装螃蟹，其他有经验的同事负责抓螃蟹。由于刚退过潮，海水也就齐膝盖深，用水照着海水，还能发现海参、海星、海鱼等生物。有的螃蟹比较狡猾，爬得比较快，有的还喜欢钻进泥里，不知道的还以为它跑了呢，实际上它就在薄薄的海泥底下，用手就能抓住。中资公司早我们一步来到这里，等到我们捉的时候，螃蟹不是那么多了。漆黑的夜色下，只能看到海面上亮起的如同鬼火一般的手电，还有我们找到、逮到螃蟹的欢呼声。厄特人不吃螃蟹，这等美味只能由我们中国人享受了。

初三

绿岛是马萨瓦岛与托鲁得岛对面的一个小岛。我来马萨瓦次数也不算少了，但每次都没能去绿岛上看一看。初三早上10点左右，我们一行租了一条船去了绿岛，半个小时就到了。

岛上有几个草棚可以遮挡阳光，沙滩上的沙子特别细腻、纯净，但是也有不

停靠在岸边的小船（中国驻厄特使馆摄）。

少碎贝壳，还有好多蠕动着爬行着的寄居蟹。这些寄居蟹会不停地根据自己身体的生长寻找适合自己的贝壳。我生活在一个内陆乡村，从小就没有见过大海。时空流转，我居然来到厄立特里亚，而且看到了红海的小岛和海滩，这真是不寻常的人生际遇。值得称道的是，绿岛海滩上经常停留着一大群白色的海鸟。它们的嘴巴是黑的，羽毛是白的，整齐地排列在沙滩上，仿佛钢琴上的琴键和乐谱上的音符，那种美丽让我惊叹，我从未见过如此纯洁美丽高雅的鸟，这真是上帝的杰作、自然的馈赠！

绿岛鸟飞（中国驻厄特使馆摄）。

上岛之后我就把沙滩鞋扔在沙滩上，赤脚走在海滩上，海水非常清，随着离海滩的远近呈现出不同的颜色。离海滩近的海水是纯清的，稍远的是淡绿的，再远的是深绿的，在阳光的照射下异彩纷呈。很快我们走到了长满草的地方，由于我光脚，走得特别小心。前方有一个石头搭建的建筑，看上去年月已久，建筑旁边有一个栈桥。离开这个建筑，我们又折返回到草棚处的海滩。据同事说，这里附近有一个珊瑚礁。同事们已经游到珊瑚礁附近看了一番。

大家可以看到自由游行于珊瑚间的海鱼，当然还有令人望而生畏的海胆。我同事的脚被海胆扎了几个血点。尽管如此，我还是愿意游到这里亲眼看一看这里的珊瑚礁。大概游到离海岸十几米处，我向同事高喊哪里有珊瑚礁。谁知跟我一起游到这个地方的同事告诉我，快小心，你下面就是珊瑚礁。我一听，心里一慌，潜水看了一下，果然水下有好大区域的珊瑚礁，而且有的珊瑚离海面很近，一不小心就能把身体碰到。我害怕被海胆扎到，也害怕被珊瑚碰伤，所以我拼命地游开珊瑚区域。结果，我的膝盖还是被珊瑚碰伤了。这时我心情更加紧张，游得更快了，但不小心喝了一口咸咸的海水。

下午，我们照样去了古尔古松海滩去游泳。晚饭过后，有的同事说，有一个地方的螃蟹比昨天海堤附近的螃蟹要多。我们决定换一个地方逮螃蟹，却没有想到这次捉螃蟹之旅是一次弥漫着神秘、诡异、恐怖气息的旅行。这话从何说起呢？我们一行人在司机的带领下，从马萨瓦市区出发，七拐八拐，来到一个村落里。这里怎么会有螃蟹呢？连海水的影都没有见到，村里根本没有路灯，是一个未知之地，只有我们的车灯闪烁在这个诡异的村落里。后来，我们看到几个村民，他们跟我们搭讪。据同事说，这是在厄特，你可以大胆地开车窗，要是在别的非洲国家，你开了车窗，兴许你的车就被人劫了。

后来，我们又来到一个空旷的地方。同事说，这就是退潮后的海滩。我用脚踩了踩，地果然是湿的，有些软，我终于相信这是海滩了。于是，我们留下几个同事在岸上等候，其余人都跟着向导去捉螃蟹了。幸亏我们都拿着步话机，岸上的车也亮着车灯，否则就找不到回来的路。由于我穿的是沙滩鞋，他们穿的是靴子，我落在他们后面。我们来到一个长满海树的地方，这些树瘦骨嶙峋，有着白白的树干和弯曲的树枝。这里的海泥特别软，我小心翼翼地终于走到有水的地方。但是螃蟹都不如昨天捉的大，很多是小螃蟹。向导说，可能今晚来得有些早，晚上11点是螃蟹最多的时候。海水越来越深，波浪也越来越大，分不清是涨潮还是落潮，向导说是退潮，我们感觉是涨潮。四周一看，全部都是海水，离岸边已经很远了，只有我们手中拿的应急探照灯照亮了每个人周围的黑暗。我们担心海水越来越大，找不到回去的路，于是与岸上的同事约定10点半回去，而且让他把车灯闪了几下，确定了岸上的位置。

螃蟹捉的还不如昨天多，但是也足够今晚的宵夜了。所以我们决定返程，在返程中能捉到几只是几只。我们登上车，开赴戈代姆水泥厂。水泥厂有同志帮我们煮螃蟹。由于水泥厂灯火通明，我们远远就能看到。在这黑暗的夜里，水泥厂高大的建筑颇具科幻色彩。水泥厂是厄特的战略要地，即便因为缺电而停止生产，晚上的安全保卫也是很重要的，这也是厄特不惜在这里灯火通明的原因。

初四

一路跟随着我们的海豚（中国驻厄特使馆摄）。

初四这天，我们坐船从马萨瓦向黛茜岛进发。这是我第一次坐轮船来到这么广阔的大海上，真正领会了“深蓝”的含义。原来根据深度大小，海水在近海多呈绿色，在深海多呈深蓝色。不时，有海豚尾在船头与我们同行，它们看似在与我们嬉闹，玩了一会儿就离开了。

开船的水手特斯法伊头发染成金黄，故我称之为金毛狮王，这个称呼也被随行的同事叫开。因为谢逊也曾经去过冰火岛，这次我们去的是黛茜岛；他的年龄跟谢逊相仿；谢逊是瞎子，他是哑巴；谢逊练的是七伤拳，时常发疯；而这个伙计据说经常不胜酒力，一喝酒就容易失态。所以，他与谢逊有太多的相似点，但他为人的确不错，旅途中尽职尽责，是一名优秀的水手。随行的还有一名老水手和一名年轻水手。我看到老水手的腿上有伤口，而且正在发炎，于是找了随身带的药让他敷上。他与年轻厨师一起，在船尾扯着钓鱼线钓鱼。一路上，的确也钓了不少金枪鱼等海鱼。

“金毛狮王”（中国驻厄特使馆摄）。

老水手（中国驻厄特使馆摄）。

年轻厨师（中国驻厄特使馆摄）。

普瑞默（中国驻厄特使馆摄）。

说了半天，这条船的老板普瑞默要出场了。他是厄特人，妻子是意大利人，马萨瓦的达赫拉克酒店就为他所有，他本人也是总统的朋友。他自豪地说，一位海军将领把黛茜岛赠送给了他，他在岛上投资修建了几座休假小屋。

经过近3个小时的航程，我们终于抵达靠近祖拉湾的黛茜岛。休假小屋里设施较为简单，洗漱用水放在洗手间的一个大水桶里，是收集的雨水，四面墙倒是通透，过堂风不时从屋中穿过。休息片刻，船东邀请我们绕到岛的另一端去访问岛上的一个阿法尔人村落。

我们一路跋山涉水，历经一个多小时才来到位于岛另一端的阿法尔人村落。旅途虽然辛苦，但也饱览了沿途纯天然无污染的自然风光，而且深刻感受了遗世独立、与世隔绝的独特体会。我们可以自豪地说，我们是来到这个位于东非非洲、红海

黛茜岛的海湾（中国驻厄特使馆摄）。

岛上度假村（中国驻厄特使馆摄）。

小岛上为数不多的访客。我们终于来到一个极具海岛田园风光的地方，这里有单峰驼、毛驴、牛、羊等牲畜，还种着玉米等农作物。远远望去，前方海岸边有一个村落，星星点点地点缀着树木搭建的房子。

我们来到村长家里做客。他的家从外面看虽然简陋，但里面客厅打扫得非常干净，有各种漂亮的装饰，能够让我感受到现代文明的东西是挂在墙上的照片。我问船东，这里到7、8月份有多热？他说，气温能达到40多摄氏度。真是难以想象，在这么恶劣的环境中，他们是怎么坚持下来的。船东说，这是我们的国家，就是这样的生存环境，我们没法选择。

村长用厄特传统的咖啡招待了我们，将咖啡豆烤熟，放入咖啡壶中，在炭火上烤制。厄特各民族烹制咖啡的程序基本一样，据说在埃塞、苏丹也有类似的礼节。在我们品尝咖啡的同时，我们发现一个个村妇端着工艺品陆陆续续来到岸边摆摊，原来早有村民将我们到来的好消息告诉了她们。这也是船东为何力邀我们来到这个村子的原因，原来是为了给这个村带来一些旅游收入。这些妇女身着艳丽的阿法尔族服饰，摊上的工艺品绝大多数是由海里的贝壳制成。我们纷纷选购了一些工艺品，以留作纪念。

老村长照片（中国驻厄特使馆摄）。

等到我们离开时，已是傍晚时分。我们在朦胧的夜色中乘船回到休假小屋。年轻水手是一个不错的厨子，他将金枪鱼做成鱼生招待我们，当然还有意大利面、烤虾、英吉拉等食品。船东拿出自己的辣酱与我们分享。席间，金毛狮王也喝了一点酒，但是看上去兴奋异常，已经不胜酒力。晚饭过后，在房中感受着凉爽的海风，回味着一天的愉快经历，不久便沉沉睡去。

（时任中国驻厄特使馆馆员王克启作于2013年春节）

后 记

厄立特里亚是一个年轻而又古老的国家。年轻，是因为厄特1993年5月24日才独立建国，迄今刚刚走过23年的国家建设发展历程。古老，是因为考古发掘证实，距今200万年前厄立特里亚即出现了最早的原始人类活动，在漫长的发展进程中形成了这一片土地上独具特色的文明。

厄立特里亚地处东部非洲和非洲之角最北端，是连接欧、亚、非三大洲的红海沿岸国家，拥有漫长的海岸线和丰富的海洋资源，拥有马萨瓦和阿萨布两大天然良港，内陆地区蕴藏着丰富的各种金属和钾盐等矿产资源，西部低地的加什—巴尔卡省土地肥沃，农业发展潜力巨大，是一个有着可观发展潜力的新兴发展中国家。

厄立特里亚的旅游资源十分丰富，拥有独具特色的地形地貌和人文景观。这里既有高原平川，又有海滨群岛；既有提格雷尼亚等9个不同的民族，又有基督教、伊斯兰教等多种宗教信仰；既有颇具现代色彩的城市，一派田园风光的乡村，又有历史悠久的古老王国遗址。从首都阿斯马拉到港口

厄立特里亚旅游部大楼前的广告：“两个小时、三个季节”（中国驻厄特使馆摄）。

城市马萨瓦，100余公里的短短距离内海拔从2300米直线下降到海平面，“两个小时、三个季节”是厄特旅游的响亮口号。来厄特旅游一次，大家一定会觉得不虚此行！

值得称道的是，在厄立特里亚建国的当天，中国与厄特两国即建立了外交关系。建交22年来，中厄两国在政治、经济、人文等领域开展了成果丰硕的合作，不管国际风云如何变化，两国关系一直保持着良好的发展势头。

作为一个年轻的新兴民族独立国家，外界对厄特的了解还不够多、不够深，中国民众也不例外。外界对厄特的了解更多地来自媒体只言片语的报道，能够亲自到厄特访问、观光的人仍然较少。可喜的是，中厄两国的人员交往逐渐呈现出不断加强的趋势，来厄中国人不仅有中资企业和机构的员工，也有来此探秘的中国游客。2015年4月，中厄两国达成的互免持外交公务护照人员签证的协定生效，为两国因公人员的交往提供了巨大的便利。厄特政府也为持普通护照的中国公民来厄访问提供各种便利。前往中国访问的厄特人也越来越多，主要是培训、留学、经商、参加体育比赛和探亲等。大家可能还记得，2015年8月22日，厄立特里亚的19岁小将戈麦·格布雷斯拉塞在北京田径世锦赛男子马拉松比赛中勇夺金牌，成为世锦赛历史上最年轻的马拉松冠军，也是厄立特里亚首次获得田径世锦赛的金牌，创造了厄特的历史。相信随着中厄两国关系的深入发展，会有越来越多的中、厄公民访问对方国家。

为了使有意来厄特参观旅游、访问和工作的中国公民有一本权威的全面介绍厄特情况的书籍，从2015年年初起，中国驻厄立特里亚使馆的外交官和夫人们、中国援厄特医疗队的大夫和孔子学院的中国教师们，利用一年多的时间，汇聚众人之力并以“云端”作为集体笔名用心撰写，奉献出了大家眼前看到的这本图文并茂的精美图书。

本书撰写人员如下：第一章第一节：张永蓬；第二节：邱学军；第三节：王小华、周永胜、陈小红、梁吉平、李智文、白玉波、王克启、王炯予；第四节：张永蓬。第二章：王克启。第三章第一节：王子振、冯超、刘领；第二节：冯超；第三节：段鹏、冯超；第四节：刘领。本书由王克启统稿。

本书还汇集了在厄特工作、生活过或积极参与中厄友好的中国人的文章，如中国前驻苏丹大使吴德成，使馆前任或现任馆员陈朝阳、贾磊、何以多、谢缅、王克启、周国华以及馆员家属刘勇，中国援厄特医疗队王子振、景小松，国家汉办派驻厄特的汉语教师白玉波，厄特高教委孔子学院教师冯超、梁吉平等。书中的大多数照片是由中国驻厄特使馆馆员拍摄的，部分照片来自厄特新闻部等网站，此外胡峤、郑坤、冯雨、刘微、周永胜、陈小红和梁吉平等也提供了多幅照片，为本书增色不少。

相信读完这本书后，大家一定会对厄立特里亚这个花园般的红海之国有了较为全面的了解，一定会获得许多在厄特旅游的实用信息和知识，一定会觉得解渴、值得！希望这本书成为中国公民了解厄特的一个窗口！希望越来越多的中国人赴厄特旅游观光，实地领略和体验厄特的独特魅力，在中厄两国人民的交往互动中不断加深两国和两国人民间的了解和友谊。

希望这本书给大家带来知识和享受，希望大家喜欢这本书。

邱学军

中国驻厄立特里亚大使

2016年2月17日

Postscript

As a country, Eritrea is both young and ancient. Eritrea is young, because the State of Eritrea was founded on May 24 of 1993 and has just gone through a 23 -year history of national construction and development as a newly independent state. Eritrea is ancient, because the archaeological excavations confirmed that as early as 2 million years ago primitive human activities appeared in Eritrea, and a civilization with unique characteristics has been formulated on this piece of land in a long process of historical development.

Eritrea lies at the north end of the Horn of Africa in East Africa , and is on verge of the Red Sea connecting Africa with Europe and Asia. Eritrea is endowed with two famous natural harbors, Massawa and Assab. With rich resources of potash and metals inland, long coastline and abundant marine resources in eastern seaboard, and fertile soil in Gash-Barka Region of the western lowland, Eritrea is a new developing country with huge potential for further development.

Eritrea is very rich in tourism resources. Eritrea has unique natural and cultural landscapes. Eritrea possesses not only plateaus and plains, but also coasts and islands, not only varied cultures of nine ethnic groups, but also Christianity, Islam and other religions, not only cities with modernist architecture, and villages with idyllic sceneries, but also remains of ancient kingdoms. Within a short distance of slightly more than 100 km from Asmara, the capital of Eritrea, to the port city of Massawa, the altitude changes from 2300 meters straight down to sea level. *Two hours, three seasons* is the right catchword describing Eritrea tourism the best. It is worthwhile for one to visit Eritrea!

It is commendable that China and Eritrea established diplomatic relations on the day of the founding of the State of Eritrea. Since the establishment of diplomatic ties 23 years ago, China and Eritrea have enjoyed fruitful cooperation in political, economic, cultural and other fields. No matter how the international situation changes, the relationship between the two countries has maintained a good momentum of development.

As a young and newly independent state, the outside world doesn't have enough and deep knowledge about Eritrea, with no exception for Chinese readers. Much of the knowledge about Eritrea for foreigners comes mainly from fragmentary media reports. The number of visitors and tourists to Eritrea is not large. However, we are happy to see that the people to people exchanges between China and Eritrea have been gradually and continuously strengthened. The Chinese nationals who come to Eritrea include not only the staffs of Chinese enterprises and institutions, but also Chinese tourists who wish to experience and explore Eritrea. In April 2015, the visa exemption agreement for diplomatic and service passport holders between China and Eritrea came into force, which provides great convenience for official exchanges between the two countries. The Eritrean government offers convenience for Chinese ordinary passport holders who come to Eritrea as well. More and more Eritreans are visiting China nowadays to participate in workshops, pursue further studies, engage in trade, attend sports competitions and visit relatives etc. As one may recall, on August 22 of 2015, a nineteen-year-old Eritrean athlete Girmai Gebreselassie won the men's marathon Gold Medal at the IAAF World Championships BEIJING 2015, becoming the youngest champion in the history of the marathon race in this sport event. It is also the first time for Eritrea to win a gold medal in the world championships, creating a new chapter in the sports history of Eritrea. I believe that with the deepening of the bilateral relations between our two countries, there will be more and more citizens of our two countries to visit each other's country.

In order to provide a authoritative and comprehensive introductory book on Eritrea for Chinese nationals who intend to visit or go on a sightseeing tour to or work in Eritrea, starting from the beginning of 2015, the diplomats and their spouses of the Chinese Embassy in Eritrea, doctors of Chinese medical teams and Chinese teachers of the Confucius Institute at the National Commission for Higher Education of Eritrea spent more than a year working hard in writing and compiling this book illustrated with beautiful pictures. This book is the outcome of their hard work and the corporate author of this book uses *Yun Duan* (which means over the clouds in Chinese) as the collective pen name.

Authors of this book are as follows: Section One of Chapter I: Zhang Yongpeng; Section Two of Chapter I: Qiu Xuejun; Section Three of Chapter I: Wang Xiaohua, Zhou Yongsheng, Chen Xiaohong, Liang Jiping, Li Zhiwen, Bai Yubo, Wang Keqi, Wang Jiongyu; Section Four of Chapter I: Zhang Yongpeng. Chapter II: Wang Keqi. Section One of Chapter III: Wang Zizhen, Feng Chao, Liu Ling; Section Two of Chapter III: Feng Chao; Section Three of Chapter III: Duan Peng, Feng Chao; Section Four of Chapter III: Liu Ling. The compiling editor of this book is Wang Keqi.

This book also includes some articles written by the Chinese nationals who have once worked, lived in Eritrea or enthusiastically participated in China-Eritrea friendly exchanges, such as Wu Decheng (former Chinese ambassador to Sudan) , former or current staff members of the Chinese Embassy in Eritrea including Chen Chaoyang, Jia Lei, He Yiduo, Xie Mian, Wang Keqi, Zhou Guohua and Liu Yong, China medical doctors including Wang Zizhen, Jing Xiaosong, Chinese teachers sent by Confucius Institute Headquarters including Bai Yubo, Feng Chao, Liang Jiping etc.. Most of the photos in this book are taken by the staff members of the Chinese Embassy in Eritrea, some photos are from the website of the Eritrean Ministry of Information. In addition, Hu Qiao, Zheng Kun, Feng Yu, Liu Wei, Zhou Yongsheng, Chen Xiaohong and Liang jiping provided some photos, adding a lot of colors to this book.

I have no doubt that after reading this book the Chinese readers will have a better and more comprehensive understanding of Eritrea, a garden-like country on verge of the Red Sea, and the readers will certainly gain much practical information and knowledge about traveling and sightseeing in Eritrea. The knowledge is invaluable and it will quench the thirst of the readers! I hope this book will serve as a window for Chinese citizens to gain insight into Eritrea! I hope more and more Chinese nationals will go on a sightseeing tour to Eritrea, experience the unique charm of Eritrea, thus deepening the understanding and friendship between the two countries and peoples.

I hope this book will give you knowledge and enjoyment and hope you will like this book.

Qiu Xuejun

Chinese Ambassador to Eritrea

February 17, 2016

主要参考资料

1.《埃塞俄比亚/厄立特里亚》，钟伟云编著，社会科学文献出版社，2006年4月版。

2. People's Front for Democracy and Justice, *History of Eritrea From Ancient Times to Independence: An Outline*, Sabur Printing Servieces, 2015.

3. Lionel Cliffe and Basil Davidson, *The Long Struggle of Eritrea for Independence and Constructive Peace*, The Red Sea Press, Inc., 1988.

4. Martin Doornbos, Lionel Cliffe, Abdel Ghaffar M. Ahmed & John Markakis, *Beyond Conflict in the Horn: The Prospects for Peace, Recovery & Development in Ethiopia, Somalia, Eritrea & Sudan*, The Institute of Social Studies, The Hague, 1992.

5. Department of Tourism, Ministry of Trade, *Industry and Tourism of The State of Eritrea, First Conference on the Development of Tourism in Eritrea, Asmara*, 11-12 October 1993.

6. Department of External Affairs of the Government of Eritrea, *Eritrea: Birth of a Nation*, 1993.

7. Amare Tekle, *Eritrea and Ethiopia: From Conflict to Cooperation*, The Red Sea Press, Inc., 1994.

8. Robert Papstein，*Eritrea: A Tourist Guide*, The Red Sea Press, Inc., 1995.

9. Mary Houdek and Leonardo Oriolo, *Eritrea at a Glance*, Francescana Cathedral Printers, 1996

10. *Eritrea Horizons :The Magazine of Eritrea's Tourist Industry*, Vol. 1, No.1, July-Dec 1996.

11. Dan Connell, *Against All Odds: A Chronicle of the Eritrean Revolution*, The

Red Sea Press, Inc., 1997.

12. *Asmara: A Guide to the Built Environment*, The Cultural Assets Rehabilitation Project, Francescana Printing Press, 2003.

13. *Massawa: A Guide to the Built Environment*, The Cultural Assets Rehabilitation Project, Francescana Printing Press, 2005.

14. Tekeste Melake, *Proceedings of a Workshop on Aspects of Eritrean History*, 20-21 September 2005, Asmara, Hdri Publishers, 2007.

15. Mebrahtu Abraham, *Keren-A Handbook*, Francescana Printing Press, 2007.

16. Tekeste Fekadu, *The Tenacity and Resilience of Eritrea: 1979-1983*, Hdri Publishers, 2008.

17. Tekeste Melake, *Paleoanthropological and Archeo-historical Research on Eritrea*, Francescana Printing Press, 2008.

18. Yonas Mekonnen, Nahum Solomon, *Eritrea: Tourism Information Booklet 2013*, MBY Printing Press.

19. *Archaeo-historical Research on Eritrea*, Printed in Eritrea by Francescana Printing Press, 2008.

20. "Oral Poetic Tradition of the Tigrinya," by Ghirmai Negash in*Traditions Eritrea — Linking the Past to the Future*, Edited by Tesfa G. Gebremedhin & Gebre H. Tesfagiorgis, The Red Sea Press, Inc., 2008.

21. *Eritrea Horizons – The Magazine of Eritrea's Tourist Industry*, Vol. 1, No.1, July-Dec 1996.

22. *Desei Island Miraculously Beautiful*, Eritrea Profile, Wednesday 17th of July, 2013.

23. *Kunama's Children Story: The Deadly Reflection*, Eritrea Profile, Wednesday 22nd of April, 2015.

24. *The Pilgrimage to Debre Sina*, Eritrea Profile, Wednesday July 1st, 2015.

25. *Eritrea Tourism Information Booklet 2013*, Ministry of Tourism of Eritrea.

26. *Eritrea: Come, Fall in Love*, Ministry of Tourism of Eritrea.

27. *Southern Eritrea, Marvel Historic and Archeological Sites*, Ministry of Tourism of Eritrea.

28. *Tour Semenawi Bahri*, Designed and Printed by Sabur Printing Sevices.

29. *Denkalia: Place for Adventure*, Ministry of Tourism of Eritrea.

30. *The Western Lowland of Eritrea*, Ministry of Tourism of Eritrea.

31. *Keren*, Ministry of Tourism of Eritrea, Zoba Debub Profile, July 24-August 02, 2015.

32. Northern Red Sea Region, http://habeshabrides.com/eritrean-wedding-traditions/.

33. www.shabait.com/

34. www.eritrea.be

35. www.mfa.gov.cn

36. http://er.chineseembassy.org/chn/

37. http://er.chineseembassy.org/eng/